U1002490

凤凰师轩

行知工程 名校系列

向着朝阳走去

清华附小合作办学实践探索

XIANGZHEZHAOYANGZOUQU
QINGHUAFUXIAOHEZUOBANXUESHIJIANTANSUO

主编 窦桂梅　本书主编 王 红

江蘇鳳凰教育出版社
Phoenix Education Publishing, Ltd

图书在版编目（CIP）数据

向着朝阳走去：清华附小合作办学实践探索／窦桂梅主编．——南京：江苏凤凰教育出版社，2016.10

ISBN 978-7-5499-5710-1

Ⅰ.①向… Ⅱ.①窦… Ⅲ.①小学教育－研究 Ⅳ.①G62

中国版本图书馆 CIP 数据核字（2016）第 085263 号

书　　名　向着朝阳走去——清华附小合作办学实践探索
作　　者　窦桂梅
责任编辑　雷利军　沈倩倩
出版发行　凤凰出版传媒股份有限公司
　　　　　江苏凤凰教育出版社（南京市湖南路 1 号 A 楼　邮编 210009）
苏教网址　http://www.1088.com.cn
照　　排　北京世纪鸿文制版技术有限公司
印　　刷　三河市九洲财鑫印刷有限公司
厂　　址　河北省三河市灵山大口
开　　本　787 毫米×1092 毫米　1/16
印　　张　15
字　　数　246 千字
版　　次　2016 年 10 月第 1 版　2016 年 10 月第 1 次印刷
书　　号　ISBN 978-7-5499-5710-1
定　　价　30.00 元
网店地址　http://jsfhjycbs.tmall.com
邮购电话　025-85406265,85400774　短信　02585420909
E - mail　jsep@vip.163.com
盗版举报　025-83658579

苏教版图书若有印装错误可向承印厂调换
提供盗版线索者给予重奖

本书编委会名单

本书编委会

主编 窦桂梅

本册主编 王　红

参与编写 王　红　傅雪松　李怀源　王丽星

李　军　赵卫新　窦　旭　孙亚琪

韩　笑　李宸圣婴爸爸　宋嘉文妈妈

序 言

清华附小商务中心区实验小学以“成志教育”思想为指引，以培养学生发展的五大核心素养为目标，以“1＋X课程”为路径，以家校合作为平台，以为聪慧与高尚的人生奠基为办学理念，致力于培养拥有中国灵魂、国际视野的现代人。学校鼓励所有学生参加主题阅读课程和主题实践课程，把阅读与实践相结合，为童年留下健康成长的印记。

为了总结和提炼学校实施的“1＋X课程”的经验，学校陆续结集出版系列成果。此次出版的有三本书：《向着朝阳走去——清华附小合作办学实践探索》《让每个孩子都成志——清华附小主题阅读课程的实施探索》《让每个孩子都成志——清华附小主题实践课程的实施探索》。

清华附小强调“立人”。人的核心素养，内在的是精神品质，外在的是行为习惯。而学生素养的形成，需要家庭和学校在价值观统一的基础上共同努力。《向着朝阳走去——清华附小合作办学实践探索》展示了榜样的力量，让每个孩子从小树立远大的理想，为社会做出贡献。这本书展示了学校教育的成果，展示了学生健康、阳光、乐学的生命样态。学生、家长、教师积极参与，从细节入手，提供了成志教育路上的一个个鲜活的案例。本书按照成志教育的路径，共分为四章：第一章为“承志　薪火相传”，第二章为“立志　携梦起航”，第三章为“弘志　筑梦同行”，第四章为“成志　照耀一生”。

“承志　薪火相传”分别从学生的视角、教师的视角、家长的视角记录了他们和我之间的点点滴滴。有些事情，我已经记不清楚了，没想到给学生留下了深刻的印象，激励他们不断地成长。教师们更是把我视为榜样，把工作中的我刻画出来，让我也能够更清楚地了解作为校长的我在教师心中的样子。

我跟家长的接触没有那么多，但是，清华附小的读书氛围已经影响到他们，让他们感受到学校的魅力。这一章是在写我，又不是在写我，是在写清华大学“自强不息，厚德载物”的精神，这种精神已经从清华园走进了朝阳区。

“立志　携梦起航”描写了年级卓越学生、三张名片教师之星、社区志愿服务之星的榜样事迹。学校涌现出不少优秀的学生，他们被全体学生视为榜样，充分发挥了精神引领作用。以三张名片（即微笑、感谢、赞美）为学校的成长样态，而作为教师，更应该用三张名片对学生加以言传身教。学校是社区构成的一部分，因此要竭尽所能回馈社区，清华附小商务中心区实验小学还是一所扎根在朝阳、服务于朝阳的学校。

“弘志　筑梦同行”主要选取的是榜样学生、榜样教师、榜样家长的事例，这既是对优秀学生、优秀教师、优秀家长的宣传，也是学生成长和家校合作的有力佐证。希望“感动附小十大学生”“感动附小十大老师”“感动附小十大家长”能带动身边的人成长，成为学校中榜样引领的楷模。

“成志　照耀一生”侧重于学生社团和家长社团的介绍。清华附小商务中心区实验小学在引入先进教育教学理念的同时，也在不断发展着自己的特色，如不断发展壮大的学生社团以及拥有着家长保障的家长社团。

《让每个孩子都成志——清华附小主题阅读课程的实施探索》展示了我校主题阅读课程实施的成果。以一本书为载体，不同学科从不同角度带领学生进行读书讨论活动。教师在这个话题下整合内容，培养学生的学科素养。因此，我们需要在学校里为学生营造良好的读书氛围，“主题阅读”解决了这个问题。学生可以借助一本书，了解一个主题；借助一本书，读到很多篇章；借助一本书，丰富阅读体验。戏剧课程的剧本创作也来源于学生熟读的这些书目，学生在戏剧表演活动中，发现了自己的潜能，同时逐渐改变了对周围世界的看法。他们从最初的参与者，发展为演员、观众、导演、编剧、舞台设计师，体验百味人生，开启了第二重生活。戏剧课程不仅给学生提供了表达的空间，更促进每一个学生核心价值观的塑造与核心素养的提升。通过参与、体验、整合、创造，学生在未知的世界遇见未知的自己，有一种别样的体验。

我们将课外的整本书阅读和戏剧表演纳入学校课程体系。在一定的时间内，学生的阅读量可以达到课标要求，甚至超过课标要求，真正实现语文教学的目的。抓住阅读就相当于抓住了语文的根，我们积极探索和实践的“主题阅读”正是要努力抓住语文教育的“根”与“魂”。“主题阅读”就像是一座桥，让学生从教材出发，通过这座桥走向文化专题式的研究性学习，继而进入人类文化的浩瀚大海。基于这样的理念，我们精心编写了这本书。本书从教育实际出发，融汇了小学低、中、高三个阶段主题阅读书目的教学设计研究成果，并尽量选择不同语言风格和表现形式的作品，为学生提供了更多的选择余地。全校语文教师共同参与编写，全面而深入地进行主题教学研究，运用诸多形式的教学策略，引导学生进行阅读，包含整本书导读、阅读后的分享与体验等，采用多种形式对学生进行阅读思维的训练与提升。希望本书能够为小学语文教师在主题阅读的研究领域中提供一些帮助与启发。

《让每个孩子都成志——清华附小主题实践课程的实施探索》展示了我校主题实践课程实施的成果。主题实践课程的总体目标是引导学生在实践学习中获得丰富的体验，形成对自然、社会和自我之间联系的整体认识；体验并初步学会解决问题的科学方法，形成问题意识，发展良好的科学态度、创新精神、实践能力；形成强烈的社会责任感，具有良好的个性品质。本书是在全体教师的思想碰撞与激烈讨论中产生的，凝结了全体教师的教学经验与教育智慧。

本书包括主题实践单元整体教学和研究案例两部分。第一部分为本书重点，包括六个年级的主题实践课程。一年级的主题实践课程以“启程教育”为教育基点，引导学生了解学校，通过多种活动认识教师与同伴，建立良好的师生关系，形成和谐的学习氛围；逐步引导学生在活动中学会礼仪常识，养成礼貌待人的良好习惯；了解家庭构成，努力成为家庭的小主人，为家庭做贡献；通过对季节气候的了解，激发学生热爱大自然的情操，增强环保意识。二年级的主题实践课程通过多种活动渗透爱祖国、爱北京的教育，帮助学生了解生活中处处有规则，引导学生主动参与各种节日的庆祝活动，并动手实践，变废为宝，形成保护大自然、关注生态环境的意识。三年级的主题实践课程通过多种实践活动，增强学生对社会、学校、家庭的责任感和学生的公民意识；通过多种比赛活动，提高学生的行为能力，增强学生的安全意识，促使学生努力成为遵守公共秩序的小公民。四年级的主题实践课程通过知识问答、辩论会等多种组织形式，帮助学生获得更多的自我保护与救护知识；引导学生了解通信发展史，知道文明通信应注意的问题，促使学生获得更多的生活知识，实现拓展视野、精准提取信息的目的；通过参观博物馆等活动，让学生成为真正的“北京通”，了解北京的历史文化和发展进程，实现绿色北京、人文北京的理念。五年级的主题实践课程通过多种活动提升学生的爱国情怀和天下情怀，促使学生了解中国的悠久文化和近代革命史，引导学生了解中国的少数民族，树立学生民族团结、共建中华的爱国情怀；引导学生了解中国农业与工业的发展，丰富学生的生活知识。六年级的主题实践课程通过多种信息途径与实践活动，提升学生的民族自豪感，拓展学生的国际视野，引导学生知道国内外的发展形势，了解各国的风土人情与生活习俗；让学生懂得生命的价值，珍爱生命，维护世界和平与发展，促进世界人民大团结，为实现中国高速持续发展贡献力量。

这套书的读者群体为致力于课程整合与实践改革的广大教师。希望他们通过阅读，能够获取一些有价值的整合课程的方法与策略，拓展教育教学整合的新视野，丰富多种主题活动组织措施……

主题教学是一种教学思想，具有强大的生命力，同时是“1＋X课程”实施的重要途径，具有很强的操作性。教师如果能够在这种思想的指导下，结合教学实践，开发、拓展课程并加以实施，那么，学生就会获得能力的发展、素养的提升。

窦桂梅

2016年9月15日

目录
CONTENTS

第一章　承志　薪火相传

第二章 立志 携梦起航

第三章　弘志　筑梦同行

第四章　成志　照耀一生

第一章

承志 薪火相传

一百年的风雨历程，

一世纪的薪火绵延，

清华附小的艰难与奋斗，

光荣与梦想，

汇聚在此刻。

让我们传承中华民族优秀文化传统，

增强民族自信心和自豪感，

一起点燃新百年共同奔跑的火炬！

学生篇

我们眼中的“大伙伴”

我们的大朋友

2010级（1）班　吴辰晔

我们学校的校长是一位美丽的女校长。她有着和蔼可亲的面容和一双明亮的、笑盈盈的眼睛，当她笑起来时，脸上就会露出两个小酒窝，让人感觉特别亲切。虽然我与校长相处的时间并不多，但她给我留下了深刻的印象。

记得第一次见到她，是在新学期的开学典礼上，那天我作为学生代表站在台上。我热切地盼望见到赫赫有名的校长。她会不会很严肃呢？我的心中忐忑不安。终于，在热烈的掌声中，她迈着轻快的脚步走上讲台，站在我的面前。她微笑地看着我，我心里的紧张和不安顿时烟消云散。在她温和的目光中，我自信地带领全校同学进行开学宣誓。当我发言完毕，走下台时，我看到的还是她甜甜的微笑，还有那竖起的大拇指，我的心中暖暖的。接下来，她风趣的讲话，瞬间拉近了我们和她的距离。

她的讲话很吸引人。她用生动的肢体语言、抑扬顿挫的语调，把我们带进了美好的情境中。当讲到高兴处，她不时地呼唤出：“小朋友们……”大家也随着她的情绪而开心起来。在那样的时刻，我们觉得她不像威严的校长，而像我们心中可亲又可爱的大朋友。讲话结束后，她走到几个学生代表身边，竖起大拇指，说：“你们真棒!”她还俯下身子，摸了摸一个同学的头。她的举手投足间，带给我们的是一种蕴含着真情和真爱的美。那一天，我由衷地喜欢上了这位平易近人的大朋友。

我曾经听到这样一件事。圣诞节时，校长也戴了一顶圣诞帽，这时，一位低年级的同学正好走到她跟前。“你看我像圣诞老人吗?”校长问。这位同学仔细端详了半天，很认真地告诉她：“您不是圣诞老人，您是圣诞老人的老婆。”她听了哈哈大笑，而且开心了好久。多么可爱的校长啊！她不仅平易近人，还充满了童心，就像我们的大朋友。

这就是我们清华附小的窦桂梅校长。她的微笑、她的夸奖给我们带来温暖和真情，她是我们心中永远的大朋友。

我爱窦校长

2011级（4）班　宋嘉雯

窦校长是我们公认的大朋友。她对我们可好了！每次见到大家，她都会微笑着问好，课间也会和我们一起玩耍，就像我们的知心朋友，我们都很喜欢她。

还记得在我第一次见到窦校长之前，我一直以为我们的校长会是一位戴着眼镜的叔叔或伯伯呢！可我完全没有想到，窦校长竟然是一位穿着裙子的美丽女士，真让我感到惊喜呀！窦校长的个子高高的，举止很优雅。她的眼睛大大的，而且总是笑眯眯的，看起来很温柔，很漂亮。窦校长说话的声音洪亮，语言也很风趣，让人不知不觉就会听得入了迷。

虽然我们和窦校长相处的时间并不多，可我们成了非常好的朋友。你可能会感到很奇怪，为什么我们可以这么快就和窦校长成为好朋友呢？那是因为窦校长很开朗，很大方，很有趣，还非常关心我们，所以，我们很快就成了好朋友。

三年级时，我们班上了一节精彩的语文公开课，有很多老师前来听课，其中就有我们敬爱的窦校长。上课了，同学们积极开动脑筋，踊跃发言，课堂气氛非常活跃。我看到敬爱的窦校长坐在后面，频频点头表示赞许，同学们在那节课上表现得出奇地好。下课了，我和王珊作为学校社团的小记者，快步来到窦校长跟前采访她。我紧张极了，紧握话筒的手都有些发抖，生怕自己在窦校长面前说错话。窦校长微笑地望着我，看到窦校长和蔼的表情、亲切的笑容，我渐渐地缓解了紧张的情绪。我举起话筒，大声地问出了三个问题：您觉得这节课我们班的同学表现得怎么样？您觉得我们的不足是什么？您建议我们如何改正？窦校长亲切地看着我，热情地赞扬了我们，说老师讲得精彩，同学们思考问题认真，回答问题踊跃，表现得很好。窦校长希望我们继续努力，争取以后表现得更好。

采访结束后，我们和窦校长合影，敬爱的窦校长热情地将我们拉到她的身边。就在我们班的摄影记者将要按下快门的瞬间，几名其他班级的同学看到窦校长，便立刻跑过来加入了我们的队伍。那张照片我一直珍藏着，每次看到照片，我都感到非常开心！

窦校长不仅是我们的大朋友，还是我们心目中的大明星呢！窦校长美丽大方，穿着得体，令人赏心悦目。窦校长发表过很多教育教学方面的文章，还上过好几次电视，窦校长的儒雅气质、优雅风度比那些电影明星还要令人喜欢和令人敬佩。

前段时间，澳大利亚福拜克文法学校和布莱顿文法学校的代表来我校交流，我们全校师生在大礼堂为来宾举行欢迎仪式。来宾入场时，同学们礼貌地鼓掌欢迎。窦校长一出场，整个礼堂立刻响起了同学们的欢呼声和掌声，比给澳大利亚来宾的掌声还要热烈得多。窦校长看到同学们这么热情，就走到同学们的面前，和大家亲切地握手，我很幸运，握到了窦校长的手。看着窦校长温柔明朗的笑容，我的心里激动极了！一直到欢迎仪式结束，我的手掌中还保留着她的温度，我时不时地盯着这只手，感觉很幸福！

我爱窦校长！

美丽、优雅又可爱的窦校长

2012 级（4）班　许欣瑶

我是清华附小商务中心区实验小学的一名三年级学生，我叫许欣瑶。我爱我的学校，这里有美丽的校园、可爱的同学和充满爱心的老师。最重要的是，这里有我最喜欢、最信赖、最佩服的大朋友——窦校长。

窦校长是一位美丽、优雅并且很可爱的校长，不像别的校长那么严肃，让学生不敢靠近。我们可爱的窦校长的脸上总是挂着微笑，无论在什么场合，她都是那么美丽优雅。每当看到学生时，窦校长都会微微弯下身体，笑眯眯地看着学生，用愉快轻松的语气或是鼓励赞美的语气和学生交谈，最后还不忘竖起大拇指表示赞美。不难想象，这样被大家爱着的窦校长身边，当然总是围满了同学们。

窦校长虽然工作很忙，但是总能抽出时间和我们一起参加活动。教师节，她会和我们一起祝贺老师节日快乐；儿童节，她会早早地来到学校，站在门口迎接我们，并且微笑着祝我们节日快乐；端午节，窦校长会和我们一起包粽子，一起品尝香甜软糯的美味粽子；中秋节，窦校长会和我们一起参加“欢乐嘉年华”活动，一起吃月饼，一起品茶……在很多节日和一些平常的日子里，窦校长都会出现在我们的身边，和我们一起聊天，关心我们的学习和生活。

我和窦校长也有过亲密接触的时刻。第一次是在我入学的第一天，学校举行了隆重的开学典礼，窦校长在典礼上讲话，给刚入学的我们很多鼓励，告诉我们小学的精彩生活即将开始啦！听到窦校长有趣的讲话，我不仅不担心和害怕即将开始的新生活，反而对小学生活充满期待。典礼结束后，妈妈鼓励我去和窦校长打招呼，我走到窦校长的身边，她立刻弯下腰对我说："小朋友，你好!"窦校长还鼓励我要好好玩，好好学。看着和蔼可亲的校长，我对新学校产生了浓厚的兴趣。从此以后，我就开始渐渐喜欢上学、喜欢我的学校了。第二次和窦校长的亲密接触是在今年的新年庆祝活动上，我们合唱团献上了动听的歌曲。表演完毕，窦校长给了我们很多鼓励，并和我们合唱团的所有成员合影。合影结束后，窦校长和我们聊天，我告诉窦校长，我很喜欢读书，最喜欢的是《哈利·波特》《魔法树》《篷车少年》等书。窦校长听到后很高兴，对我竖起大拇指。窦校长一直鼓励同学们多读书，她常说："书是甜的，读书是美的。"

一个人的外貌、衣着、举止，反映了这个人的气质和精神。窦校长总是穿着得体，非常整洁美丽。她的谈吐就更加吸引人了，讲话不慌不忙又很有力量，语气轻快自然又幽默风趣。我最喜欢听窦校长朗诵，她可以把你带入一种优美的意境，让你的心跟着她的声音到达一个神秘的地方。窦校长的这些特点也深深地影响了我。我们每天都要穿校服去学校，但是我的校服每天都会清洗，保证校服干干净净。在节假日的时候，我也根据不同的场合选择合适的衣服，保证自己着装整洁、得体、漂亮。在谈吐方面，我用心向窦校长学习，不断告诉自己，讲话既要不慌不忙，又要带有力量，还要尽量幽默风趣，多用一些有趣、形象的比喻，让人易于接受。说到朗诵，这是我最希望自己进步和提高的地方，我希望自己通过不断练习，也能像窦校长那样做到声情并茂。

我很喜欢窦校长，我希望自己长大以后也能够成为像窦校长一样美丽、优雅又可爱的人。

那天，我遇见了窦校长

2013级（5）班　霍萧涵

那是一个上午的大课间，我在走廊里迎面遇到了窦校长。我高兴地加快脚步，她也微笑着朝我走来。来到她跟前，我停下脚步，一边微笑着对她说"窦校长好"，一边向她深深地鞠了一躬。她也停下脚步，慈祥地看着我，一边亲切地说“谢谢”，一边伸出大拇指来赞美和鼓励我。我特别开心，向她挥手告别，回教室准备上课去了。

午饭时间到了，我和同学们高高兴兴地在楼下的食堂里吃饭。我一边吃着美味可口、营养丰富的饭菜，一边和同学们说起我上午见到了窦校长，还受到了她的表扬。同学们很羡慕我。我们收拾好餐具，洗完手，来到楼梯口准备上楼返回教室，这时碰巧遇到了正在从楼梯往下走的窦校长和陪着她的三位老师。我们都不约而同地停下脚步，惊喜地喊道：“窦校长好！”“老师好！”然后向她们鞠躬。窦校长非常开心地向我们伸出大拇指，走到我们的身边，弯下腰，一边轻轻地用手拍着我们的肩膀，一边高兴地大声对我们说：“谢谢！你们真棒！”其他老师也都向我们伸出大拇指，并且对我们说窦校长非常关心我们的午餐情况。我们别提有多开心啦！

下午放学后，妈妈把我接上汽车。在回家的路上，妈妈和往常一样对我说：“宝贝儿，和妈妈聊聊今天学校里的开心事吧。”我很高兴地把今天两次遇到窦校长的事情告诉了妈妈。妈妈问我：“你为什么觉得见到窦校长这么开心哪？”我说因为她用竖起大拇指的方式赞美我和同学们有礼貌、习惯好、品德好哇！我还告诉妈妈在学校常听老师们说窦校长就是我们学校这个大家庭的家长，学校的大事小事她都用心管理，除了我们的课堂学习以外，她还特别重视微笑、感谢、赞美这三个好习惯的培养，并且用自己的实际行动为老师和同学们做榜样。听完我的话，妈妈高兴地摸了摸我的头，也向我伸出了大拇指，夸奖我说：“你在学校长大了，懂事了，进步了！”她接着说：“每天，老师们早早地就在校门口微笑着迎接你们的到来，还有爱心值日的家长们帮助你们安全下车和疏导交通，你们也用深深的鞠躬表达了对他们的感谢。妈妈的心里充满了感激。哪一个孩子不愿意在这样的学校里上学，哪一个家长不渴望把孩子送到这样的学校里来呢？”我高兴地回答：“是呀！我太爱学校和老师们啦！”“嗯，下次妈妈也要向窦校长和老师们伸出大拇指表示对他们的赞美和感谢！”妈妈笑着对我说。

吃过晚饭，我坐在书桌前，拿出日记本和铅笔，写道：“今天，我在学校遇见了窦校长两次，向她深深地鞠了躬，她向我伸出了大拇指表示赞美和表扬，我很开心！”

洗完澡，我躺在床上，很快就进入了甜甜的梦乡。我梦见自己长大了，上了中学，我向每一位遇到的老师鞠躬，有一位老师微笑着向我伸出大拇指，我感觉好像又遇见了敬爱的窦校长！

大拇指的力量

——"小豆包"眼中的窦校长

2014级（3）班　王瀚青

我常听大人们说，我们这一代生长在"6＋1"模式的家庭中，从小养成了很多坏习惯。我不太明白，每天被爸爸妈妈、爷爷奶奶、姥姥姥爷围在中间，不是很好吗？

上了幼儿园，我发现，很多小朋友都和我一样，是家里的宝贝。大家都会因为获得了老师的奖励而高兴，也会因为输掉了某项比赛而气鼓鼓地不理人。

去年9月，我终于进入了清华附小商务中心区实验小学，成了一年级（3）班的一员。当然不能再比谁的小红花多了，而是要比一比谁的成绩好。嗯，就这么定了，我一定能超过所有人！

可是当我走进校园，怎么感觉和我预想的不一样呢？这里没有紧张的氛围，反而每一位老师见到我都面带微笑，高年级的同学也都热情地带着我看这儿看那儿。给我印象最深的是窦校长的一张照片，照片里的她就像我们的好朋友一样，竖起大拇指在给我们鼓劲儿。这种感觉真是太棒了！别看我还是一年级的"小豆包"，却一下子感到好像有了使不完的力量。向别人竖起大拇指，真的会产生那么神奇的力量吗？

有一次，碰巧路上堵车，我是踩着铃声进入校园的。就在这时，我发现窦校长正站在校园门口。我心想，这下可坏了，差点儿迟到，还被校长抓个正着。出乎意料的是，窦校长非但没有批评我，反而向我竖起了大拇指。我一下子信心倍增，下决心要把功课学好，而且一定不会再迟到了。

前几天，在班主任武老师的鼓励下，我作为一年级的新生代表登上了学校的"名生讲堂"。说实话，第一次面对那么多的老师和同学做演讲，我在上台前心里一直扑通扑通的，担心自己忘词或者讲不好。就在这个时候，一个熟悉的大拇指出现在了我的眼前，那是武老师给我的鼓励；紧接着，一个又一个大拇指伸了过来，那是同学们在为我加油。这个时候，我感到不紧张了，好像大家都在为我呐喊助威，我终于勇敢地站到了演讲台上。

那一次，虽然我讲得还不是那么完美，却赢得了全校所有同学的掌声。

而且，我准备的几个小问题也都得到了大家热烈的回应。我再次来到照片墙前，我要仔细研究研究这个大拇指有多神奇。看，窦校长熟悉的微笑，以及招牌式的大拇指动作，伴随着同学们自信又开心的笑容，每一个人仿佛都在赞美别人，鼓励别人，为别人加油！

我决定也要向窦校长和武老师学习，把赞美留给别人。我酷爱画画，当我看到别的同学的绘画作品时，我总会看到他画得好的地方；我喜欢踢足球，当我所在的球队输了球，我在鼓励自己的队友时，也不忘称赞对方踢得真不错；我喜欢学习英语，当别的同学说了一句很地道的英语时，我也用英文夸他一句“Great!”。

有一次，爸爸妈妈去听了窦校长的讲座，回来后对我说：“我们要学好母语，因为母语是中华文明的重要载体，蕴含着光辉灿烂的文化。”这句话好难懂啊！我只觉得，读课文、背课文是一件苦差事，远远没有做一道数学题、画一张画有趣。一开始，班里很多同学都像我这样，把课文念成了顺口溜。然而，班主任武老师总是鼓励我们，她和窦校长一样，能把一篇文章讲得生动而有趣，让人仿佛身临其境。就这样，在武老师的鼓励下，我试着放慢语速，边读边想象着文章的内容，终于体会到仿佛置身于画卷中一样美妙的滋味。

竖起大拇指，给人无穷的力量，这就是我眼中的窦校长。同学们，快快伸出你的大拇指吧，相信你身边的朋友，给他们赞美，给他们鼓励，让我们一起在成长的道路上勇敢地前进！

神秘的“大伙伴”

2015级（1）班　孙彦洲

我叫孙彦洲，是一名男生，很高兴地告诉大家：我是清华附小商务中心区实验小学一年级（1）班的一员了！在老师们的帮助下，通过这一学期的努力，我有了非常大的进步。而且我有一个小秘密要和大家分享：在我们的校园里，我有一个最好的“大伙伴”！要是不相信，那就听我说说吧。

在我上小学之前，妈妈说学校和幼儿园不一样，没有玩具，没有午睡的小床，不能在地板上玩耍，等等。那我们都要做什么呢？带着一大堆的问题，我迈进了学校的大门。一切都很新鲜，这里有大大的操场、明亮的教室，还有很多的老师和同学。一位老师告诉我们，学校就是一个大家庭，欢迎每一位小伙伴，老师会像家长一样关心和爱护我们，而且会带领我们学知识、讲道理、长本领。这位老师说得真好，我想知道她是谁，就问了班主任孙老师，孙老师告诉我，这就是咱们的窦校长！窦校长的话很对，我已经长大了，不能全都让爸爸妈妈代劳，一定要尝试着自己动手。我上幼儿园的时候，都是外婆给我穿衣服，我还不配合。现在，我每天都会早早地醒来，自己穿衣服。外婆怕我穿不好，过来帮忙，我说："我自己能行!"当我第一次自己穿好衣服站到爸爸妈妈面前，他们都高兴地笑了，向我竖起了大拇指，我心里别提有多高兴了！我还能够按照班主任孙老师的要求，自己动手收拾书包，孙老师说这是我们应该养成的好习惯。晚上写完作业，我会按照课程表把第二天上课要用的课本装进书包，并削好铅笔以备第二天上课用。看到我收拾书包的过程有条不紊，爸爸妈妈说我真的长大了。

窦校长的本领可大了，她还能让爸爸妈妈和我一起成长呢！以前，如果我不听话，爸爸妈妈有时候会心烦，没耐心。但是他们参加完学校的家长会，听完窦校长的讲话后，对我的教育方式有了改变，态度也变好了。我问爸爸："窦校长都和您说什么了?"爸爸说："校长说了，要让孩子在学校里感受到来自老师的鼓励和关爱，要培养孩子的自信心，就要从鼓励孩子开始，家长也要学会夸奖孩子，从生活、学习等各方面来鼓励。"听了爸爸的话，我似乎明白了，而且感受到了。

我有一个不好的习惯，就是不爱吃饭，吃饭的速度很慢。但是上学以后就不一样了，我知道我要和小伙伴们一起去食堂，要加快吃饭速度，不能落后。只是适应起来还是需要时间的。在学校吃午饭是最让我头疼的事情。窦校长在食堂看见了我，却没有批评我，反而对我说："今天很好，你把菜都吃完了，加油！我们来约定：如果学期结束时，你的各方面进步很大，我给你发奖状。""好的，我一定会努力的!"我高兴地答应了。

在学校，我不仅在生活习惯方面有所改善，最重要的是在学习上也有了很大的收获，我的语文、数学和英语成绩都不错，妈妈说我进步得很快。我要谢谢孙老师的耐心教导和鼓励，更要谢谢我的神秘的"大伙伴"——窦校长。就这样，在我和我的"大伙伴"约定的鼓励下，在上半学期结束时，我被评为班级的"健康星"！当我从窦校长手里接过奖状时，看着班里的同学和老师为我热烈地鼓掌，每个人脸上都挂着甜甜的笑容，我的心里别提多高兴啦，以后我一定会做得更好！

教师篇

我们眼中的“大朋友”

榜样的力量，前行的方向

蔡建敏

你每天早上踏进校园时，是感觉愉悦还是疲惫？是觉得糟糕——我又要在这里忙上一天了，还是兴致勃勃地想——我又能和孩子们与同事们在一起度过充实的一天了？在清华附小，有许许多多像窦桂梅校长这样的老师，因此我很快找到了属于自己的正确答案，那就是选择了学校，就选择了一生的责任。因为那样，我们能得到更多的快乐，能获得更多别人可能无法获得的启迪。

还记得四年前我第一次去清华附小应聘的场景。当时的学校正处在抗震加固时期，虽然正值暑假，但是学校的老师们依旧很忙碌，而我也有幸第一次见到了闻名已久的窦桂梅校长。窦校长清秀儒雅，一袭清新的碎花旗袍更加映衬出她的美丽与聪慧，她亲切的笑容、优雅的姿态、语重心长的话语，直到现在还让我记忆犹新。她问我为什么想到来清华附小应聘，我告诉她自己很喜欢孩子，虽然自己以前教的是大学生，但更愿意挑战自己，学着与孩子一同成长，分享学习的快乐。窦校长告诉我，如果在清华附小工作，一定要做一名有激情的老师，让课堂成为自己生活的世界。那时，我还没有完全理解窦校长的话。直到我真正成为清华附小的一员，才渐渐懂得了作为一名清华附小老师的责任与担当——将备课当作生活，在生活中备课，带着对生命的热爱，全身心地投入其中。

工作是一种责任，有责任感的人会把平凡的工作做得出色。我在学校接触到许多默默耕耘的园丁们，我不断地向他们学习，从中获得了成长的力量。他们使我懂得，工作不只是谋生的手段，更是实现自我价值的方式。要做好工作，其实方法很简单，那就是认真地对待自己的工作，重视手头上的每一件事情。正如窦校长告诉大家的——学会微笑，懂得感恩，传递赞美，我们会因为在清华附小工作而感到骄傲与自豪。要学会从一句微笑着的“你好”开始，感谢每一位帮助你或与你共同奋斗的团队成员，赞美你的孩子们和你身边的同事们，这样充实而有意义的生活怎么会让人觉得疲惫？

“岁月让我容颜衰老，但激情让我青春永驻。”这是窦校长常说的话。从她身上我懂得了，外在的形象可以用衣着来修饰，但是内心的素养需要用知识与能量来提升，所以我渐渐地体会到“读书是最好的保养”这句话的真谛。即便再忙碌，我也会努力挤出时间来阅读，丰富自己的内心，拓宽自己的眼界，愉悦自己的身心。每当读罢窦校长的著作，我总是感慨良多。的确，每一位成功人士背后都有着不为人知的艰辛与拼搏。或许我们正处于逆境，或许生活中总有一些不如人意的事情，或许我们离自己的理想还太遥远，但是只要我们带着那份坚持与执着，就会越来越接近成功。所以，我明白了，窦校长散发出的生命热情来源于不断的学习，我们总是能看到她在课堂上“开渠引水”，和孩子们一起阅读一篇又一篇富有感染力的优美散文，和孩子们一起感受文中人物的情感变化。那一篇篇看似平常的文章，在她的课堂教学中焕发出勃勃生机，简直会熠熠闪光。我不得不佩服：她对教学该有着怎样的情怀啊？的确，她是用生命的热情带着孩子们穿梭于每一堂课。正如窦校长说的那样：“尽管环境并不都让你满意，尽管教育并不完美，尽管眼下是漫长无边的严寒，但，读书，就能为你融化冰雪，温暖心房。如此，你会感叹：有书的冬天不再冷。”

记得在学校工作会议上，她曾经这样激励年轻的老师：“我刚毕业那几年，在别人看来，就是个招之即来、挥之即去的替补队员，但自我感觉良好，我把自己当成全能的主力队员。我教一科，爱一科，钻研一科，于是综合业务素质不断提高。”她也曾说过：“理，就是理性；想，就是思考。把‘理’和‘想’加起来，就有了理性的思考，那就是理想的课堂。理想的课堂或许永远都不能实现，但追求理想的课堂能使我们无限趋近于它，使理想的课堂成为现实课堂的‘极限’。”窦校长的话引发了我无尽的思考。在自己的英语课堂中，我也希望能够尽自己的最大的努力去塑造孩子积极向上、乐观自信的品质。

窦校长是每一位追求卓越的老师心中的偶像。偶像的力量是无穷的。一个人、一个故事、一段话语，看似平凡简单，却能点燃我们心中的激情与梦想。我们只有心怀理想、奋发图强，才能在专业领域取得骄人的成绩。“以人为镜，可以明得失”，选择在清华附小做老师，就是选择不断修炼的过程，这条路还很长，我会带着这份榜样的力量，一路前行。

始终行走在教育路上的窦校长

曹 琴

我来清华附小已近20年，一直工作在这个团结、温馨、向上的集体中。窦校长是2001年来到学校的，当时她是带着双重的身份来到我们身边的——小学语文特级教师和主抓教学的副校长。一晃10多年过去了，窦校长留给我们的一致印象是一位忙碌的、充满激情的校长，一个始终行走在教育路上的人。

10多年的耳闻目睹，窦校长留下了很多令人感动的故事。

我首先想到的就是窦校长一直以来对教育教学改革的不懈追求。她始终行走在教育教学的一线。记得窦校长刚来到学校时，我们就有幸聆听了她的个人成长经历。一位来自吉林省第一实验小学的普通老师，心中曾有一个朴素的愿望，那就是站在讲台上，微笑着面对孩子们渴望知识的眼睛，当一名真正的老师。自从站在讲台上，窦校长一直勤奋而执着地耕耘着，与孩子们"摸爬滚打"在一起。正是出于多年的教学实践体验，窦校长创建了一个全新的教改模式，提出了"三个超越"，即"学好教材，超越教材；立足课堂，超越课堂；尊重教师，超越教师"。1998年，窦校长作为科教界的优秀代表之一，在人民大会堂受到国家领导人的亲切接见。2001年，作为教育部更新教育观念讲师团成员，窦校长在人民大会堂做了关于"三个超越"的专题报告。当时，在座的所有老师都被窦校长的教育激情和不懈追求所感动，因此有很多校外的老师慕名来到了我们学校，追随在窦校长身边。为了实现清华附小的新发展，在窦校长的带领下，一个学习共同体形成了。我们共同阅读一本书，组成"专题学习"共同体，不仅写下个人随笔，课余还一起交流、分享个人感受；我们共同研讨一堂课，大家一起阅读文本，一起分享备课心得，一起磨课，形成了一个"深度教研"共同体。窦校长始终和我们一线教师在一起，不仅在理论上和方法上给予指导，还亲自示范上课。窦校长在我们眼中是一位始终行走在一线教师身边的校长。

窦校长常常说"读书是最好的保养品"。她鼓励老师们多读书，做学生阅读的"点灯人"，带领学生走进书的世界。学校给老师们提供了很多教育教学方面的好书，老师们在假期里、在下班回家后，都会随手拿起这些好书阅读批注，学校还提供平台让老师们互相交流分享阅读体会。除此以外，学校更鼓励老师们自主购买喜欢的教育类书籍，对这些书，只要老师们认真阅读、圈画批注，学校就给报销，并将书放在图书馆，留给其他的老师分享阅读。通过这种形式，老师们买书、看书的热情高涨。老师们热衷于读书，学生更是充分享受着学校的书香福利。

行走在清华附小，就像穿行在书海中，到处都有美丽的风景。低年级教室外贴着经典绘本的彩页，老师们特意将绘本放在门前的书柜里，靠墙摆放着小板凳，以供学生读书时使用；中年级教室的窗台上，一摞摞课外书整齐地摆放着，学生伸手就可以取到；高年级教室外宽敞的过道里设置了小巧的书吧，还准备了小椅子、小坐垫。各班教室内还设有图书角，学校的图书馆定期送书到教室，保证学生能够阅读到最新、最好的少儿读物……用心营造的诸多细节，逐步形成了浓厚的读书氛围。走在沁满书香的校园里，耳边书声琅琅，凡是来到清华附小的客人，都艳羡学生能享受到这种优质的读书环境。先有教师以身作则，再有书香熏陶，试问哪个学生会不爱阅读?

而这一切都源于窦校长对阅读的热爱和对孩子们的关爱。此时在我们的眼中，窦校长又是一位始终行走在孩子们中间的校长。

作为一校之长，窦校长时刻都在思考。她发现当下学校主要实施的是分科教学，而且分科过细，各学科互不相干，学科与学科间、学科与生活间缺少横向联系。这样容易导致学生思维僵化，不利于培养创新型人才。因此窦校长带领我们进行了大刀阔斧的改革，尝试将分科课程进行校本化、生活化的整合。经过大量的调研和论证，窦校长带领大家研发了清华附小的“1+X课程”。不仅如此，窦校长还亲自上课示范，《皇帝的新装》《大脚丫跳芭蕾》等经典课的展示就是课程整合的尝试。此时的窦校长，在我们的眼中，不仅是一位优秀的教育管理者，更是一位始终行走在课程改革中的校长。

这就是我们眼中的校长：一位从“三个超越”到“主题教学”再到“课程整合”的不断改革创新的校长，一位始终充满激情、追求梦想的校长，一位爱孩子、爱讲台、爱教育的校长！

高风亮节，琴瑟友之

——记我眼中的窦校长

陈士平

“植根于内心的修养，无须提醒的自觉，以约束为前提的自由，为别人着想的善良。”这是梁晓声先生对“文化”二字进行的深刻诠释。我曾经一度对如何能真正地达到这种境界以及是否存在真正达到这种境界的人产生了深深的困惑，而如今，我脑海里勾勒出的人物便是敬爱的窦校长。

在清华附小这座温馨的校园里，我经常会看到窦校长忙碌的身影，她的身上散发出知性优雅的魅力，多年活跃在教育一线的她，常常谈笑风生，体现出成熟女性的爽朗与干练。在窦校长的引领下，学校的教师团队对工作更加充满激情，对教育事业更是充满热忱。我们始终把敬业、博爱、儒雅当作从业的准则。听窦校长的课是一种美的享受，也是对自我认识加深和能力提升的过程。每次召开全体教师会议，窦校长那慷慨激昂的神态、风趣幽默的话语，都会使我的精神为之一振。而在和她几次简短的交流中，我又进一步地感受到了窦校长的人格魅力与高尚情怀，她身体力行，让我深受感动。

窦校长于 1986 年参加工作，1991 年开始从事小学语文教学教研工作，至今已有 20 多年。她热爱学生，热爱语文，积极探索语文课堂教学的规律，用火一样的激情与执着的追求，成功地践行了叶澜教授提出的“让课堂教学充满生命的活力”这一深刻而崭新的教学理念，并在“超越教材，超越课堂，超越教师”的基础上提出了主题教学，真正使语文课堂教学焕发出生命的活力。

犹记得第一次以“预学、共学、延学”的教学方式备课，伴随着激动和茫然，我像丈二和尚——摸不着头脑。还好这时窦校长及时地组织教师进行集中培训，于是我茅塞顿开，在课堂教学中获得了令人满意的效果。

清楚地记得学校家长开放日时，窦校长随班听课，她静静地走进教室，拿了一个小马扎坐下，津津有味地听起课来。课后我和她进行了第一次深刻的交流，窦校长亲切地询问我的教学情况以及我对主题教学的看法。就是这次谈话，打破了我对校长“高高在上”的认识，从没有一位校长像她这样接地气，我暗自赞叹，心悦诚服。

窦校长是一位课堂教学改革的成功实践者，一个让课堂教学焕发出生命活力的典范。她提出的主题教学将理论与实践完美结合，使语文教学走出了形式教条、内容僵化的误区，使语文课堂更加高效合理，充满生命活力。日本教育家佐藤学的《静悄悄的革命——创造活动、合作、反思的综合学习课程》中有这样一段话："关起教室门来上课的教师，不能称之为公共教育的教师。因为他们只是把教室、学生当作私有财产，把教师这一职业私有化而已。"即使再忙，窦校长也会深入课堂，认真倾听，她从来没有因为诸多繁杂事务而忽略教学的细节。

窦校长还是一个非常爱读书的人，她认为读书对于她来说，恰如植物进行光合作用。我们都知道读书的重要性，关于读书的名人名言更是数不胜数：如大诗人杜甫的"读书破万卷，下笔如有神"；如文学家韩愈的"书山有路勤为径，学海无涯苦作舟"；再如高尔基的"我扑在书上，就像饥饿的人扑在面包上"；还有梁实秋的"读书，永远不恨其晚。晚，比永远不读强"。在与书籍进行心灵对话时，温暖的阳光照耀着真实的自我，读书让生命得以健康而愉悦地成长。一本好书如迷途中出现的光亮，指引你前进的方向，让你随着作者的描述，时而像年轻的恋人怀着对爱情的焦灼的期待，时而像一个囚徒觉醒后改过自新，有时仿佛明了上帝的恩赐，却对现状感到无奈……尝遍种种滋味过后，终将"一改愤世嫉俗的故习，转而追随了审美的逻辑"。读书虽不能改变人生的物象，但可以改变人生的气象。"腹有诗书气自华"，这是对窦校长厚积薄发最好的写照。正因为她是如此地热爱读书，才使自己的知识变得越来越丰富，思想变得越来越深刻，生活变得越来越充实；正因为她是如此地热爱读书，她才能在解读文本的时候，既可以高瞻远瞩、总揽全局，又可以抓住文章的细节；也正因为她是如此地热爱读书，她才可以去写书、编书，把自己的经验与思考展示给大家。

她在阅读中经营着自己的生活，她认为，不读书，无以教；不读书，无以言。

仍然清晰地记得她在 2009 届学生毕业典礼上做了题为《不管怎样》的发言。她说："不管怎样，总要读书；不管怎样，总要善良：不管怎样，总要心向光明！"她用自己的热情感染着身边的每一个人，用行动影响着身边的每一群人！高风亮节，琴瑟友之，她既是良师，又是益友，不断地激励我前行！

窦校长教会我的事

邓曹爽

人们常说："有一位好校长，就有一所好学校。"这话一点也不假，一位好校长就像一所学校的灵魂，让学校这艘大船有了舵手，只有这样，师生才能乘风破浪，顺利到达成功的彼岸。

在我们清华附小，就有这样一位好校长。她浑身散发着知性优雅的魅力，充满激情地投入到教育事业中去；她敬业、博爱、儒雅，是清华附小的代言人；她用自己独特的人格魅力和学术影响力，引领着教师团队一起努力拼搏；她是我们每一个清华附小人的朋友，她就是我们亲爱的窦桂梅校长。

2011 年的夏天，我来到清华附小工作。第一年，学校安排我在本部工作和学习。这是我离窦校长最近的一年，也是最令我难忘的一年。

初来乍到，正好赶上学校抗震加固，校园变成了工地，工人们如火如荼地工作着。没有了办公地点，老师们有的在清华学堂办公，有的回到家中备课。在一次科任组集体回学校研讨教室布置的时候，让我惊讶的一幕出现了：校园里竟然出现了窦校长戴着安全帽和工人们交谈的身影。过去我总是在网上看到窦校长的照片，被她的气质吸引，猜想她应该是一位高贵淡雅，甚至有点不食人间烟火的语文特级教师。可是这个画面直接颠覆了此前我对窦校长的猜想。一位女校长，却在炎炎烈日下和工人们一起致力于学校的建设，她是怎么做到的？我悄悄地问了旁边的老教师，才知道原来窦校长就是这样始终工作在第一线，学校的一砖一瓦、一草一木都在她的眼中，为了学生的安全，她不放过任何一个细节。抗震加固的这段时间，她总是奔波在学校和清华学堂之间，白天视察完校园，晚上又回到清华学堂的临时办公地点工作到很晚……

于是，敬业成了窦校长给我的第一印象。之后的日子里，我常看到她弯腰捡起地上的小纸片，擦掉窗台上、地板上的油漆点，随手整理教室窗台上的书本，还常常在夜幕降临时看到她的办公室窗户透出来的灯光……每一个小细节都提醒着我要向窦校长学习，认真地对待自己的职业。

"爱是教育的最高境界。有没有深爱、大爱，是教书匠和教育家的分野之一。"窦校长就是教育家。她爱教育事业，爱自己的工作，也关爱着学校的师生。

窦校长不仅关爱学生，也关爱学校里的教师。那是在2011年的9月，学校开学了，我也正式地走进课堂，开始了自己的教学工作。由于缺乏经验，我给学生上起课来并不是那么顺利，为此心情很低落。一次吃午饭的时候，我在餐厅和毕老师说起自己的困惑，着急地流下了眼泪。没想到这一幕正好被窦校长看在眼里，她端着自己的餐盘坐了过来，问我怎么了，毕老师笑着说："小姑娘想把课上好，着急呢！"我羞愧极了，觉得窦校长一定要失望了。可是窦校长笑了笑，从盘子里夹了一块玉米饼给我，轻声说："别着急，要慢慢修炼哪！"就是这样一个简单的动作、短短的一句话，给了我莫大的鼓励。于是，我重新振奋起来，积极地向我的师傅张叶老师学习，终于在一个月后的家长开放课中得到了家长们的认可，也证明了自己。没想到，当天下午放学的路上我再次遇见了窦校长，她远远地就冲我说："听说今天上午你的课讲得很好，你真棒！"她边说还边向我竖起了大拇指。窦校长的表扬，真是让我感到惊喜，而她对我这个新入职的老师的关注，更是让我受宠若惊！

这两件事深深地影响了我，也永远地留在了我的记忆里。每一次，当我面对不那么优秀的学生时，我总是想起窦校长对我的鼓励，对学生也就多了一分耐心，多了一分关爱。

"儒雅是教师最美的气质，教师要努力成为学生的审美对象。教师儒雅的形象会化作无声的教育力量，熏陶感染每一个人。"见过窦校长的人都领略过她的魅力，她的美不仅仅是漂亮的外表，更是她儒雅的气质、富有学识的谈吐、善于倾听和包容的性格以及热爱学习和善于反思的习惯。

窦校长常说："学习是最好的保养，女老师多读书多学习，化妆品都可以省了！"后半句是开玩笑，但前半句蕴含着大道理。我们都知道"腹有诗书气自华"，尽管人的外貌由遗传决定而很难改变，但人的精神可以因为读书而蓬勃葱茏。"那些历经时间沉淀依然流光溢彩的文字，在我们的心灵中留下缤纷的映像，让我们内心的气象漫随云卷云舒。"

窦校长教会我的事还有很多很多。她勇于担当和乐于奉献的精神，她身上强烈的责任感和使命感，她每天用微笑、感谢和赞美传递着的正能量，她为了学校师生的美好明天所付出的努力，都值得我们这些年轻教师不断地学习。而我们是多么幸运，能够在她的身边成长……

靠近你，温暖我

董建峰

初次见到窦校长要从2012年那次面试开始说起。

那是一个绿意葱茏的春天，我第一次来到清华附小。迎着阳光，我看到大门外代表着学校光辉历程的金色奖牌，看见走廊上那一张张师生活动的生动的照片，一种与众不同的气息扑面而来。教学建筑采用的是白墙、灰砖，显得古朴淡雅，简单大气。走进这个孩子们的生活家园与成长乐园，我发现这里有如此多的活泼的元素。我看到了红色的屋顶、蓝色的柱子、绿色的门，朱红色的护栏、粉色的洗手间……校园里充满了童趣，真正给孩子们创设了一片丰富多彩的生活天地。我不禁感慨，学校的领导真是太用心了，一心为孩子们设计，于是对这所学校的好感油然而生。

等待面试的时候，我忐忑不安。之前我通过互联网看了很多有关窦校长的介绍，这样一位全国著名特级教师，这样一所百年名校的校长，她会提出哪些问题？面对各种问题，我应该怎样回答？……当我见到窦校长时，她笑容满面，长发披肩，明眸闪烁，端庄大方，让我感觉如沐春风。随后的谈话更让我放下了紧张的心，她没有一点儿领导的架子，让我觉得这不是在面试，而是在和一个似曾相识的朋友聊天。

窦校长常对我们这些年轻教师说："好教师的知识结构应当由三块组成，即精深的专业知识、开阔的人文视野、深厚的教育理论功底。"通过听窦校长的课，我深深感到她是一位充满着激情的老师。她常说："语文是情感的课堂，语文课要堂堂见真情。"

在听窦校长讲授《三打白骨精》一课的时候，我感觉自己在不知不觉中进入了故事中的角色，一步步读出了作品的精妙之处：一变村姑，二变老妇，三变老父，分别运用美人计、苦肉计、离间计。一打，朝妖精劈脸一棒；二打，当头一棒；三打，一棒打死了妖精。"三变""三打"各有味道，所以读起来不感觉重复。听窦校长这样讲解，我从中真正感悟到文学作品写作的精妙之处。新课程的教学理念是要在教学中以文学的方式呈现语文，而在实际课堂教学中则采用"聊课"的方式，将老师和学生紧紧地联系在一起，师生关系平等而融洽，课堂气氛热烈而轻松。通过反复学习，我越来越感觉到这一节课的精华并不只是形式上的创新那么简单。这不仅是一节具有创新性的研究课，更是一节具有先进理念的素质教育课。

令我印象最深刻的要数经典的童话故事《皇帝的新装》，窦校长的授课，让我感受到了经典阅读的魅力，她通过预学、共学、延学三个板块，展示了全新的教学理念。在这节课中，窦校长充满激情，营造了民主、宽松、和谐的教学氛围。她还巧妙地为学生搭建了一个主动探索、独立思考、合作学习的平台，让整个课堂充满活力，使学生从中受到启迪，引发了他们对人生的思考。课堂上她一次次深情地呼喊“亲爱的同学们”，这来自她对生活的激情和对学生、对课堂、对教学的投入。窦校长说过：“教师的激情就是要点燃学生的情绪，照亮学生的心灵。教师对教育的激情，应该从外在的表象化为内在的精神气质，不因年龄的增长、环境的变化、地位的升降而改变。”我们的课堂需要教师的激情，需要用教师的激情去感染学生、触动学生，用教师的激情去浸润学生的情感。窦校长已为我们做出了一个很好的榜样，那就是对学生的一种激情、对课堂的一种激情。虽然身为校长，事务繁忙，她却依然没有忘记她的学生，没有丢掉她的课堂，我想这是值得我们每一个人学习的。

当我站在讲台上时，我看到学生纯真的笑脸和求知的眼神；当我在办公室里备课时，同事们相互交流，互相鼓励；无论何时何地，作为教师，我都时刻不忘以自身的气质和品质感染学生、指导学生，帮助他们更好地成长。清华附小之所以能够取得今天的成绩，正是得益于同事间的友好互助和师生间的亲密合作。在窦校长这位“大朋友”的引领和带动下，清华附小的未来必定更加辉煌。

世间所有的相遇都是久别重逢

——记我眼中的窦桂梅校长

何芳芳

2015年，于我，确切地说是于我们原永安里小学的全体同事，是一个不寻常的年份。就在当年的6月，我们接到上级通知，由于朝阳区推行新教改，重新划分了教育功能区，我们学校将并入清华附小商务中心区实验小学，这所小学的校长就是北京市乃至全国大名鼎鼎的窦桂梅校长。因为我任教语文学科，对“窦桂梅”这个名字更是耳熟能详，但这种熟识也只是在书籍上、杂志中、网页上，以及业界的口碑中，而未曾谋面，那么她到底是一个怎样的人呢？就在金秋九月，怀着惴惴不安的心情，我们走入了新学校，走近了她……

不知不觉，寒冬已至，一个学期悄然而过，尽管只有短短的 5 个月，我对窦校长却有了不一样的认识与了解，心中不仅早已不再惴惴不安，反而由衷地涌起这样的感觉：其实，世间所有的相遇都是久别重逢。

姑且不说她的阳光开朗、亲和风趣，也姑且不说她的博爱仁厚、重情重义，更姑且不说她的才思敏锐、出口成章，我首先觉得她的确是一位名副其实的了不起的“大”校长。这个“大”指的是大视野、大格局、大思想、大魄力，与时俱进，充满了人文情怀。

记得窦校长与我们初次见面时，语重心长地与我们交谈，其间她说道：“清华附小历经多年的奋斗，已经是个名声在外的教育品牌。我们的团队面向全国广纳人才，一直在致力于办好本部及分校的教育，希望将清华附小办成精品。但是现实让我们面临选择，我们也曾矛盾过、犹疑过，是继续办好自己的教育，还是去接纳其他学校？思来想去，我们决定，应该让清华附小的品牌教育惠及更多平民的孩子和更多普普通通的家庭，这也是清华附小责任与担当的体现。”心怀社会，报效社会，在这第一次会面中，我感受到了窦校长浓浓的家国情怀。

初入清华附小，我们都收到了这样一本小册子——《清华附小办学行动纲领》（以下简称《纲领》），紫红色的封皮，内文有 70 多页，密密麻麻地写满了字。说实话，我有些诧异，工作了 20 年有余，也接触过一些名校，每所学校都有自己的办学特色和理念，也有自己的办学规划，但像治理一个国家一样拥有自己的办学行动纲领，我还是第一次看到。

翻开目录，上面清晰地罗列着“办学理念”“特色课程”“教师发展”“常规科研”和“学校管理”几大项目，同时另附了相关附件。我仔细地研读了里面的详细内容，有学校的发展愿景，校规校训，学生的核心素养、外显样态、特需保障，“1＋X 课程”的研发和介绍，教师的发展和规划，学校的管理机制等。看罢，我深感震撼，因为这本小册子不仅体现了编撰团队的才华与智慧，更体现了一校之长的办学思想。

从《纲领》中，我感受到了窦校长的大视野、大格局，正像《纲领》中的第一句话——承前才能启后，审视才能前瞻。清华附小的办学既要彰显其百年的光辉历史，也要将其发扬光大，继续成为中国基础教育的引领者：引领价值观，引领课程，引领公益活动。一位小学校长的心胸如此宽广，真是令人由衷地敬佩。

在我看来，窦校长不仅视野大，格局大，更可贵的是她不断地吸收新时代的新思想和新观念，与时俱进，引领着清华附小的教师团队走在业界的前端。

《纲领》中明确写入了在教育教学中要促进学生发展的五大核心素养：身心健康，成志于学，天下情怀，审美雅趣，学会改变。“核心素养”这一理念是21世纪初经济合作与发展组织率先提出的，即21世纪培养的学生应该具备哪些最核心的知识、能力与情感态度，才能成功地融入未来社会，才能在满足个人自我实现需要的同时推动社会发展。多年来，不同国家和地区都在进行类似的探索，2014年3月才被我国教育部引入并面向全国提出，指出要在学校中加快“核心素养体系”建设。在大部分学校还在研读规划的时候，清华附小已经确立了自己的“核心素养”培养内容，并且将其融入学科中进行落实。这背后正是窦校长对于新理念、新思想的捕捉与把握，使清华附小的发展总能站在时代的前端。

窦校长的观念之新、魄力之大，给我触动最大的是清华附小研发的特色课程——“1+X课程”：“1”为优化整合后的国家基础课程，“X”是个性化发展的特色课程，包括学校个性课程和学生个性课程。它的实施策略即整合。对此，团队进行了系统的研发，将传统的40分钟的课时调整为1小时和35分钟的大、小两种课时，在授课内容和时间上都给予了匹配。同时，学校对教师进行培训，让教师在这样的平台上进行大胆的尝试与探索。中国的教学改革从新中国成立初期就没有停止过，但直到现在，绝大部分学校还是不敢迈出打破常规课时、打破学科壁垒的这一步，还是在40分钟和单一学科内搞研究。窦校长能推出这样的课改措施，该需要多大的勇气？“1+X课程”毕竟是新生事物，还在探索与实践中，希望能在我们的努力下更加完善。不管结果如何，我都很钦佩窦校长这种高屋建瓴的教学思想，敢于尝试，敢于试错，才是真心去探索，真心为中国教育找出路的态度。这是一位真正心怀教育的管理者。

窦校长的优点实在不一而足，她风趣、宽容、博爱、勤奋、真诚、勇敢、有担当……当我写这篇文章时，我不由得想起了这句话：世间所有的相遇都是久别重逢，兜兜转转若干年后相遇，其实眼前的你并不陌生。那不就是我们心目中希望的校长的样子吗？

“百变女郎”的人格魅力

侯爱霞

时光匆匆，转眼即逝，曾经的光华路小学和永安里小学整合成清华附小商务中心区实验小学已经有一个学期了。从最初的人心彷徨，到现在的稳定前行，这一切，都离不开一位知性、优雅、美丽的女性，她就是大名鼎鼎的全国著名特级教师——窦桂梅校长。

虽然我与窦校长见面的次数屈指可数，至今不过三四次，然而，就这三四次见面给我留下了深刻的印象，让我对这位曾经遥不可及的名师，有了真真切切、实实在在的感受。她给我的感觉不再是那高高在上的“神”，而是和我们一样有血有肉、感情丰富的人。

精明强干的外交家

“听说了吗？咱们学校和永安里小学归到清华附小商务中心区实验小学了，说是学校整合。清华附小的校长是窦桂梅。”2015 年 4 月份开始，种种有关学校整合的消息接踵而来，对于自己今后的命运，老师们有的忐忑，有的惶恐，也有的淡然。窦桂梅是谁？长什么样？为人如何？这是大家都很关心的问题。而我通过网络上的介绍了解到了窦校长的一些个人信息，知道她是清华附小的校长、全国著名特级教师、教育学博士。此外，她主持的“小学语文主题教学实践研究”获得首届基础教育国家级教学成果一等奖。她曾出版了《窦桂梅与语文教改的三个超越》《窦桂梅与主题教学》等多部个人专著。这样的一个人，一定是一位很有成就的教育者吧，我心里猜测着。闻名不如见面，很快，我就见到了她。

学期末，我们忽然接到通知，北京市教育委员会要来人和全体老师讲整合事宜。时间未到，老师们早已在会场就座。领导们来了，人群中有位清瘦、优雅、美丽的女性，虽然个子不是很高，却很引人注目。身边的老师小声说道：“这就是那位鼎鼎大名的窦校长吧。”因为之前在网上看过她的照片，所以我们对她的样子已经很熟悉了。轮到窦校长发言了，她一张嘴：“老师们……”轻柔悦耳的声音，亲切和蔼的笑容，带着那么一股子朴实、真诚，立刻拉近了我们的距离，让人感到不是领导讲话，而是朋友间的闲聊。她将关于整合的事情娓娓道来，还特别讲了一个小故事，把她的整合理念传递给我们。她说：“有个剧团里面有白种人、黑种人和黄种人等众多演员，他们各自为一个小团体，谁也不理谁。可当表演节目时，他们都要戴着一个黑猩猩面具，而这时，他们不分肤色，不分年龄，大家戴着面具相谈甚欢……”故事虽短，却寓意深刻。我想：窦校长是想让我们忘掉原来的身份，融合在一起，成为一个新的整体，共同打造一个崭新的清华附小。她的发言打消了老师们心中的顾虑，让老师们认同了清华附小的办学理念，迅速融入了清华附小的教学氛围中，她真不愧为一位精明强干的外交家。

志向远大的管理者

窦校长说：“人无志则不立。”作为一个人，一定要有理想，有抱负，有志向。在这学期末的全体教师会议上，窦校长做了主题发言。她侃侃而谈，一口气说了3个多小时，向我们阐述了清华附小的成志教育和2016年度的工作主题。她说，成志教育，就其国家使命而言，始终指向学校，与国家和民族同呼吸、共命运。而这体现了国家和民族对少年儿童的殷切期盼，即在聪慧与高尚的人群中，尽管各人的志向和人生规划各不相同，但都要在承担中华民族伟大复兴的使命的基础上，实现自己的人生价值。就其教育理念而言，学校坚持“让儿童站在学校正中央”的理念，始终聚焦清华学子终身发展的核心素养，为学生打下“健康、阳光、乐学”的成长底色，鼓励学生拥有学习兴趣，并使之成为志趣，最终成为志向。学校既不以应试为唯一目标，也不以所谓素质教育做掩护而无所作为，而是实现优异成绩与卓越素养的统一，培养教师、家长、学生的独立精神与完整人格。就其社会责任而言，学校在寻找百年成志教育的中国意义——“三个引领”。清华学子要立志、言志、行志，最终成志，成为有社会责任感、公益情怀、价值榜样的社会公民……看着窦校长慷慨激昂的神态，聆听她如涓涓细流般的话语，感受她那描绘未来的宏图大志，我默默地伸出了大拇指，为她点赞。如果每一位教育者、管理者都能有窦校长这种眼光、这般胸怀、这份志向，那么，我们的教育定会走向成功。窦校长真是一位志向远大的管理者。

莎士比亚说过，一千个读者眼里有一千个哈姆雷特。对窦校长，不同的人也会有不同的印象、感受、评价。而我每当与窦校长邂逅，总觉得她就像一位“百变女郎”，时而温婉儒雅，时而激情四射，时而睿智机敏，时而朴实真挚。这就是她的人格魅力所在。选择了清华附小，就选择了一生的责任。我想，在她的领导下，在所有教师共同的努力下，清华附小的未来将会更加辉煌。

充满激情的窦校长

李聪聪

第一次听到窦桂梅校长的名字是在学校会议上，我们得到了学校即将与清华附小合并的消息。说起来真惭愧，此前我对这个名字、这个人一无所知。第一次见到窦桂梅校长时，她身着红色外套，松松地挽着头发，举手投足间流露出几分优雅与恬淡。她笑着说："老师们，我可辛苦了！为了见你们，我化了妆，还穿上了鲜艳的衣服，是不是看起来精神些？"身为校长，她与老师们接触时不像上级领导，反而更像一位志趣相投的老朋友。

随着合并而来的是"整合"的课程理念，我走进了培育学生五大核心素养的"1＋X课程"中，我也逐渐在"1＋X课程"中对窦校长有了更多的了解，她的管理能力与思维高度在各个方面都展露无遗。有时我在想，是什么给了她力量，让她永远那么有激情？也许她热爱课堂，又或许她有三头六臂？

窦校长的谈吐不但风趣，而且总能让人笑过之后有所回味，总能让人在笑声中有所思考。从语文特级教师到校长，她从学科本位走向了课程整合，站在教育的高度看待学科教学，她关注的不再是教学方法，而是"让儿童站在学校正中央"。

我第一次看窦校长的公开课《威利的奇遇》，对此留下了很深的印象。窦校长分别对五年级和二年级的学生展开教学，以实现不同的阅读目标。她首先与五年级学生一起走进书中"发现奇遇"，师生一同发现书中一个个有趣的秘密，经历一次次妙不可言的奇遇，她一步一步引导学生，促使他们自己发现绘本中总是有一只猩猩，而这只叫威利的猩猩穿梭在一部又一部经典名著中。

学生的每一个发现都能激发她的热情。在窦校长的这节课上，我不停地听到"咦！""是呀！""真的呀！"诸如此类的感叹词，她那看似有些夸张的肢体语言以及那带有东北口音的普通话，既让人感觉亲切，又让人放松。她满怀激情地将师生们都带进了她的绘本教学中。

窦校长说："一个孩子喜欢你，不是因为你脸上没有褶皱，而是因为你的眼睛里有光、有韵、有神，因为你的眼睛能'抓人'，你的目光能'勾魂'。激情可不是体力活。"

学生的学习热情是需要教师用激情去点燃的，而激情是装不出来的。现在，有的教师上课，给人的感觉很不自然。有的课看似挺有朝气，但那朝气是假的、“做”出来的。我要提醒年轻教师，不要将激情表现在张牙舞爪的动作和“孔雀开屏”的姿势上。学生注意的是你的眼睛，肢体语言主要起的是辅助作用，不能喧宾夺主。有的年轻教师一笑，露出一排白牙，可就是不美，因为不是发自内心的。有的教师虽然在课堂上表扬学生，眼神却是冷冰冰的，给人感觉不是真诚的。教师的激情靠的是对学生发自内心的、真正的喜欢和对生活、工作的热爱，这种爱的激情最后化作对教育的执着，而不是停留在表面的爱。

窦校长在课堂上表现出来的激情是发自内心的，是让台下的学生和听课的教师都感动的激情。她对课堂的驾驭能力，确实让人叹为观止，课前她肯定没少下功夫。窦校长作为清华附小的校长，虽然杂务缠身，但是并不妨碍她静心写书，这确实让人心生敬佩。选择当教师，就是选择不断修炼，教师虽然不是待遇最高的职业，但永远是最高尚、最令人尊敬的职业。

我深知窦校长的激情源于不断学习，源于博览群书，学习和读书已经成为她生活的一部分。每次她的讲话都能旁征博引，让我们在感悟中得到洗礼。窦校长一直认为阅读可以影响孩子的一生，于是提出了建设图书馆式的校园，努力让学校的每一处景观都成为孩子学习的资源。教育的活力让她永远充满激情，让她的思想永远年轻。

我身边的大朋友、好榜样

——窦桂梅校长

马全闯

她是一位美丽优雅的女士，她气质非凡，总给人一种儒雅的感觉。不熟悉她的人光看她的外表可能会感觉她比较严肃，让人敬畏；但熟悉她的人都知道，她是一位幽默、爱笑、认真、敬业、博爱、令人尊敬的教育者。所以有时候我会把她当作我的一个大朋友或是我学习的好榜样，并以她为目标来要求自己、鼓励自己，希望自己将来也能够像她一样。她身上有一种神奇的魔力时刻吸引着孩子们，她是所有孩子眼中的明星，孩子们每次见到她就沸腾了。每次看到她与孩子们之间进行没有距离的沟通与交流时，你完全看不出这是一位全国著名的语文特级教师，一位大名鼎鼎的校长，我想这就是她的魅力所在吧。她用爱去关心、教育每一个学生，这种爱是自然流溢出来的奉献精神，是自然表达出来的情感。她对教育事业的热爱、对自己工作的热爱、对师生的关爱，又体现出她对教育的大爱。她就是我们清华附小这个大家庭里的大家长、我们年轻教师的大朋友、我们所有清华附小人的好榜样——窦桂梅校长！

记得那是2011年6月的一天，我来到清华附小参加面试。当我刚踏入这座安静而美丽的校园时，我的内心无比紧张与激动。我先在联盛馆里做准备活动，一会儿几位老师进来了，我就开始展示我的专业，一段武术表演得到了大家的认可。这时一位女老师问我会不会练太极拳，并让我展示一下，由于刚刚进行过剧烈运动，我的心还有些静不下来，所以太极拳练得有些浮躁，结束后这位老师说："练得有些快了吧！"我喘着粗气挠挠头笑了，默默地为自己担心起来。过了几天，我接到了清华附小老师打来的电话，说让我过去开始实习，我十分惊喜，就这样开始了我的教师生涯。后来我听其他老师跟我说，其实是窦校长觉得我的素质很高，只不过有些地方需要学习和提高，她还说："清华附小就是这样一个地方，它不仅可以给你一份工作，它还要培养你，给你学习的机会和展示的平台，让你把这份工作当成自己的事业去做。"这让刚刚离开大学校门的我感到既温暖又感动，感觉我不是来到一个工作单位，而是来到了一个大家庭里，而窦校长就是我们这个大家庭里的大家长，关心、爱护着我们每一个人。

刚来到清华附小时，正赶上暑期学校抗震加固，由于没有了办公地点，老师们就都回家备课去了，但是有些事情还是需要集体研讨商议。每一次我们回学校进行集体研讨的时候，我们都能够看到窦校长戴着一顶红色的安全帽在施工现场与施工方不断地交流，那种感觉就像一位母亲要为自己的孩子们盖出一座座属于他们的结实、宽敞、漂亮，能够让他们在里面快快乐乐地读书、学习、生活的房子。夜以继日、风风雨雨的两个多月的抗震加固，窦校长始终工作在第一线。她视学校为家，学校的一草一木、一砖一瓦，都在她的视野中。为了孩子们的安全，她不放过每一个细节。

她是一位敢于担当的校长，她的这种精神也感染了我们。为了让学校的每一个角落都能充满旺盛的活力与教育的智慧，我们努力着；为了让学生在学校的每一个时刻都能享受学习的收获与成长的乐趣，我们努力着；为了让教师在每一天工作中都能体会职业幸福与专业成长，我们努力着。窦校长无时无刻不在传递微笑、感谢与赞美，无时无刻不在用行动感染着每一位教师、每一名学生。

她的事迹和行动不断地提醒、改变和激励着我们这些年轻教师，她经常对我们说："教师要平等地对待每一位学生，努力了解每一位学生，明确学生只有差异而没有差距，要尊重每一个个体，呵护每一个个体。教师要把微笑、感谢、赞美当作职业本能，去教育、感染、熏陶每一个人。"她有着强烈的责任感和使命感。为了学校师生美好的明天，她努力着，呼吁着，奔走着，奋斗着！这就是我们年轻教师努力的目标与方向，也是我们学习的好榜样——窦桂梅校长！

"大拇指"校长

孙亚琪

陶行知先生曾说，校长是一所学校的灵魂，要想评论一所学校，先要评论它的校长。

想到我们的窦校长，我脑海里跳出的第一个词就是"大拇指"。因为窦校长表示赞美的大拇指给我留下了非常深刻的印象。在清华附小本部，每天早上，"大拇指"校长都会出现在通往教室必经的交叉路口，向每一位来到学校开始一天学习生活的学生竖起大拇指。

翻开窦校长的履历，她 1986 年参加工作，从事教育工作已经 30 年。她教过思想品德课、音乐课、数学课和语文课等，不管教什么，她总是凭着坚忍不拔的意志苦练教学基本功，常常准备三份教案，很早就备完课。1998 年，她作为科教界的优秀代表之一，在人民大会堂受到国家领导人的亲切接见。她是全国著名特级教师，还被评为"新中国成立六十年来从课堂里走出来的教育专家"之一。在种种头衔之下，在清华附小人的心中，因为她喜欢举起大拇指赞扬学生和教师，所以她更是一位"大拇指"校长。

在清华附小，窦校长经常说的一句话是"校长好好学习，老师天天向上；老师好好学习，学生天天向上"。这不但是一位会赞美的"大拇指"校长，还是一位低着头一直在学习的校长。窦校长常说的三句话深刻地影响着我：遇到困难时，爽朗的窦校长会说"办法总比困难多"；鼓励大家时，窦校长会说"只要上路，就一定会遇到隆重的庆典"；遇到不尽如人意的事情时，窦校长会说"做，就是得到"。窦校长的网名是"玫瑰"，她说，玫瑰不仅与她的名字有关，还因为玫瑰娇艳的花朵和坚硬的刺能够代表她对教育信念的坚守。

确实，她是一位个性坚强而又内心柔软的女性，是一位在磨砺中不断收获和超越的校长。

窦校长曾经说过："追求是我的状态，探索是我的行为。"在教学和管理上，她是一个不轻易言弃、勇于求真的人。她说自己把所遇到的人和事都作为学习的对象，在29岁成为特级教师后，她就更加努力学习。她不但被聘为著名大学的兼职教授，还屡次获得教育界的特殊荣誉。她不仅在国内得到了同行的认可，还带着她的语文教育理念和学校办学理念，走进了中美人文交流高层论坛，走进了苏霍姆林斯基教育思想国际研讨会，走进了意大利"中国文化年"，向世界展示了中国基础教育的新发展。

翻开清华附小的校史，在探索教育改革新途径的过程中，窦校长发挥了非常重要的作用。首先，作为校长，她一直对学校改革抱着乐观的态度，不畏惧改革过程中可能遇到的困难和阻力；其次，作为学校领导，她具有非常强的团队凝聚力，能够号召学校成员为共同愿景奋斗；最后，在改革遇到困境和阻碍或者发展一帆风顺时，她都能够冷静分析，踏实行动，不被外界因素所影响。

就是这样一位传递微笑与赞美、给予温暖与力量的校长，用她的大拇指给了每一个清华附小人力量，让我们在清华附小的新百年扬帆起航。

微笑的校长

吴　超

一次见面

三年前，我即将毕业的时候，清华附小来我所在的大学开招聘会。一听说这所学校的校长是窦桂梅，所有学习中文的同学都打算去参加招聘会。"窦桂梅"三个字在小学语文界的分量众人皆知，能成为清华附小的老师，是多么荣幸啊！

招聘会准时开始，一张我们在教学视频中看到过无数次的熟悉面孔出现在礼堂里。台下一阵欢呼后，她拿起话筒，说："同学们，你们好，我是窦桂梅。"多么熟悉又亲切的话语，她并没有在自己的名字前加上一长串的头衔，给人感觉很接地气。她的语言时而风趣幽默，时而感人肺腑。她不仅向我们介绍了清华附小的招聘要求，还向我们传递了一个重要的信息——这位校长很慈祥，她的团队很团结。之后，几乎所有的学生都排队将简历交到窦校长手中。轮到我时，我小心翼翼地递上简历，窦校长双手接过它，一个微笑，一句“谢谢”，让我感到被尊重，心里是那样畅快。

一次鼓励

这一周，学校宣布了获得流动红旗的班级，我们班又一次没有得到！

听德育主任在广播里宣布时，随着“一年级×班、二年级×班……”的声音，我的心也揪得越来越紧，仿佛都提到了嗓子眼儿。终于到三年级了，我多么想听到“三年级（3）班”这样的声音啊！可是，宣布完（1）班、（4）班，就是（5）班、（6）班，再一次把我们班跳过去了！唉，我好失望！回到休息室，我心里仍然很难受，无法排解。我想不明白，这两周里，无论是文明礼仪、“两操”，还是卫生、课堂教学，我都抓得挺紧的，各科老师的反映也都不错，不应该再出现得“良”的情况啊？到底是因为什么呢？我下一步该怎么做呢？评分的表格要到明天才能发下来，看来，今天我就得这样“难过”地过了！

这时，窦校长来了，脸上挂着慈祥的微笑，看到我的表情后，窦校长问我出了什么问题。我碍于面子不好意思说，窦校长却拍拍我的肩说：“没事，跟我聊聊你有啥不高兴的。”我支支吾吾地把我的不满和疑惑说了出来，窦校长一直认真地听着，脸上也一直保持着微笑。当我抱怨完了，窦校长温和地说：“年轻人，追求优秀是对的，可是要切记，不能心急！卫生问题看似是卫生问题，其实也是班级管理的问题，只看卫生，只想着拿红旗，是从个人的视角出发的。我们是老师，要先了解学生的想法，只有从学生的视角出发，才能获得荣誉。学生站在学校正中央啊！没有教育不好的学生，关键看老师是不是采用了正确的教育方法。古人说：‘严师出高徒。’而在当今时代，你更要做一名‘严爱相济’的老师。”窦校长说完，对我笑笑就走了。她的一席话让我的情绪缓和了很多，是呀，办法总比困难多，我要解决这个问题。冷静之后再想，也许，我们只差那么一点点；也许，是在眼保健操或卫生上有那么一点点不足。要是就这样放弃了，岂不是前功尽弃？是呀，我不能放弃，我的学生也不能放弃！想到这里，我的心情好多了，下一步，我们要踏踏实实地走好每一步，认认真真地做好每一项工作。

一次指导

一次，我给学生上《装满昆虫的衣袋》这节课，正好窦校长来听课，可是课堂教学效果不好，学生提不起兴趣，我顿时慌了手脚。

下课后，她没有批评我，而是把我叫到一旁。“你先说说这篇课文的内容。”她脸上依然带着微笑。我说：“《装满昆虫的衣袋》这篇课文写的是法国著名昆虫学家法布尔小时候的故事，通过描写他对昆虫的痴迷，表现了他对科学的热爱和对知识的渴求。”她说：“所以，教学这一篇课文时，要从题目入手，抓住‘着迷’，让学生体会文章的思想感情，领悟文章的表达方法。这篇课文的题目新颖特别，含义深刻，是文章的‘眼睛’，我认为可以把课题作为突破口，启发学生质疑问难。上课开始，先板书课题，然后询问学生：‘读了这个课题，同学们有什么疑问吗?’并顺手在课题上打个‘?’，学生一定思维活跃，发言热烈，他们兴趣盎然，就愿意主动思考问题，自觉探究结果了。我们不仅要写自己的教案，还要写学生的学案哪！学生都失去了兴趣，你还给谁讲啊?”我点了点头。“文章的层次就像人的骨架一样，只有整体把握文章的脉络，才能思路清晰，目标明确。你要让学生通读全文，边朗读边找出文中提到‘装满昆虫的衣袋’的语句。学生仔细读书，很快就能画出这样几个句子：‘他还拣了好多的贝壳和彩色的石子，把两个衣袋塞得鼓鼓囊囊的。’‘背着大人把衣袋装得鼓鼓的，躲起来偷偷地玩。’‘后人为了纪念法布尔，在为他建造的雕像上，把两个衣袋做得高高地鼓起，好像里面塞满了许许多多昆虫。’”窦校长就这样耐心地教我怎样备课，怎样教学，她脸上始终保持着微笑，声音一点点地浸润我的心田。

她照亮我的教育之路

杨玉凤

生活中若是没有朋友，就像大地上没有阳光一样。人们常说一个好朋友就像一本好书，让你受益匪浅。而她——我们的大朋友，更像寒冷冬日里的一缕阳光，不仅温暖着每位学生，也温暖着每位教师，更照亮了我的教育之路。

在此之前，清华附小这个名字于我而言并不陌生，但我从来没有把自己和它联系在一起。然而从 2015 年 7 月起，我成了清华附小教师队伍中的一员。得知消息后，我既兴奋又激动，心想：像这样一所名校的校长应该是高高在上的，也应该是非常严厉的。学生时代，我见过很多校长，给我的印象只有“威严”二字。然而，当我见到了窦校长的那一刻，脑海中的那些形象全部支离破碎。虽然第一次见面时我们并没有说话，但是我已经被她那张亲切的笑脸和她散发出的优雅气质所吸引。

一、敬业、博爱、儒雅——感受正思想

敬业、博爱、儒雅，这是每一位教师的奋斗目标。要找这“三张名片”的代言人，一定非她莫属！她用实际行动向每一位教师诠释了什么是敬业，什么是博爱，什么是儒雅。我相信在她的引领下，我们在教育之路上一定会越走越远。

她——我们的大朋友，让我懂得了什么叫作敬业。她是一个活力四射、充满激情、全身心投入教育事业的人。窦校长每天的工作都是非常繁忙的，她担任了三个校区的校长，却至今也未离开她所热爱的三尺讲台。各个校区的发展都离不开她辛苦的付出，她每天都是最后一个离校的，这种坚持恐怕再无他人了。不仅如此，每年到了假期可以休息的时候，她都会坚持陪老师们走完学习之旅。其中令我印象最深刻的要数 2016 年 1 月 17 日至 1 月 19 日这三天的冬令营了。这三天是入冬以来最冷的时候，寒风刺骨，而窦校长每天都早早地到达会场，全程参与，就连生病了都没有休息，而是坚持与老师们一起学习，除此之外，她还要处理各校区的事情。没错，她就是这样一个将一切都奉献给教育事业的人！从她身上，我深切地体会到什么叫作敬业。

她——我们的大朋友，让我懂得了什么叫作博爱。人们常说，做人要有一颗博爱的心，作为人民教师更应如此——不仅要爱班级里成绩优异的学生，对于成绩不好的学生，更要付出加倍的爱来呵护他们。她常常以身作则，形成了独特的影响力，时刻指引着我们前行的方向。人们常说孩子的顺利发展与家长的正确引导有着密不可分的关系，而学生在学校学习的时间里，老师也扮演着家长的角色，除了教授学生知识，更重要的是引导。窦校长在这一点上做得非常好，她不仅对所有学生一视同仁，而且能根据他们的特点进行引导。

她——我们的大朋友，让我懂得了什么叫作儒雅。儒雅，即气度温文尔雅，也指学问精深。儒雅不仅指个人修养，还包括学识。了解了敬爱的窦校长的经历后，我脑海中立刻闪现出一句话——活到老，学到老，尤其是教师，更不能停止学习。她常说“学习是最好的保养”，见过她的人都会相信这话一点儿也不假。她由一名“打杂教师”成为全国特级教师，正是凭着永远比所有人更努力，永远比所有人想在前、做在前、奉献在前的韧劲儿和一颗谦虚、包容、热爱学习的心。现在，功成名就的她仍未停止学习，继续坚持做“最好的保养”。窦校长的经历让我更深刻地体会到，人必须热爱学习，并坚持学

习，只有这样，才能不断提升自身的素质。

二、微笑、感谢、赞美——传递正能量

她——亲切、阳光！每次见到我的大朋友，不管她多么疲倦，多么不舒服，她都会露出亲切的微笑，这微笑像春风，轻轻的，柔柔的；更像冬日里的一缕阳光，温暖着大家。窦校长经常说："不管对待学生、同事还是家人，我们都不要吝惜微笑、感谢与赞美。"如今，我终于体会到了这句话的真正含义，即传递正能量。她是这样说的，也是一直坚持这样做的：每天清晨，她都会在学校门口用微笑迎接每一位学生与教师的到来；看到学生或教师为学校建设添砖加瓦，她都会真诚地表达感谢；看到学生或教师的表演，她都会第一时间竖起大拇指表示赞美……她就是这样一点一滴地向学生和老师传递着正能量。

她——善良、贴心！她心里一直挂念着要给教师最大限度地谋取福利，想尽一切办法照顾好每一位教师，让每一位教师都开心快乐地工作、生活。这样为教师的切身利益着想的校长是多么善良、贴心哪！

人们常说，只有明确方向和目标，才能走得更长、更远。作为教师也是如此，当一名教师不难，但要做一名好教师确实不易，尤其是做像窦校长这样敬业、博爱、儒雅的教师更加不易。虽然我走进这个大家庭的时间并不长，跟这位大家长、大朋友见面的机会并不多，但我坚信，在她的引领下，我在教育之路上会走得更远！

一朵永远绽放的玫瑰

——我身边的窦桂梅校长

尹迎春

4月，玫瑰香气袭人！在我们学校，有一朵永远绽放的玫瑰，那就是我们的窦桂梅校长。

自从2002年窦校长来到清华附小，她就一直在卓越地前行，通过自身不懈的努力，所取得的辉煌成绩真是不胜枚举，由此也赢得了全国语文特级教师、教育专家、名校校长等众多头衔。这些年里，一直目睹她在清华附小工作的我常常在想：促使她不断前行的动力是什么呢？我认为是她的爱——对教育事业的爱、对自己工作的爱、对师生的爱！

她深爱着课堂，是一位将讲台视为自己的人生主场的特级教师。这些年来，窦校长给我们上了很多示范课，有《再见了，亲人》《圆明园的毁灭》《珍珠鸟》《游园不值》《村居》《牛郎织女》《三打白骨精》《皇帝的新装》等。相信曾有幸听过她上课的老师肯定和我一样有同感：“窦校长在课堂上不仅热情洋溢，而且激情四射！”她上的每一堂课，都能让我们感受到她的激情和那优雅的气质、极具感染力的表达、恰当的肢体语言。她精心打磨每一堂课，不断地超越自己。每一篇课文，窦校长都会围绕一个主题进行教学，如《秋天的怀念》的“好好活”、《珍珠鸟》的“信赖”、《三打白骨精》的“向善”……总之，在她的课堂上，我们体验到了母语的内在美，感受到了语文的趣味和魅力，也领略到了讲台上一道无法复制的风景。

她深爱着学校，是一位把教育当作生命的校长。2011 年暑期，学校开始进行抗震加固工程。那段日子里，我们在校园工地现场经常能看到她忙碌的身影。哪种原料更环保？哪种材料更耐用？她都要亲自问了施工队后再查资料。每一扇门窗的设计、每一种材料的选用、每一个角落的安全，她都要亲自参与讨论研究。在进行抗震加固工程的两个多月里，她每天都奔波在工地上，没有一天是在晚上 12 点前休息的。我们看到她冒着高温，亲自为工人们送去红烧肉。在竣工庆典的时候，她还亲自为工人们戴上大红花、发放奖金。更令我们感动的是，由于她走路太多，导致腿脚浮肿穿不了鞋，但她依然奔波劳碌着，落下了一身的病也不去治疗，直到抗震加固工程全面竣工，下半年工作圆满完成，临近春节时，她才在医生的再三催促下接受手术。

我们每一个教育工作者的心中都装着大写的“人”，这个大写的“人”就是学生。窦校长深爱着每一个学生，她曾说过：“基于儿童的教育就是人道主义的教育。”她爱学生体现在什么地方？2013 年至 2014 年，我在学校的德育处工作。每天早上，我都要负责在门口迎接师生。在这期间，我亲眼看到窦校长爱学生的一幅幅感人画面：从周一到周五的清晨，只要她没有公务外出，在校园的门口都能看到她准时出现，用笑脸和“早上好”迎接学生的到来。学生也为能得到窦校长的迎接就早早到校了。校长的身体力行感染了全体师生。每天早晨，迎着太阳，所有的学生都会向老师们问好，老师们也会用微笑和学生互动。微笑带动了微笑，微笑感染了微笑。

当漫步在校园里，闻着弥漫的花香时，我不禁又想到了那朵永远绽放的最灿烂的玫瑰——永远指引我们不断前行的窦桂梅校长！

有一种力量，鼓励我前行

张利伟

我第一次见到窦校长，是在大学课堂上，老师播放名师教学视频供大家观摩学习。只见屏幕上的窦校长激情四射，神采飞扬，孩子们完全被她吸引住了。当时，我深深地折服了，暗下决心：将来我一定要成为她那样的教师。

如果说这一次的“相遇”勾起了我心中对教师这一职业的憧憬和向往，那么第二次真实的见面激起了我内心无比崇拜的浪花。2010年的一天，我有幸现场聆听窦校长讲绘本《我爸爸》，能够近距离地看到心中的偶像，我的内心激动不已。她丰富的表情、生动的语言，让我对语文教学有了新的认识。“原来语文课可以这样上，”我心里想，“我也要把语文课上得这样精彩有趣。”

很快我毕业了，终于要走上教师的岗位了。在我四处投递简历而无果的情况下，清华附小向我伸出了橄榄枝，窦校长又一次走进了我的生命中。我就要成为清华附小的一名教师了，每天都能见到我的偶像了，我特别激动，为面试做了充分的准备。经过试讲，我终于顺利地开始了清华附小的实习生活。在校园中，我经常看到窦校长匆忙的身影，偶然与她相遇，她总是对我笑一笑，像一位母亲一样，慈爱的笑容让我初到学校的不安和焦虑烟消云散。有一天，窦校长突然走进了我所在的实习班级，她提着一台笔记本电脑，笑眯眯地对我说：“利伟，这台电脑送给你。”说着就把电脑塞到了我的手里，我感到既惊讶又喜悦，“谢谢”二字还没来得及说出口，只听见她温和地说：“这是我之前用的电脑，电池特别耐用，你用吧，好好干！”“谢谢您，我……我一定好好干。”我支支吾吾地说道。从此之后，那台电脑一直陪伴着我。在我困倦疲惫的时候，我仿佛又听到了那亲切的话语；在我困惑迷茫的时候，是她给我前行的力量。

前些日子，我拜读了窦校长的《超越·主题·整合——窦桂梅教学思想探索》这本书，深受感动与教育。她刻苦学习的精神、执着的追求、卓绝的智慧、深刻的思索、勇敢的探索……都令我折服。

怀着一个朴素的愿望——站在孩子们的笑脸中间，当一名真正的教师，窦校长奋斗着。她向书本学习，阅读量达300万字，写下了20多万字的学习笔记和50多万字的文摘卡；她向实践学习，写下了10多万字的教学感悟；她向名师学习，听了校内外1000多节课……她还一次次争取上公开课。

这样的付出怎能不使人感动？现在的年轻教师不正需要这样的努力吗？窦校长就是我们身边的榜样，在平凡的工作中，我们要向她学习，要不断超越自己，力争做有理想信念、有道德情操、有扎实知识、有仁爱之心的“四有”教师。

首先，充实自我，提高涵养。窦校长是谦逊的，别看她在讲台上滔滔不绝，能让你笑，能让你哭，在一起交谈时，她经常是一个安静的听众，她特别善于从各种人身上吸收知识。她还有一双充满智慧的眼睛，她一直在热切地关注这个世界，去各地讲学和考察时，她总是不放过任何学习的机会。

其次，广泛读书，积淀学养。窦校长的阅读视野非常广阔，从教育名著到文学典籍甚至哲学著作，她都广泛涉猎。她的这些阅读还是在她繁重的行政工作、引领性的教学研究工作以外完成的。我不止一次看到她在别人闲聊时、在饭桌上认真地阅读。读书已经成了她生活中的一部分，读书也给她的教学、她的人生增添了厚重的底色。

再次，真诚求真，锤炼思想。如果没有独立的思想、自由的人格，谈教学的个性是没有意义的。窦校长在探索中始终保持着自己独特的视角，边阅读，边实践，边研究，力求将理论的思考、大胆的实践和既广泛又有针对性的阅读拓展结合起来，敢于发声，勇于上探索性的课，表现了一位不断进取、追求进步的新时代的小学语文教师的独特风貌。

窦校长常鼓励我们年轻教师要有“我是重要的，我是能干的，我是快乐的”这样的信念。我想，从现在起，我们应该向窦校长学习，为每位学生的生命奠定坚实的基础。我相信，终有一天，我们也会和她一样，像秋天的庄稼，结出丰硕的果实。

做个追梦人

——我与窦桂梅校长的故事

赵红霞

我认识窦校长已经有 10 多年了，我的身边有这么一位了不起的名师，我感到多么幸福哇！

刚开始，她还是清华附小专抓教学的副校长。记得那年的秋天，窦校长听完一位老师的课后，突然说：“我来上节课。”第二天，她走进一年级（5）

班的教室，我清清楚楚地记得那节课上的是《登鹳雀楼》。课上完后，孩子们围着她蹦蹦跳跳，一个小女孩抱着窦校长说："我太爱您了！您什么时候再给我们上课？"

这是我第一次听窦校长上课，也是我第一次近距离感受名师的课堂魅力。

此后，作为特级教师，每学期窦校长都会给大家上示范课。而我一次又一次地被窦校长所感染，进入她的课堂中，和她一起热血沸腾，激情澎湃。《再见了，亲人》《圆明园的毁灭》《珍珠鸟》《游园不值》《村居》《牛郎织女》《三打白骨精》《皇帝的新装》……窦校长的课堂是富有激情的，激情让课堂充满生命力，而窦校长则把这种生命力通过学生演绎到了极致！讲台上她激情四射，就像明星。窦校长的课堂是热闹的，却并非花架子，该有的基础知识点一个不少。其实，窦校长的课堂更注重培养学生敏锐的感知力、深刻的理解力、丰富的情感性、独特的审美观，进而使学生形成一种感悟能力，一句话，更注重教学的有效性，这种课堂教学采用的是一种富有弹性和张力的表达方式，老师看似随意，张口就来，实则需要相当的功力。

这就不能不说到窦校长的善学、善思、勤奋与担当。刚开始时兴开博客的时候，窦校长要求老师们每个月都要写两篇博客，还有专门的老师进行评价。此外，窦校长每个月都要组织老师们进行学习，我们曾经当堂拿出一首诗进行分析，也曾经写过高考作文。每一次，窦校长都会逐一分析评价，每个人的"高考作文"上都有她亲手写的评语。她组织我们学习王荣生教授的课程论，还请王教授专门到学校讲授课程。她每天都会走进课堂，为每一位老师的课堂"捉虫"。这些年，学校一些老师的课堂教学总能得到称赞，这不能不归功于窦校长手把手的培养。而她本人更是勤勤恳恳地耕耘着，不仅没有脱离过课堂，还始终站在课堂教学的前沿，引领清华附小乃至全国的小学语文教学。此外，她还每年都出一本专著。

特级教师张翼健说过："窦桂梅的实践理念是超前的，是在着眼于人的发展。"这是非常中肯的评价。从"三个超越"到"主题教学"，再到"课程整合"的提出都凝聚了她对人的发展的思考，她的实践与研究以语文立人为导向，立足于"为聪慧与高尚的人生奠基"的办学理念，探索怎样更好地面向全体儿童，提高语文素养，培养完整人格，这体现了"让儿童站在学校正中央"的教育理念。

如今，清华附小"1+X课程"体系研究开展得如火如荼，窦校长以教育家的姿态站在教育改革的前沿，引导着老师们和整个学校“向着明亮那方”前行着。

“未来不是我们要去的地方，而是我们要创造的地方。通向未来之路不是找到的，而是走出来的，走出这些道路的过程既改变着走出这些道路的人，又改变着目的地。”

她说过，有什么样的情怀，就有什么样的处世方式；有什么样的期许，就有什么样的行为。每一次聆听窦校长慷慨激昂或苦口婆心的话语，你都能感受到她的忧患意识，她的博爱之心，以及她作为一名教育者的责任心，作为一位教育家的使命感。她常说：“选择了清华附小，就选择了一生的责任。”我想，正是这种强烈的责任心和使命感促使她殚精竭虑，带领着清华附小的师生一次又一次地超越。

每个学期的开学典礼上，我们都会郑重宣誓：“我是清华附小人，努力用敬业、博爱、儒雅成就每一个学生，把每一个学生的成长当作我们的最高荣誉！”我相信这句誓词已深深根植于每个清华附小人的心中，化为每一天的行动。

榜样的力量是无穷的，作为清华附小团队中的一员，我愿意像窦校长一样，在向着卓越行进的路上做一个追梦的人！

家长篇

我们眼中的“大家长”

书香里绽放的玫瑰

2011级（4）班　宋嘉雯妈妈

玫瑰花开，绚丽多彩，既美丽优雅，又热情似火。清华附小校长窦桂梅给我的印象，恰似书香里绽放的一朵玫瑰，香远益清，卓然不群。

第一次见到窦校长，是在女儿刚升入小学的开学典礼上。窦校长一出场，其大方得体的穿着、优雅从容的举止、自信热情的笑容立刻吸引了我的目光。窦校长虽已人到中年，但容颜秀丽，仪态万千，举手投足间别有一种知性的美。我很少见到如此有气质、有风度，散发出强大的气场的人，内心不免对这位很有大家风范的校长产生了几分好感。接下来，短短十几分钟的发言，窦校长讲得热情洋溢，特别是对小学教育有独特的见解和感悟，我立刻被她深深折服。

伴随着女儿小学生涯的开始，我更多地了解了清华附小，了解了窦校长。清华附小真正践行了“让儿童站在学校正中央”的教育理念，窦校长领导构建的“1＋X课程”体系，让孩子们除了受到国家规定的良好的义务教育之外，还接受了极富个性化的素质教育。“1＋X课程”体系中，“1”指整合后的国家基础性课程，“X”指个性化发展的拓展性课程。清华附小的每个学生必须达到一定的基础目标，如一流好人格、一身好体魄、一生好习惯、一个好兴趣、一种好思维；而不同的学生根据自己的情况，还可以有所侧重地设定特殊的自我发展目标，如一手好汉字、一副好口才、一篇好文章、一项好才艺、一门好外语。

我从女儿身上感受到了“1＋X课程”的魅力，我经常听女儿兴奋地谈起，今天上了戏剧课，今天上了烘焙课，今天看了电影，今天参观了博物院……孩子打开了思路和眼界，对世界充满了好奇与求知的欲望。这令一直关注小学教育的我深有感触，在普遍以应试教育为主，被动实施国家教育计划的大环境下，窦校长敢于大胆创新，高屋建瓴地重整课程体系，真正做到立足于孩子的视角，以学为主，充分培养孩子的创新精神与探索世界的勇气。在这样的教育环境下长大的孩子，必将拥有战胜一切困难、征服世界的勇气与魄力！

窦校长在一次家长培训会中曾说："我们要培养孩子低头奋斗的智慧和抬头看天的情怀！"多么富有哲理和诗意的语言！低头奋斗，强调的是要脚踏实地，根基扎实；抬头看天，强调的是要有国际视野和家国情怀。没有脚踏实地的奋斗，只能是好高骛远，一事无成；没有胸怀远见的奋斗，只能是故步自封，小富即安。校长是一所学校的灵魂，也可以说校长的精神境界是学生未来可能达到的高度。如果说，初次见面，令我折服的是窦校长的外在形象和言谈举止，那么，随着了解的深入，更令我折服的是她的教育思想、事业建树，以及对中国未来教育的引领与卓越贡献。窦校长恰如一朵独树一帜的玫瑰，傲然绽放，用她的卓越感召着教育工作者紧紧跟随。

窦校长不仅是一位出色的教育家，也是一位优秀的领导者与管理者。随着女儿年级的升高，我参加了学校组织的形形色色的活动，接触到了越来越多的清华附小教师。从他们的身上我时时刻刻能够感受到他们对教育事业的热爱，对工作和孩子们的倾情投入，以及与人为善的优雅风范。这让我不禁对窦校长的管理风格和个人魅力非常好奇，产生了一探究竟的念头。

2014 年 9 月的一天，我很荣幸地作为学校家委会代表见到了载誉归来的窦校长。窦校长带领清华附小语文团队历经多年形成的教学成果《小学语文主题教学实践研究》获得首届基础教育国家级教学成果一等奖，将清华附小的学术水平、教学水平带向了新的高度！窦校长一如既往的儒雅中蕴含着幽默，谈笑间展现出卓越的人格魅力，即使在获得了如此高的荣誉、达到了许多人一生都难以企及的高度后，依然宠辱不惊，安然若素。此时的窦校长恰如一朵高雅的玫瑰，华丽绽放，其周身散发出来的浓浓书卷气与高贵气质，使她身边的每一个人都深深陶醉了。

作为家长，我真心为孩子能够在这样一位校长领导下的这样一所浸润百年文化底蕴又兼具国际视野的学校里读书而高兴！孩子拥有如此得天独厚的求学环境，拥有如此卓越的榜样力量，智慧与高尚的人生将从这里扬帆起航！

祝愿窦桂梅校长领导下的清华附小越办越好，满园玫瑰绽放，芬芳天下！

读书是最好的精神化妆

2012级（4）班 张菲儿妈妈

窦校长给我的印象，如果只用一个字来形容，就是美。

我女儿二年级时才从外地转入清华附小商务中心区实验小学，能进入这所久负盛名的学校，是女儿的幸运。女儿入校之初，我有着不少担忧，怕她不适应新的校园环境，怕她的学习成绩跟不上。可是女儿每天回来都乐呵呵的，说老师和同学们对她都友好极了，学校环境也很好，至于作业嘛，除了用水彩笔画的可爱小报和简单的抄写，就没有其他的了。女儿上课的时间也让我吃惊，因为不是我们熟悉的40分钟一课时，而是有大课和小课之分，大课60分钟，小课35分钟，课间时间也长短不一，最长的居然有50分钟！据说这是窦校长创立的新的“1＋X课程”教学模式。而课本，除了国家规定的部分，其余的都是清华附小的老师编写的。

这是怎样的一种教育方式？这是怎样的一位超级校长？孩子们在这样的教育下会怎样地成长？正当我困惑之时，学校的家长们创办了校园期刊《恒惠丁香》，并委托我采写一篇关于窦校长的文章。荣幸之余，我暗自欣喜终于有机会可以近距离地见到她了。

如约来到清华附小本部，窦校长准时出现在我们面前，她穿着一身玫红色的西服套裙，微卷的长发束于脑后，冲我们微笑着打招呼，温婉美丽，跟照片中的她一模一样，既如玫瑰般美丽，又有一种别样的高贵气质。她对我们热情地说：“感谢家长们对学校和孩子们的关心以及付出，你们还亲自编写校园刊物，这在整个北京市都属首例。”一瞬间，亲切感油然而生。

我把采访提纲递给她，要回答完我的问题，至少需要一个小时，窦校长耐心地一一作答，言简意赅。提到教学和管理，她的精神一直是饱满的；提到孩子们，她的眼里一直充满关爱，自然亲切，就像一位普通的母亲。她的口才很好，不管对教学专业知识、“1＋X课程”设计，还是对学校的管理，以及对孩子们的教育，她都侃侃而谈。

说起读书，窦校长似乎有千言万语：“我希望我的学生多读书，我给他们推荐了从一年级到六年级的课外读物。我自己就非常爱读书，只要有时间我就会读，读高雅的书、有知识含量的书，书中有无穷的乐趣。读书是最好的精神化妆，会让人变得美丽。”

我第二次再见窦校长，是在今年年初的家长座谈会上。主持的老师做了简单介绍后，窦校长便上台了。只见她穿着一身蓝紫色的西服套裙，身形格外修长，美丽优雅，容光焕发。她微笑着向各位家长问好，全场立刻响起了掌声。

自从主持人手里接过话筒到讲话结束，她一口气讲了一个半小时，以至于她最后不好意思地笑了："对不起各位，我恐怕是又犯了语文老师的职业病了。"可是在这一个半小时里，我丝毫没有觉得倦怠，反而一直被她的话牵引着，听得入了神。听窦校长的演讲是一种享受，让我学到了很多。在短短的一个半小时里，我忽然间明白了为什么家长们都自发地在孩子上下学时到学校门口值勤，自发地去学校帮老师组织活动、照相、撰写刊物；为什么老师们每天都那么士气高昂，即使工作再累，也用最好的精神面貌来微笑着教育孩子们；为什么这所学校的老师跟家长们亲如姊妹，在微信群里喜欢喊家长"亲爱的"……我不禁暗暗叹服，为女儿能在这样一所好学校学习而感到欣慰，也为女儿和她的同学们拥有这样一位美丽出色的演讲家、管理者，一位极负责任的大家长——窦校长而感到骄傲！

站在面前的这位女性，她身上所散发出来的美，对孩子无形的影响，对老师们的激励，对家长们的焦灼心灵的抚慰，都是自然的。这种美，不只是天生丽质，更是她多年读书和深厚文化素养的积累，是她从教育践行者到管理者敬业勤恳地耕耘的收获。书香的芬芳、知识的力量让她除了拥有女性温婉的魅力之外，更有着自然而然的感染力和凝聚力。

如今，女儿早已把学校当成第二个家了，非常爱它，逢人说起，脸上便洋溢着自豪之情。作为家长，我除了表达真挚的感谢，还有祝福：祝愿百年清华附小生日快乐！祝愿孩子们都健康、阳光、乐学！祝愿窦校长和她带领的教师们越来越美丽！

猜猜我有多爱你

2013级（1）班　张染晴妈妈

我对清华附小校长窦桂梅的大名早有耳闻，而真正的第一印象则来自女儿上一年级前的新生家长会。窦校长这一下午的演讲是足足三个小时的精神盛宴——完全出乎我的意料，却又深深震撼了我的心灵。她在讲解语文教学和阅读的重要性时，声情并茂地为我们朗读了绘本故事——《猜猜我有多爱你》。在这次家长会上，我第一次意识到，原来孩子上学，也是家长的一场漫长而丰富的精神之旅——说是“家长上学”也不为过。如今，女儿就读于清华附小商务中心区实验小学已经有一年半的时间了，我和女儿一起深深地体会到了窦校长对孩子们深沉而热烈的爱。

需要成长的还有家长

窦校长说：“教育是‘根’的工程，‘花’的事业。只要我们相信，只要我们彼此了解、合作，还有不好的未来吗？”

家长与孩子一起成长的过程，其实就是一个不断蜕变的过程。窦校长不仅是在带着一群稚嫩的儿童成长，更是在真诚地引导着一群已然成年的家长一同成长。要想把孩子培养成为健康、阳光、乐学的好儿童，家长必须时时处处以身作则，让孩子在耳濡目染中向着美好的方向发展。

窦校长引用了惠特曼的一首诗：“有一个孩子每天向前走去，他看见最初的东西，他就变成那东西，那东西就变成了他的一部分。”那么，在孩子最初的生命里，家长力所能及能够给予他的，在学校里，教育应该给予他的，在他未来的生命里，这所有的一切，就成了他生命的一部分。

正是这种情怀，这种责任，让爱的教育贯穿清华附小教育教学工作中，也将学校和家长紧紧地联系在一起。为了我们的孩子，也为了我们自己，在窦校长和学校教师的感召下，我积极参加了班级家委会，也响应学校的号召，承担起校园期刊《恒惠丁香》的编辑工作，并在学校上下学时间充当起了交通管理义工。这些活动，让我更深入地了解到学校的教育理念，感受到孩子的成长历程，同时也促进了自己的成长。

有这样的校长，以及她带领的一群教师，这样真诚地爱着孩子们，作为家长，怎能不心存感激，并回报以深沉的爱？在这样的成长中，我越来越爱这所学校，并与学校建立了密切的联系，一方面感受着学校对孩子们的爱，另一方面也深深地爱着这所学校的老师和令人尊敬的窦校长。

无处不在的“1＋X 课程”

在窦校长引领的清华附小“1＋X 课程”的构建中，家长是重要的课程资源。家长和学校应该共同承担起丰富学校课程内容的责任。在清华附小，有五六十门由家长参与的课程，这些课程与学校课程资源融合，这才使“X”的可能性、个性、选择性得以实现。同时，学校鼓励低年级孩子的母亲多到校，中高年级孩子的父亲多到校，希望把母爱中的温暖和安全感、父爱中的力量与坚定，带到孩子们的学习过程中。

每次踏进校园，都会有令人耳目一新的内容映入我的眼帘：过道的“协商互让之星”事迹材料、大厅的儿童绘画作品、走廊里孩子们的手工制作作品……有些是课堂上孩子们的成果，有些是课后由孩子和家长共同完成的，也有的是学校日常教育的一部分……家长们看到这些，常常会露出会心的微笑。我相信在这样的氛围中，孩子们一定会有开阔的眼界、多元的视角、完整的人格！

无论酷暑寒冬，每天清晨都能看到学校领导微笑着站在校园门口迎接孩子们，与孩子们互相问候、致意，美好的一天从第一个“微课程”——良好的礼仪开始。每逢传统佳节、西方节日以及各种纪念日，孩子们都会在老师的带领下举办各种庆祝或纪念活动，并在活动中掌握知识、体验文化、享受欢乐。学校还举办了各种社团，开设了丰富多彩的兴趣类课程，给孩子们带来了欢乐与收获，也给家长们带来了惊喜。

一年半以来，女儿和她的小伙伴们在这所美丽的小学里健康快乐地学习和生活着，知识的积累和能力的提升大大超过了家长们的预期……最重要的是，孩子们在人格上向着完整的、立体的方向发展。还有什么是比这更幸福的事情？窦校长最初的话语依然在我耳畔萦绕：“猜猜我有多爱你？”我一直想找机会对窦校长说：“您给孩子们创造了这样良好的教育环境，猜猜我们这些家长会有多爱你？”

感受窦桂梅校长

2014级（3）班　李佳宁爸爸

几年前我就知道有一位全国特级教师窦桂梅，看过她给孩子们推荐的书目，读过她写的有关儿童教育的文章，那时候觉得窦校长是那么伟大，那么神秘，那么遥不可及。想不到现在自己的孩子能有幸到清华附小上学，作为孩子的家长，我多次与窦校长近距离地接触，聆听她的讲座，感受她迷人的风采。

从聆听窦校长的讲话感受窦校长

窦校长经常说：“岁月让我容颜衰老，但激情让我青春永驻。”她还说：“儒雅是教师最美的气质，教师要努力成为学生的审美对象。”窦校长是这样说的，也真的这样做了。从开学典礼见到窦校长的第一面，到后来的主题讲座、家校交流，我每次都能深切地感受到窦校长那甜美的微笑、得体的打扮、优雅的举止。我想她的这种气质影响的不仅仅是学校的教职员工和孩子们，还有我们这些家长。

孩子上学之前，我对家长会的理解就是家长到学校听老师介绍孩子在学校的学习情况、孩子的优缺点以及家长需要配合学校做好哪些工作等。孩子上学后，我到学校开过几次家长会，彻底改变了我对家长会的认识。因为在清华附小的家长会上，除了一般家长会的内容，家长们还能现场聆听窦校长对于教育理念、教育方法的解读和分享，能够亲自感受清华附小“1＋X课程”的美妙之处，在跟窦校长这样的教育专家的交流中重新认识自己，不断提高自己。

有位听过窦校长的课的家长说，在窦校长的课堂上，她和孩子们一起忘我地投入文本中，酣畅淋漓！她就像一块磁石，吸引着课堂里的每一个人，那一篇篇看似平常枯燥的文章，在她的讲授中焕发出勃勃生机。家长们都不得不感叹：她是在用生命的热情带着孩子们穿梭于每一节课。

从“1＋X课程”感受窦校长

开学前，清华附小的教师专门给家长们介绍了学校的“1＋X课程”体系，并且在每次的家长会上都会进行更深入的介绍。窦校长总是在不同的场合跟大家说，每一个孩子的发展不同，需求也不同，作为一所现代化的学校，能否为有不同需求的孩子提供相应的课程，是衡量一所学校是否富有现代化气息的一个表现。而学校的课程建设，是学校为学生提供教育福利的一种特殊表现。“1＋X课程”通过菜单式的服务，让每个学生都享受到了丰盛的精神大餐。

一个学期下来，看到孩子每天都高高兴兴地去学校，又开开心心地从学校回家，我心里踏实多了。每次儿子介绍自己在学校的情况时都是眉飞色舞，好像每天都不是去学校上课，而是去游乐场玩耍，我想这应该得益于窦校长的办学理念在清华附小的贯彻和施行，得益于“1＋X课程”教学模式的科学设计。学校的这种教学方式，让孩子们在学中玩，在玩中学，也让作为家长的我非常羡慕，更彻底打消了我内心的担忧。

从清华附小的管理感受窦校长

几乎每天早晨，大家都可以看到窦校长微笑着竖起大拇指或以鞠躬礼迎接每一位学生；每次家长会、家校交流活动，窦校长不管多忙都会尽量抽出时间跟各位家长见面；无论有多疲惫，一旦站在工作岗位上，一旦站在各位家长面前，窦校长便充满激情。我想这源于她的敬业，她对自己所从事的教育事业的专注，更源于作为一位校长、一位大家长对学生的爱。

火车跑得快，全靠车头带。正是因为窦校长的这种敬业精神，这种充满激情的精神，所以每次家长会和家校交流活动，我都能从班主任、任课老师、学校其他教职员工，甚至门卫师傅那里感受到暖暖的爱。

窦校长说："选择了清华附小，就选择了一生的责任。"我很高兴能把孩子送到清华附小上学，希望孩子能在这里快乐地成长，努力成为健康、阳光、乐学，拥有中国灵魂、国际视野的现代人。作为家长，我愿意和孩子一起学习，学习窦校长先进的教学理念，和孩子一起感受"1＋X课程"，感受窦校长的大爱，和孩子一起成长！

第二章

立志 携梦起航

雄鹰有搏击长空的志向，
才能在蓝天中自由翱翔；
海燕有战胜黑暗的志向，
才能在风暴中呼啸呐喊；
种子有破土而出的志向，
才能在阳光中茁壮成长。
让我们树立远大的志向，
挺直人生的脊梁，
凝心聚力，乘风破浪，
共同谱写美丽新篇章！

学生篇

“尊重感恩之星”

奉送爱心粥，暖胃更暖心

——“尊重感恩之星”黄崇琳

今天要去参加送爱心粥活动，说好了 7:30 到，可千万别迟到了，我边想边加快了脚步。

寒风像一群骑着扫帚的精灵，嬉笑着一个劲儿地往衣服里钻，厚厚的羽绒服也阻挡不住它们的“热情”。“哎呀！快冻死了！”我和妈妈开始跑起来，并把戴着手套的双手放在嘴边，使劲儿哈气，温暖冻僵的双手。送爱心粥活动的目的是什么？形式是什么样的？怎么有这么大的魅力，让我们班的杨琦和他爸爸着迷，并带动我们班近 10 名同学参与？今天这么冷，不会只有我和妈妈两个人来吧？一连串的问题在我脑子里接连蹦出来，不知不觉中我和妈妈就到达了活动地点。

“看，那不是你们班的杨琦吗？”妈妈说着并指向了前方马路边一个小小的身影。只见杨琦穿着厚厚的羽绒服，在原地跳着暖和身体，他爸爸正热情地和几位学生模样的年轻人聊着。他们见我们来了就热情地走过来打招呼，并向我们介绍活动程序。

天空飘起了雪花，落在地上就化成了水，一会儿工夫地面就湿了，我的头发也湿了。这时陆续来了 20 多人，盛着爱心粥的车辆也到了。我们一下子围上去，可我有些不知所措，这时杨琦看到了我茫然的表情，主动领我取围裙、帽子、套袖和一次性手套，领我随着歌曲《感恩的心》边唱边跳，领我读《仁爱宣言》，给我示范奉粥的标准动作和祝福语。往日班里那个沉默的小男孩，此时此刻俨然成了热情、严肃和充满使命感的小老师。

我乖乖地跟着队伍，手捧着热乎乎的粥站在马路边，寻找奉粥对象。离我约 20 米的一棵树下，一位身穿橙黄色保洁服的阿姨正站在清洁车边，拿着一个冒着白气的大水壶。此时，我真想捧着粥过去，可脚像被钉在地上了，内心剧烈地斗争着。这时，杨琦跑过来对我说：“黄崇琳，我们去给那个阿姨送一份粥吧！”说完，他就拉起我奔向了那位阿姨。

“阿姨！请喝一杯爱心粥，祝您一天心情愉快！”我们异口同声地对环卫阿姨说。阿姨先是一愣，接着伸出双手将粥接过去，被冻红的脸庞上露出暖暖的微笑。看见阿姨笑了，我顿时感到很满足。我们又掉头跑回到队伍中去拿粥。在杨琦的带动下，我终于突破了自己，陆续给协警叔叔、路过的爷爷奶奶、路边等车的行人奉出了 8 杯爱心粥，而杨琦竟足足奉出了 18 杯爱心粥！

“你怎么奉出那么多粥哇？”我惊讶地问他。

“我参加这个活动近半年了，这半年一次都没有缺勤，所以经验丰富了。另外，这是我们献爱心，是感恩社会的好事，有什么可害羞的！”杨琦回答道。

听到这里，我不由得想起在这个学期学校开展的捐冬衣的公益活动中，杨琦是最积极的一个。啊！杨琦的形象在我心里顿时高大起来。

“奉献是一种幸福”，这感觉是我在做了志愿者之后才真正理解的。我要像杨琦一样，怀着一颗真诚奉献的心，用自己的行动传递爱心，践行清华附小倡导公益情怀的理念。

尊敬老人，从我做起

——“尊重感恩之星”李润溪

“老吾老以及人之老，幼吾幼以及人之幼。”敬老爱老是我们中华民族的优良传统，是先辈们留下来的宝贵精神财富。老人是我们的长辈，他们辛劳了一辈子，为社会做出了巨大的贡献。家家有老人，人人都会老。人人都敬老，社会更美好！

在我的心目中有一个“尊重感恩之星”，他就是李润溪。我从点点滴滴中感受到了他对长辈那份真切的孝敬之心。

每周的孝敬实践活动记载，他总是认认真真地填写，而为了这一纸的记载，他做出了不懈的努力。每次遇见老师或长辈，总能听到他甜甜的叫声，大家都夸他是一个有礼貌且懂事的好孩子。

孝敬长辈是我们中华民族的传统美德。李润溪对爷爷奶奶十分孝敬，有什么好吃的总是忘不了留给他们，也从来不顶撞他们。“孝敬其实很简单，都在我们的日常生活中，比如，出门时和长辈说再见，放学回家后和长辈打招呼，吃饭要等大人都坐下来再吃……孝敬长辈最可贵的是常年坚持这样做，而且要自觉孝敬、照顾长辈。”这是他告诉我的一段话。他的爸爸妈妈工作特别忙，但是他们还是经常抽时间去陪在乡下的爷爷奶奶。在爸爸妈妈的潜移默化下，他深深地懂得了孝敬长辈是多么光荣的事。

由于受到他的影响，我也开始懂得了，老人一辈子为我们付出，为社会做贡献，我们应该让他们在晚年过得好一些。

前天，我第一次为奶奶洗脚，揉搓着那走过风风雨雨、迈过沟沟壑壑的苍老的双脚，心里突然产生了一个想法——希望将来我有了房子，接奶奶一起来住，天天为她洗脚。我边想边更加认真仔细地搓揉着，希望能一直这样用双手温暖她的双脚。

如果你爱你的亲人，请从现在开始行动。爱不只需要承诺，更需要切切实实地做事情。如果你没有抚摸过他们的白发，你无法感受到他们付出的艰辛；如果你没有仔细端详过他们脸上的皱纹，你无法深刻地知道：原来他们真的老了！如果你没有帮他们洗过碗、买过菜、拖过地、挣过钱，你真的不会懂得这么多年来他们为你、为家所付出的心血。我们应该尊老爱老，尽力去帮助老人做点什么，行动起来吧！让这些辛苦了一辈子的老人，晚年过得快乐一些。在做到这些的同时，你也拥有了一种高尚的美德！

懂得尊重，学会感恩

——“尊重感恩之星”梅梓俊

在清华附小商务中心区实验小学六年级（1）班，有一位懂得尊重、感恩的同学，他就是梅梓俊。

梅梓俊是班里尊重他人的楷模。他对每一个人都十分友好，凡事懂得谦让，从不招惹是非，就像一个邻家大哥哥。一次，几个男生调皮地抢了一个女生的铅笔袋，扔来扔去，还高喊着“有本事就来拿呀”，丝毫没有顾及那个女生的感受。这时，梅梓俊站出来说：“住手，把铅笔袋还给她！”“这又不是你的铅笔袋……”“但她是我们的同学！”梅梓俊严肃地说。那几个男生小声狡辩道：“我们就是在闹着玩。”梅梓俊挺直了腰板说：“同学之间要相互尊重，尤其是对女生，快把铅笔袋还给她！”梅梓俊的气势压倒了一切，铅笔袋终于又回到了主人手里。那几个男生知道自己做得不对，向那个女生道了歉，获得了谅解。事情就这样平息了。我看着梅梓俊默默离开的背影，不由得在心中为他竖起了大拇指。

梅梓俊不仅尊重同学，对老师也怀着一颗感恩的心。

记得有一次，甄老师腰疼的毛病犯了，行动十分吃力，但是仍然坚持来上课，我们既感动又担心。同学们都表现得特别好，不让老师操心着急。课间，我在教室门口遇到梅梓俊，只见他手里拿着老师的水杯，原来他主动为老师去打水。课间操结束后，同学们回教室，可教室在四楼，这对甄老师来说可是个难题。同学们跟在甄老师后面默默地走着，甄老师赶紧对我们说："你们先上楼吧，我自己慢慢走。"同学们边绕过甄老师边说："甄老师，您小心点，慢慢走。"甄老师微笑着点头答应。走在最后的我，看到梅梓俊慢吞吞地不肯走，就用手捅了捅他，他摇摇头，还是不肯走，只是默默地跟在甄老师身后。甄老师察觉到后，慢慢地转过身来，问我们俩怎么不上楼，我赶紧三步并作两步往前走去，回头一看，梅梓俊仍然站在那里一动不动。只听甄老师问道："你怎么不走?"梅梓俊只是简单地回答："您先走。"甄老师开玩笑地说："你是不是怕我从楼梯上摔下去呀?"没想到，梅梓俊严肃地使劲点了点头。原来，梅梓俊看到甄老师双手抓住楼梯扶手费力地爬楼梯，担心甄老师会摔倒，所以说什么都要跟在甄老师身后，保护甄老师。听了梅梓俊的话，甄老师拍拍他的肩膀，不再说什么，继续费力地爬楼梯，而梅梓俊一直跟在甄老师的身后。就这样，在甄老师腰疼的那几天里，梅梓俊在甄老师的身边寸步不离，就像甄老师的"小保镖"。

梅梓俊就是这样一个人，我们都愿意和他做朋友。

我心目中的阳光女孩

——"尊重感恩之星"李润清

每天，沐浴着清晨的阳光，李润清总是早早地来到美丽的校园。因为学校就是知识的海洋、快乐的天地，在这里的每一分每一秒，她一直朝着自己的目标努力，并感到非常快乐。当小伙伴伤心时，她会去安慰小伙伴；当小伙伴感到孤独时，她会去陪伴小伙伴；当小伙伴高兴时，她会与小伙伴分享快乐；当小伙伴犯错误时，她会劝小伙伴赶快改正。她怀着一颗真诚的心去对待每一个人。

一次，一位同学身体不适，呕吐了许多脏物，许多同学忍受不了臭味，纷纷冲出教室。而她赶紧跑到那位同学身边，帮他捶背，等他感到舒服一些后，她又马上收拾地上的脏物，然后带着那位同学去室外呼吸新鲜空气。这样的同学，谁不愿意和她交朋友呢？

值日时，她总是把教室打扫得干干净净；课间，她从不乱扔果皮纸屑，给同学们营造了一个整洁的学习环境。勇担重任的她作为中队委员和班长，不仅是老师的小帮手，还是同学们的服务者。为了美化教室，她向班主任提出开展“人人种植一盆花”的活动，她自己带头种植了10多盆，结果不到一周，整个班级青翠欲滴，生机盎然。这个活动开展得有声有色，不仅美化了班级环境，还培养了同学们热爱劳动的习惯。她还和班委组织了“环保小卫士”活动，课间带领同学们去校园操场捡拾纸屑等垃圾，使得学校环境卫生有了很大改观。她很重视班级的集体荣誉，为了争创先进班级，她每天都要检查教室是否干净，同学们的红领巾是否佩戴得整齐。有几个男生很调皮，她就主动和他们交朋友，鼓励他们在课间做些有意义的事，如提水浇花等。时间一长，他们竟然学乖了，老师和同学们都很高兴。她是老师的好帮手，也是同学们的好伙伴。

在学习上，她刻苦努力，成绩突出。上课时，她认真听讲，勤于动脑，积极举手发言。每天晨读，她都带领同学们朗读课文，她生动精彩的朗读常常博得师生的一致好评。数学课上，她一丝不苟，善于思考，遇到问题总是迎难而上，绝不退缩。英语课上，她流畅的对话、熟练的背诵，常常引来同学们的喝彩。形体课上，她的舞姿优美动人，洋溢着青春的激情，感染了每一个人。她还设计了几种课间小游戏，带领同学们调节状态，以更饱满的精神投入到下一节课的学习中去。读书是她课余的一大乐事。从童话故事到历史读本，从自然科学到天文知识，她都读得津津有味，广泛的阅读开阔了她的眼界，也提高了她的写作水平。她的各科成绩始终在班级名列前茅。

她还是个体育健将，在我们班跑步比赛中一直都是前三名。她的篮球水平也很高，作为篮球队的主力，她经常为我们学校的女生队争光。她的飒爽英姿，她的投篮、运球动作让人看得眼花缭乱，忍不住为她鼓掌喝彩。

这就是我心目中的阳光女孩——李润清，大家快为她点赞吧！

沐浴阳光，健康成长

——“尊重感恩之星”梅佳莉

我是梅佳莉，2015年秋，我成了清华附小的一名学生，怀着兴奋、茫然、忐忑的心情，开始了新学期的学习生活。

开学典礼上，班主任说："从 1915 年的成志学校，到如今的清华附小，回顾百年，无论岁月怎样更迭，不变的是始终坚持让儿童站在学校的正中央！清华附小一切以学生的成长为出发点，让儿童站在操场、课堂、舞台、活动的正中央。"可是我不明白这段话的含义。

语文老师说："同学们，从今天开始，我们每节课前都要进行三分钟演讲，内容可以是介绍国内外的著名文学家。"数学老师说："同学们，数学课的三分钟演讲内容自定，只要有趣、有智就好！"美术老师说："你们想和知名的画家交朋友吗？那就充分利用你们的课前三分钟演讲吧！"……课前三分钟演讲！课前三分钟演讲！竟然每节课前都有三分钟演讲！而这三分钟由我们说了算。以后不管上什么课，只要是我的三分钟演讲，我都积极准备，根据课程自己确定主题，收集材料，制作 PPT，上台演讲，和我的小伙伴们互动，真是乐在其中。不知不觉中，一个学期结束了，爸爸妈妈发现原来那个羞涩的小丫头变得越来越自信，甚至能和叔叔阿姨们一起谈论齐白石、郑板桥等，和音乐老师谈论古筝、二胡等。

我最喜欢的是数学课，数学课共分为"预学—共学—延学"三个环节。先预学，初读感知题意，提取信息，分析信息，提出不懂的问题，带着问题进入课堂；共学，梳理出核心问题，抓住关键信息研讨、交流、解决问题；延学，由一个数学问题延伸到这一类的数学问题，由一种解决问题的方法延伸出多种解决问题的方法，由教材中的数学问题延伸到生活中的数学问题。每一节数学课，老师总是让我们带着准备的问题走进课堂，又带着新的问题走出课堂。

比如，在研究圆的外切正方形、内接正方形和圆面积之间的关系时，我们在预学中自己制作学具，解决了圆的面积和大正方形的面积问题，还提出很多数学问题：怎样才能得到圆内最大的正方形？圆的面积比大正方形的面积小多少？圆的面积比小正方形的面积大多少？大正方形的面积是小正方形的面积的几倍？小正方形的面积是大正方形的面积的几分之几？大正方形、圆形和小正方形的面积比是多少？共学时，老师问："你们提出了这么多问题，一个一个地解决，可能吗？""你们小组内交流一下，这么多的问题，哪个问题最重要？"我和伙伴们交流后发现：最关键的问题是求出小正方形的面积。接下来，老师让我们借助学具，小组合作探究小正方形的面积，然后交流汇报自己的想法。之后老师又引导我们研究大正方形、圆形和小正方形的面积比……延学时，老师让我们在生活中寻找外圆内方、内圆外方的图案，试着提出问题并解决问题。慢慢地，我学会了动手操作，学会了独立思考，学会了和伙伴们交流分享，由纯粹的课堂倾听者变成了敢质疑、敢辩论的勇者，懂得了尊重科学。

慢慢地，我有点明白“清华附小一切以学生的成长为出发点，让儿童站在操场、课堂、舞台、活动的正中央”这句话的意思了，感谢学校“让儿童站在学校正中央”的教育理念，感谢我们的 3 分钟演讲、我们的“冰心书房”、我们的“水木秀场”……让我像沐浴在阳光下的小树一般悄然成长；感谢我们的各科课程，让我像探索险境一般感受到了成功的喜悦。

学生篇

“勇于担当之星”

在成长中学会担当

——“勇于担当之星”王基硕

他是一个充满自信的阳光男孩，是一个喜欢用搞怪表情把同学逗得乐翻天的男孩。在他的带领下，他们小组成了班级学习 PK 赛中的领先者，他是一个有担当的男孩。

只有真正懂得了责任的含义，才会明白担当的意义，要知道，责任感与机遇成正比。

机会来了。

火辣辣的太阳炙烤着大地，又是一个炎热的上午。来自北京市各个校区的选手们陆续进入比赛场地，一场紧张而激烈的投石车比赛即将开始，每一个选手的脸上都流露出自信的神情，他非常幸运地与另一个男孩一起代表学校参加比赛，担负起为学校争光的责任。赛前他和队友细致而认真地检查每一件工具：裁纸刀、锯子、双面胶、胶条、尺子、马克笔……一切准备就绪，比赛即将开始。这种感觉就像飞船即将冲出地球驶向太空，令人激动而又紧张。比赛如火如荼地展开，选手因操作失误发出的尖叫声、裁判不停吹响的哨子声、各种工具的碰撞声……就像一部太空交响乐，在比赛现场疯狂地演奏着。比赛已白热化，只见他和队友默契地配合，只需一个眼神彼此就已经心领神会，冰冻三尺，非一日之寒，要达到这种境界可不是一朝一夕就能实现的。多少个课后，多少个周末，不断的练习才让他和队友能够如此沉着冷静地操作，多少次比赛的历练，才会有今天如此默契的配合。功夫不负有心人，他们俩取得了朝阳区投石车项目小学组第二名、北京市青少年未来工程师竞赛二等奖的好成绩。他们俩正是因为这份担当，不仅展示了自己的特长，同时为学校争得了荣誉。

看到班主任每天为同学们辛苦付出，不停地忙碌，他想：我们已经长大了，不能总是让老师为我们付出，我们应该担负起管理班级的重任，成为班级的小主人。

一次，地面非常脏，还有很难扫的泡沫粒，这次正好轮到他所在的小组值日。他没有让大家直接开始动手，而是先分工，分完工后，由男同学把桌子拉开，然后拿拖把的同学一起把地拖了几遍，泡沫粒全部都粘在了拖把上，他们把拖把涮干净，泡沫自然就没了，最后拿笤帚的同学再扫地。扫完后，地面非常干净，一尘不染，大家都觉得他想出的这个办法很好，都夸奖他聪明。老师看着同学们打扫得干干净净的教室，欣慰地笑了。

说了这么多，他到底是谁呢？他就是我们五年级（1）班的“勇于担当之星”——王基硕。班上还有许多这样勇于担当的同学，上面的场景只是我们学习生活中的两个小片段，在成长的过程中还有太多太多这样的场景。我们面对困难不气馁，勇敢地不断尝试、努力，直至成功。我们都懂得只有勇于担当，才会使生活变得更加美好，更加充满希望。

树立远大理想，践行青春使命

——“勇于担当之星”王梓璇

2011 年秋天，刚来学校的我还是一个懵懂幼稚的小姑娘，与同学们在各个方面都有些差距。然而这几年在学校的呵护下，在微笑、感谢、赞美的环境中，我已茁壮成长为一名勇于担当的少年。

四年级时，班主任韩老师鼓励我们大家竞选班干部。当时，我大方地走上讲台，用简短的语言阐述了我竞选班长的理由：感谢老师和同学们这几年的陪伴，我愿意真诚地回报老师和同学们对我的关爱！就这样，我如愿以偿地当选为班长，开始真正履行我的诺言。

记得刚当选班长时，学校就启动了百年校庆的倒计时活动。第一个活动是“马约翰杯”足球运动会，每个班都需要画一面班旗，同学们你一言我一语积极地描绘着班旗的样子，可到最后都觉得有点难度而不愿意画了。这时我勇敢地接受了这项任务，用了整整两天时间把全班同学都画了进去，至今想起来还为自己的担当精神而感到自豪！平时由于班里女生少，要参与的运动项目多，每次我都主动担当中长跑项目，虽然明知这样做会影响我的个人成绩，但我还是很乐意这么做。班里男生踢足球不够人手时，我也是第一替补，所以男生都称我为“兄弟”。

作为班长，每天早上我都早早来到学校，第一项任务就是陪体重超标的同学跑步，坚持几个月后看到他们瘦下来，我特别有成就感！每天的课间休息，我是监督员，不时地看看楼道，再看看教室的动态，做到有事能及时向老师汇报。要想做一名合格的班长，就得心里装着每一位同学，了解他们的性格、爱好，做到和每一位同学都和谐相处。当大家有不同意见而争论时，我都在第一时间出现，用我特有的真诚、幽默来化解矛盾，所以我们班同学之间相处得十分融洽。

对于传统文化的传承，学校非常重视，始终不变地践行有中华民族文化之根的基础教育。每天中午，同学们都拿出自己的手艺给大家秀一把，我的看家本领是书法，学校的楼道里、班级的黑板上都有我的笔迹。为了带动班级的“书法热”，我还送给每位同学一支毛笔，告诉他们中国的书法有着无穷的魅力，练习书法可以使人受益终身。

在长达一年的清华附小百年校庆的倒计时活动中，作为清华附小学子的我，仰望清华附小百年的风雨历程，带着一个世纪的薪火绵延，带着光荣与梦想，开展各种微公益活动，传播推广校史剧《丁香花开》，让大家都来了解清华附小的百年历程，感受一下濯濯清华水，育我中华魂的历史，这所做的一切都彰显了新百年清华附小学子勇于担当的精神。

今天，清华附小又重新提出“成志教育，照耀一生”的理念。我们从小就要树立远大理想，并努力去践行，这理想一定要有家国情怀，要与社会、与祖国联系起来，从小肯担当，长大必成器。

积极勇敢，不断超越

——“勇于担当之星”吴羽卿

他叫吴羽卿，白净的小脸上架着一副蓝色的眼镜，他是学校众多小学生中普普通通的一员，但也是同学们身边最亲密的小伙伴。

他今年已经上五年级了，学习成绩一直名列前茅。不论在学习方面，还是在学校的民乐团、机器人社团的活动中，每年他都会获得很多荣誉。在这次的期末结业仪式上，他还获得了“校长奖”。他是一个名副其实的“小书虫”，几乎到了手不释卷、如痴如醉的地步。他每天的休息时间都是在学校的书吧、阅读角度过的。周围的同学都在嬉闹，他却安静地坐着看书，不受环境影响。他还主动向同学们推荐自己喜爱的书，渐渐地，在他的影响下，班里很多同学也喜欢上了阅读。

学校每年都会组织丰富多彩的课外活动，在各种活动中，他学会了担当。

在民乐团的活动中，他担任大提琴声部的部长，不仅要调好自己的琴弦，还要帮其他的同学调弦校音，帮老师摆好琴凳和谱架，协助老师管好本声部的课堂纪律，上完课后还要检查音乐教室的门窗是否关好。在北京市青少年未来工程师竞赛中，他独立完成了“安全校车”的制作，虽然没有取得优异的成绩，但是锻炼了自己勇于担当、积极参与的精神。他还在北京市学生机器人智能大赛中担任小队长，带领同学们在封闭两天的场馆里，在没有老师、父母及任何通信工具的帮助的情况下，通过和队员们合作解决了所有问题，顺利地完成了比赛任务。他还和妈妈一起去医院探望素不相识的患病儿童，并且毫不犹豫地捐出了自己的压岁钱，希望能帮到他们。在国外旅游时，他还不忘去当地的知名大学请留学生或老师为清华附小百年诞辰签名祝福，为学校庆祝建校百年助力。很多留学生都对他的行为表示赞叹，甚至学校的教授知道后也主动为他签名祝福，并对他说：“你是一个积极勇敢、有担当的好孩子，这样的好孩子我十分喜欢。”

他在家里也是个懂事的孩子。由于爸爸常年在国外工作，家里所有的事情只有妈妈一个人做，所以他主动担负起力所能及的事，尽自己最大的努力减轻妈妈的负担。妈妈生病时，他勇敢地担负起照顾妈妈的责任，俨然是一个“小大人”。

他就是这样一个普普通通的小学生，他爱学校，爱老师，爱同学，爱家人。他没有刻意要成为榜样，而是实实在在地做着自己，影响着身边的人。他会继续努力，勇于担当，不断地超越自己！

认真负责的“小淘气”

——“勇于担当之星”滕佳霖

我是五年级（4）班的滕佳霖，是一个聪明、活泼、淘气、好动的男孩。别看我平时很淘气，可我总是充满热情，每一件事情我都会认真对待，老师交给我的每一项任务我都会努力完成。

去年，学校在我们年级开展了养蚕活动，郭老师将这项任务交给我们虫虫小组来负责。平时就喜欢捉虫、养虫、研究虫子的我们，接到这个任务时，都十分开心。兴奋之余，我们也明白，郭老师是信任我们才将这项任务交给我们的，我们一定要认真、负责地养好每一条蚕，才不辜负郭老师对我们的期望。

当天晚上，我便开始在网上查阅有关养蚕的资料，了解蚕的生长阶段，以及养蚕过程中会遇到的各种问题。第二天课间，我和小组同学讨论并确定了养蚕的四项工作：首先，我们整理出养蚕需要做的所有工作，并进行小组分工；其次，我们把从资料中了解到的养蚕过程中容易出现的问题进行汇总，并提前制订预防和应对措施；再次，为了让同学们更清楚地了解蚕的生长周期，我们制作了一张《蚕生长记录表》，以便将蚕的每一个生长阶段都标注清楚；最后，我们确定了桑叶供应来源和相关负责人。

每天，我早早地来到学校，将同学们带来的桑叶清洗干净后，喂养蚕宝宝。然后督促小组成员在每个课间观察并记录蚕的状态，遇到问题时及时讨论、解决或去求助老师。同时提醒负责第二天带桑叶的同学，要确保桑叶足量供应。每到周末，我都提前安排小组成员照顾蚕宝宝，或亲自将蚕宝宝带回家照顾，并做好观察和记录。蚕每生长到一个阶段，我们都会在《蚕生长记录表》中进行记录，同时向老师汇报，由老师组织大家一起观察蚕宝宝的变化。当同学们有疑问时，我们小组的同学也都会一一解答。为了让同学们更好地了解蚕的生长过程，课后我查找了很多资料，制作了有关蚕的 PPT，利用课余时间，给同学们进行讲解。

很快，三个月过去了，我们的蚕宝宝顺利地经过了卵、幼虫、蛹和成虫四个时期，我们班蚕宝宝的成活率在全年级最高，老师和同学们都特别开心！

我们虫虫小组除了负责养蚕外，平时还负责给同学们讲解一些昆虫知识。为了让同学们更喜欢虫虫课程，我们决定采用 PPT 演示的方式，图文并茂地进行讲解。每次讲授虫虫课程前，我都会到图书馆借阅有关昆虫知识的图书，或者上网搜索昆虫图片，并亲自制作昆虫小报或者 PPT。每次的虫虫课程中，我们都会介绍昆虫的科目、外形特征、生活习性和生长周期，以及这种昆虫的典型物种及其分布地点。为了让同学们更直观地了解和观察昆虫，我们还安排同学专门负责捕捉昆虫，我也从市场上买来了一些昆虫，带到学校，让同学们进行观察。同学们都非常喜欢虫虫课程，每次课后，都会意犹未尽地围着我们继续讨论昆虫知识。这个学期，我们给同学们讲解了蚁狮、螽斯、跳蛛、独角仙和蚕几种昆虫的知识。

虫虫课程深受同学们的喜爱，大大丰富了同学们的昆虫知识，并让很多同学从此成为昆虫爱好者，同时，我也从中体会到了付出与分享的快乐。

通过养蚕活动和虫虫课程，我更加喜欢参加班集体的各项活动了，并积极主动地承担了一些工作。为了更好地发挥我喜欢朗诵的特长，郭老师还让我和李迪霏每天带领同学们晨读。每天晚上我都会在家提前预习，将晨读的内容熟记于心，第二天早早来到学校，带领同学们大声地朗读。

上学期，澳大利亚学生代表团来我校交流访问时，我连夜精心设计并绘制了具有中国传统特色的风筝，第二天向澳大利亚师生介绍了我的风筝的创作思路及其含义，让他们更加了解和喜爱中国的文化。

我，就是这样一个认真负责的“小淘气”。只要班集体需要我做的，我都会努力、认真地去做，并勇于承担责任。我一定会继续努力，争取成为一名健康、阳光、乐学的好少年！

学生篇

“自强自律之星”

积极进取，奋发向上

——“自律自强之星”崔逸轩

崔逸轩同学是少先队的一名大队委员。课堂学习中，她勤奋乐学；健美操活动中，她尽情展现；民乐演奏中，她全情投入；书法绘画时，她沉稳细致……她，性格开朗，热爱读书，多才多艺。

我们的校园是一座充满书香的校园，而她就是一个特别喜欢读书的孩子。她曾经因为“小书女”这个美名获得了“校长奖”。在窦校长的鼓励下，她更加热爱阅读了，还为自己制订了目标：看遍学校图书馆里所有自己喜欢的书籍。因为她知道“腹有诗书气自华”，她希望长大了能够成为一个聪慧、有气质的人。一年级的时候，她参加全国“春蕾杯”作文大赛，获得了一等奖。二年级的时候，她被学校推荐参加中央电视台举办的“寻找中国最会读书的孩子”活动，是北京市朝阳赛区年龄最小的孩子。评委老师看过她的阅读书目后，惊讶地说：“你这么小的年纪，已经读过这么多本书啦!”她不仅喜欢读书，还很会讲故事，曾经连续三年参加北京市朝阳区“孙敬修杯”讲故事比赛，均获得一等奖。在班级的课前三分钟演讲中，她为同学们讲过宋代女词人李清照的成长故事，介绍过民国才女林徽因的故事。在她的心目中，这些才华横溢的女性就是自己的榜样。

这个学期她又读了很多的书：梅子涵的《女儿的故事》、曹文轩的《青铜葵花》、“丁丁当当”系列、金波的《乌丢丢的奇遇》《影子人》，还有《爱的教育》的姊妹篇《续爱的教育》……她最喜欢读曹文轩的书，因为曹文轩的作品内容贴近生活，充满了对苦难、对真情、对美好人性的描写，牵引着她感悟生命中的真善美。她还喜欢读沈石溪的书，她说：“沈石溪就像动物们奇妙的朋友，他为了写出真实的文章，不怕辛苦，在丛林中、湿地边搭起了小帐篷。为了不打扰动物们的生活，他总是远远地驻足观望，遵守自然规律，展现了人与动物间的和谐美。”

在四年级的语文课学习中，有一个单元的主题是“作家笔下的动物”。

通过对这个单元的学习，她了解了丰子恺、老舍这两位作家描写动物的不同风格。为了写好这个单元关于描写动物的习作，她反复阅读这两位作家的文章，还到公园里去观察野鸭和天鹅。习作中，她用细腻的笔触写出了野鸭的大胆、调皮和天鹅的傲慢、大气。她特别喜欢丰子恺的《白鹅》这篇文章，因为他的写作风格幽默风趣，充满了对生活的热爱。于是她又阅读了丰子恺的《给我的孩子们》，了解到丰子恺的很多创作灵感都来自于自己的孩子。她相信，如果能够反复品味文章，认真观察生活，就一定能够写出令人满意的文章。

学校为同学们开设了丰富多彩的课程，其中，她最喜欢的是戏剧课程。在《威尼斯商人》的戏剧汇报课上，她演绎了莎士比亚笔下充满智慧与魅力的女性鲍西亚，还被老师和同学们评选为“最佳女演员”。这都源于她对剧本的反复研究和深入理解。通过排演这部剧，她对莎士比亚的作品产生了浓厚的兴趣，于是又阅读了一整套莎士比亚戏剧的简易读本。这个学期的戏剧课内容是根据《一百条裙子》改编的剧本，这部作品曾经获得过“纽伯瑞儿童文学奖”银奖。假期里，她不仅阅读了这本书，还尝试着自己改编了剧本，虽然语言稚嫩，并不成熟，但是编写剧本的过程对她是一次有益的历练。学校的“1+X课程”，让这位爱读书、好读书的小姑娘有了一个更加广阔的发展平台。

作为少先队大队宣传委员，她多次承担学校活动的主持工作，如开学典礼、升旗仪式、新年联欢会等。这些主持经历让她拥有了一副好口才。每周一，她都会通过学校电视台向全校师生播报一周校园新闻，而且始终微笑着面对镜头，坐在屏幕前的她充满自信、有朝气，这都源于她对这项工作的重视。每个周末，她都会把新闻稿读上好几遍，直到基本上背下来为止。还记得，她第一次担任电视台主持人的时候，为了能够达到比较好的播报效果，她放弃了周末外出游玩的机会，主动在家里练习，还请家长帮忙录像。她一遍一遍地看自己的录像，一遍一遍地改进。如今的她，已经能够轻松面对镜头，成了名副其实的小主播。

培养具有中国灵魂、国际视野的现代人是学校的育人目标。2014 年 10 月，她作为健美操校队的一员，代表学校赴宝岛台湾进行友好交流。临行前，她精心准备了两幅书法作品作为礼物，书法的内容是“行胜于言”。在赠送礼物的时候，她还讲述了自己练习书法的小故事，用自己的亲身经历向台湾的同学们传递了“行胜于言”的清华附小精神。2015年1月，她又作为民乐团的一员，代表学校赴美国进行友好交流。临行前的一个星期，她接到任务，要学习一支瑶族舞蹈，作为民乐表演前的序幕。于是，她利用民乐排练的间歇，请形体老师进行指导。每天回家后，她反复练习，直到把整支舞跳上好几遍。表演当天，她完美地展示了这一段瑶族舞蹈，为乐团的表演增添了光彩。在她的用心表演下，一个俏皮可爱的瑶族小姑娘的形象，给大家留下了很深的印象。在接下来的联合国表演中，她又被老师选中作为《茉莉花》的领唱。这对她来说可真是一次挑战！接到这个任务之后，她抓紧时间排练，一遍一遍地唱谱、记歌词，连吃晚饭的时候都在练习。最后她出色地完成了这项任务。

她还能够努力克服自身的不足，勇往直前。以前，每当老师提问的时候，她常常要等到自己有十足的把握之后，才愿意举手发言。这个学期，她开始尝试挑战自己，积极参与课堂学习，勇敢地表达自己的见解。还在“我是榜样，我为附小代言”这个活动中，把每天积极发言作为自己努力坚持的目标。

在老师的心目中，她是一个品学兼优的好学生；在同学们的心目中，她是一个乐于助人的好朋友；在父母的心目中，她是一个独立自主的小姑娘。相信她凭着不断进取、积极向上的心态，在各方面都能继续成长并有所收获，也会因此成为同学们学习的好榜样！因为她知道：只有靠自己的努力，才能拥有聪慧与高尚的人生。

专注如一，永不言弃

——“自律自强之星”王海宇

王海宇同学是清华附小商务中心区实验小学四年级（2）班的一名学生，是学校少先队的一名大队委员。她一直在努力践行着“我是清华少年，努力成为健康、阳光、乐学，拥有中国灵魂，国际视野的现代人！”的誓词，严格用高标准要求自己。从一年级到四年级，优异的成绩记录着她成长的一串串脚印。她知道，只有播撒汗水，才能收获成功！

无论是学习还是劳动，王海宇同学都非常认真。在班里，随时可以听到老师表扬她的声音：“王海宇同学表现得真好！”上课时，大家总能看到她高高举起的小手，或者是小组讨论时的热情发言。每一门学科的作业本上都记录着她清秀的字体，还有那象征着辛勤努力的对勾。她觉得学习就像一架梯子，成绩越好，基本功越扎实，梯子就越长，这样才能摘到星星，实现梦想。

轮到她值日的时候，她小小的身影总是那样忙碌，东擦擦，西扫扫，直到教室在她的努力下变得干干净净、整整齐齐。

高尔基说："书籍是人类进步的阶梯。"她十分喜欢读书，尤其是地理类、历史类的书籍。她读书的时候，就仿佛进入了一个个神奇的世界：跟随着法布尔走进了一个新奇有趣的昆虫世界，跟随着小飞侠彼得·潘走进了一个充满童真又不失惊险的世界，跟随着浪漫鼠德佩罗走进了一个从老鼠的角度来观察的世界，跟随着长袜子皮皮走进了一个贪心又危险的世界……她对读书简直痴迷到了"饭可一日不吃，觉可一日不睡，书不可一日不读"的程度，只要有空，她就拿起书读起来，只要一读起来就爱不释手，非要一口气读完不可。读书让她的眼界更加开阔，让她学到了许许多多有用的知识。

王海宇同学做事情目标明确。她的爱好非常广泛：拉二胡、书法、制作航海模型、绘画、打网球、游泳……她都能合理地安排好时间。任何时候她都不放松对自己的要求。回家后，她规定自己要在一个小时内一丝不苟地完成作业，每天坚持练习 45 分钟的书法和 30 分钟的二胡。王海宇同学在二年级时开始接触二胡，二胡是拉弦乐器中最难上手的乐器，需要每天枯燥单调地练习，但王海宇凭着自己的耐力和意志力坚持训练，终于拉出了动听的乐曲，美妙动听的乐曲就像从指尖流出的潺潺溪水。有时拉着拉着，她便陶醉于其中，甚至忘了时间。她明白做任何事情，都要明确目标，然后向着目标努力，只有坚持到底，才能顺利实现目标，并收获成功的快乐。

我们要向王海宇同学学习，学习她专注、坚持、永不言弃的精神，学习她爱读书、爱劳动的好习惯。我也希望她能够走得更高更远。

严于律己，宽以待人

——"自律自强之星"宋昀萱

宋昀萱同学时刻严格要求自己，自律自强，无论在生活上还是学习上，每一件事都独立完成。

每天从晨读开始，宋昀萱同学就能够严格地要求自己，声音洪亮地背诵古诗、古文和儿童诗，并积极完成每周的背诵任务，还在课间帮助其他同学完成背诵任务。

在学校日常的生活中，她始终严格要求自己。上课时，她认真听讲，坐姿端正，全神贯注地听老师讲课，同时带动全组的同学认真听讲，积极发言，与老师进行良好的互动，得到了各科老师的一致好评。在下课休息时间，她帮助老师擦黑板，提醒大家为下节课做好准备。

课间，宋昀萱同学绝不在教室外追跑打闹，还提醒其他同学不要追跑打闹，更不要大声喧哗，以免影响别人。作为课代表，她总是在课间抓紧时间帮老师收作业，或者是坐在座位上静静地读书、写作业。

课间操时，宋昀萱同学认真做操，充分活动。队列练习时，她抬头挺胸，精神饱满。她还和同伴一起组织了“空竹秀”，每天课间操时进行展示，吸引了越来越多的同学，现在他们的团队已经有了将近50名同学，在“水木秀场”产生了很大的影响，既宣传了传统文化，又带动了同学们一起运动，增强了体质。

在暮省时，她抓紧时间，认真完成暮省日记，绝不马虎，几乎每次得到的评价都是优秀。回家后，她认真完成老师布置的各项作业，仔细检查，并认真预习、复习。她在学习上勤奋刻苦，积极进取。上学期期末考试前，她连续发烧三天，却仍然坚持上学，参加期末考试，并且取得了好成绩。

宋昀萱同学不但严格要求自己，而且能够发挥大队委员的模范带头作用，做好老师的小助手，组织同学们参加各项活动，完成各项任务。对于学习上有困难的同学，她也能够热心帮助，与他们共同提高。她性格开朗，乐于助人，珍惜班集体的荣誉，不计较个人的得失，在同学中起到了表率作用。遇到什么事情，她都一马当先，因此在同学中有较高的威信。从一年级起，每个学期她都被评为“好儿童”，并当选为学校首届“感动附小的十佳少先队员”“美德少年”，长期担任少先队的干部。

在生活上，她简朴节约，从来不和同学们攀比。她从小养成了良好的品德和生活习惯，不挑食，不浪费，不讲究穿着，尊敬师长，孝敬长辈，讲文明，懂礼貌。

作为一名四年级的小学生，宋昀萱同学能够严格要求自己，在老师和同学们心中是名副其实的“自律自强之星”。

律己正身，友善待人

——“自律自强之星”王珊

王珊是我们四年级（4）班的一位同学，她高高的个子，梳着齐耳短发，笑起来两只眼睛会弯成月牙形，是个可爱的女孩。她多才多艺，乐于助人，同时也是一位自律自强的同学，是我们学习的好榜样！

我们的学校是一个阳光向上的儿童乐园，我们的课程丰富多彩，有强大的民乐团，有独具特色的健美操校队……王珊就是民乐团中的一位琵琶手，她有着与众不同的音乐天赋，担任琵琶部的副部长。赴美参加演出时，由于全程没有家长参加，这就需要同学们在老师的带领下学会自我管理。在机场候机时，王珊提醒同学们不要嬉笑打闹，并带领同学们安静地看书。在酒店里，她把自己的行李整理得井井有条。爱学习的她，时刻没有忘记学习，每天晚上都坚持看一会儿书，而且她的背包里面总会放着一个笔记本和一支笔，用来记录重要的事情。身在异国他乡，同学们难免会想念父母，有的同学甚至在与家人打电话的时候哭了起来，这时候王珊会劝他们说："这是一次多好的锻炼机会！如果我们在演出中发挥得好，爸爸妈妈也一定会高兴的！"同学们听了，都破涕为笑。那次演出中，小演员们超常发挥，表现出了最好的状态，美国友人有的鼓掌，有的竖起了大拇指！

老师忙碌时，她经常会帮助老师做事情，是老师的得力小助手。同学们中无论谁有困难，她都会竭尽全力去帮助，甚至牺牲自己的课间休息时间。她团结同学，和同学们友好相处。她们小组中，有的组员做作业慢一些，她就鼓励和帮助同学加快速度，更有效地完成学习任务；上课时，有的组员不爱举手发言，她总是带动同学积极大胆地发言。在她的带领下，她们组有了很大的进步，经常领先完成任务，受到老师的表扬。她还主动担任升旗仪式的主持人，主持活动像模像样，很有主持人的风范。善于表演的她还担任中队文艺委员、眼保健操带动员、语文课代表、小组长等，是个多才多艺的小干部，也是个自律自强的好榜样！

一个人在没有人在场监督的情况下是最难严格要求自己的，做到自律，就必须做到善于自控，这是很难做到的，而王珊同学做到了。她能够管理好自己，主动学习，主动帮助他人，同时感染着她身边的同学们。

学生篇

“诚实守信之星”

热爱集体，乐于奉献

——“诚实守信之星”唐唐

清华附小的学生都是健康、阳光、乐学的好少年，而在三年级（1）班的唐唐同学身上，这些特质表现得更加明显。

乐于助人的阳光男孩

唐唐同学善良，有同情心，只要见到别人有困难，就会伸手相助。前段时间，姥姥的腿抽筋了，唐唐自告奋勇地帮姥姥揉腿，还关心地问：“还疼吗？姥姥，有什么活我帮您干。”于是他帮姥姥叠被子、端饭。在学校，同学们遇到了学习上的难题，他也特别乐于帮助解答。

热爱运动的体育健将

唐唐同学爱运动，练习跆拳道多年，“武功高强”，现在已经快达到黑带水平了。他学习跆拳道，最初是为了强身健体，现在已经成了他的兴趣，因为能在实战中锻炼拼搏的意志。但是唐唐不是一个恃武而骄的孩子，反而在与同学的相处中谦虚温和。另外，在学校，他还是田径队的一员，每天他早早地就来到学校，和队员们一起参加晨练。最近，他迷上了躲避球，不仅自己钻研技术，还带着同学们一起制订战术，布局队伍，据说，现在班级的战斗力大大增强啦！

关心班级的学生干部

唐唐同学爱劳动，在家里，他承包了晒衣服的活儿。他爱自己的班集体，和同学们一起维护着班级的形象。作为中队长，他总是积极地为班级事务想办法，比如，本学期，老师让同学们管理班里的种植槽，他就和大家一起想办法，现在种植槽里种满了小种子，让我们一起静待花开吧！

善良大方，真诚待人

——“诚实守信之星”何文清

何文清是个性格活泼外向、爽朗洒脱，做事执着，讲诚信，又很有正义感的孩子，甚至有点天不怕、地不怕的劲头，有些人说她像个男孩子。但我要告诉大家，她也有温柔、细心、善良的一面，下面就听我来介绍一下她吧。

何文清是一个非常热心的孩子，班里同学有什么需要帮助的，她都会立即伸出援手。去年冬天，有一位同学生病呕吐了，她不但没有嫌脏，反而帮助他收拾地面。有的同学向她借学具，她也毫不吝啬。有些同学问她一些学习上的问题，她也会耐心讲解。

何文清是一个做事认真负责、诚实守信的好孩子，答应别人的事情一定会努力办到。开运动会、布置教室或开展其他活动时，她会帮助老师出谋划策，解决问题，是老师的得力小助手。

从一年级开始，她就当上了班里的体育委员，整队，喊口号，她处处以身作则，带领班里的同学积极参加体育活动。在履行责任的过程中，她并不是站在同学们的对立面，而是很友好地对其进行劝说。她还很幽默，经常讲些小笑话，开开心心地就把问题解决了，也使得同学们很愿意配合她。

何文清是一个宽容、大度且富有正义感的孩子。上学期跳绳比赛前夕，班里的全体男生训练跳长绳，李子煜总是跳不好，有些同学想让他退出比赛。何文清召集大家在班会上讨论这个问题，她对大家说："我们是一个团队，李子煜渴望被大家看重，成为这个团体中有用的一员，在跳绳比赛中为班级取得荣誉。为了这次比赛，他也在不断努力，我希望大家给他一次机会，并帮助他进步，而不是把他排斥在外。"听了她的建议，大家都一致同意继续让李子煜参加训练，他很感动，于是更加认真地参加训练，进步很大，在跳绳比赛中取得了很好的成绩。我真的从心底非常佩服她有这样包容的胸怀，并能够勇敢地站出来处理这件事。

何文清是一个做事持之以恒的孩子。她很喜欢做手工，有一次我们在书店里发现一本做纸飞机模型的书，虽然内容很难，但是她很喜欢，就买了回来。一开始，她一个零件一个零件地做，那么多步骤，真的很困难，但是她从来没有放弃，每次都坚持做完。过了一年多，她已经能够独立制作纸飞机模型了。

她还喜欢玩乐高拼插玩具、木质拼插模型，几百个步骤，一千多个零件，每做一步都要在众多零件中寻找，再一步步拼插。在这个过程中她真的是非常耐心和细心。做什么事不都需要这份毅力和耐心吗？

何文清是一个非常爱好体育运动的孩子。在今年学校运动会的跑步比赛中，她取得了很好的成绩，并打破了学校的纪录。她还是学校武术队的一名成员，她跟随马老师认真训练，在北京市朝阳区的武术比赛中取得了不错的成绩。在学校的几次大型演出中，也有她英姿飒爽的身影。她还是一个不折不扣的小足球迷，她参加了学校的足球队，虽然是球队中唯一的女队员，但是她的体力和技术都不输给男孩，并且她非常认真地训练，得到了教练的称赞。

别看她平时大大咧咧，但也有很安静的一面。她很喜欢读书，以前她读得比较多的是绘本，现在渐渐开始挑战长篇小说。闲暇时，她经常会拿起一本书津津有味地读起来，有时还会和大家分享一下自己的读书感受。在读书的过程中，她学会了不少知识，懂得了许多道理。

在家里，她是一个懂事、听话的孩子，经常帮助大人干一些力所能及的事情，对长辈也很有礼貌。

她还是一个非常和善、真诚待人且喜欢结交朋友的孩子。遇到陌生的小朋友，她会主动打招呼；别人需要帮助的时候，她会主动伸出援手。她的善良、大方赢得了很多朋友的喜欢。

十年树木，百年树人。从清华附小走出了一批又一批栋梁之材，希望何文清在这所具有深厚文化底蕴的学校里，茁壮成长，早日成才。

善良为歌，快乐为曲

——“诚实守信之星”付禹宁

付禹宁同学是一个性格阳光的可爱女孩，她尊重老师，待人热情，老师和同学们都很喜欢她。她的兴趣爱好非常广泛，她喜欢绘画和书法，体育成绩也非常优异，学习成绩名列前茅。在学校，她能够专心听讲，遵守课堂纪律；在家里，她经常帮妈妈做一些简单的家务，如洗菜、扫地等。她说：“我没有什么惊人的英雄事迹，但我是一个健康、阳光、乐学的好孩子！”

付禹宁同学在学校里用心地学习知识，和蔼可亲的老师、友善的同学、明亮的教室、舒适的桌椅、亲切的书本，融汇成了她努力学习的源源动力。她上课认真听讲，专注于老师讲的每一个重点、细节，认真思考问题，对不理解的问题，在课下虚心地向老师和同学请教。她严格要求自己，认为拥有诚实守信的良好品质是非常重要的。在班级中，她总是认真对待每一项工作，凡事以身作则，成为大家的好榜样。当别人遇到困难时，她会用实际行动来帮助他人。答应过别人的事情，她也一定说到做到。

记得有句名言“千里之行，始于足下”，付禹宁就是这样的一个平凡的女孩，一步一个脚印地学习与生活。她通过自己的努力，以善良为歌，快乐为曲，弹奏着优美的乐章。我相信只要坚信梦想，就一定会让梦想开花结果！付禹宁一定会成为一名健康、阳光、乐学的好少年，成为一名拥有中国灵魂和国际视野的现代人！

勤于思考的“小问号”

——“诚实守信之星”杨丁睿

春天来了，校园里的树木又发出了嫩嫩的绿芽，草丛中鲜花绽放。

课间，同学们三五成群，有的在操场上玩耍，有的在树下交谈。教室里，有一群学生正在分享读书心得。

“你们知道什么是圆周率吗？”一个同学问。

“我知道！圆周率是 3.14159265358979……”

回答问题的是一位男同学，个子不高，明亮的眼睛里闪烁着智慧的光芒。他就是三年级（4）班的杨丁睿同学。

在老师和同学们的眼中，杨丁睿是一位勤奋认真、诚实守信的好学生。

他读书很勤奋。学校为大家营造了良好的读书环境，图书馆藏书丰富，教室的读书角也放着很多书。只要有时间，他就会主动借阅。而且，每天放学写完作业后，他还会按照老师的要求，读一定量的课外书。从中国古典文学作品，到外国经典美文，再到自然百科类图书，都是他的最爱。

他不仅喜爱读书，而且态度端正。阅读时，他会认真地思考书中的内容，因此，心中常充满了许许多多的问号。最近，他又迷上了自然科普读物。“天体是怎样运行的？”“食盐在水里溶解后，水的体积会增加吗？”“能看见洋葱的细胞壁和细胞核吗？”……面对种种疑问，小小年纪的他，或者请教家长和老师，或者自己主动上网查询相关资料，有时还要动手做一做、试一试，非把问题搞清楚不可。遇到有趣的内容，他还会记笔记，并与大家分享自己的独到见解。

他还能写一手好文章，这主要归功于班主任张老师。为了培养学生的观察能力，张老师在教室的角落里种植了许多盆栽植物，还养了许多漂亮的金鱼。课间，他和同学们都喜欢围着植物和金鱼看。心思细密、喜爱观察的他往往能发现别人发现不了的事物。比如，植物幼苗的根部是怎么长出小绒毛的？金鱼是怎样进食的？……放学回到家里，他便耐心地写观察日记，把自己所看到的现象记录下来。在老师的引导下，他的语言表达日渐流畅，思想情感也不断丰富。渐渐地，他写出了一篇篇优秀的习作。

他还能以身作则。在课堂上，他总是组织小组同学积极参与问题讨论，鼓励大家集思广益，形成独到的见解，并与全班同学分享。在一次数学课上，苏老师出了一道题目："一个长方形，中间被一条曲线分割成两部分，这两部分的周长是否相等?"刚开始，同学们的意见并不一致。于是，苏老师精心组织了一场课堂辩论赛。他毫不犹豫地担当了正方的主辩手，带领正方同学，举事实，讲道理，最终说服了反方同学。平时，他还主动上台当"小老师"，为同学们讲解题目。在这些丰富多彩的课堂活动中，他的思维更加活跃了，思路更加清晰了。

他写作业更是认真。在小组中，他总是第一个完成课堂作业。出现错误时，他会立即修改，绝不拖拉。当小组同学写作业分心时，他会悄悄地提醒对方快点完成。他总能按时完成家庭作业，从来没有因为贪玩而耽误过学习。他认为，学生就应该好好学习，按时完成老师布置的任务，这样才是一个诚实守信、合格的少先队员。

他的业余生活也很丰富呢！他喜欢跳绳，还当过班级跳绳的小擂主呢！他喜欢练习书法，无论是钢笔字还是毛笔字，都写得特别规范。因此，他的作品常被老师在班里展出。他还被选入了书法校队，他的书法习作《劝学诗》被挂在教室里，供大家学习。

正因为他对自己的要求十分严格，所以，他在同学们的心目中有着很高的威信。我相信作为"诚实守信之星"的他一定会越来越出色的！

学生篇

“协商互让之星”

赠人玫瑰，手留余香

——“协商互让之星”李欣恬

二年级（1）班的李欣恬是大家公认的“协商互让”小榜样。她活泼开朗，热情善良，诚实守信，乐于助人。别看她长得瘦瘦小小，却十分乖巧懂事。升入二年级的李欣恬，谨记班主任叶老师的教导，把“协商互让”四个字牢牢地记在了心里，并付诸实际行动。

李欣恬很小就知道“孔融让梨”的故事，并深受其影响，处处礼让别人。记得有一次同学聚会，一位热心的家长想为所有小朋友买大家最喜欢的冰激凌。非常不巧的是，冰激凌不够全部小朋友的份，那位家长只好又点了几份小点心代替。当服务员将为数不多的冰激凌送过来时，很多同学都激动地跑去把服务员团团围住，争先恐后地抢着将冰激凌端到自己桌前。而李欣恬却安静地坐在自己的座位上，让其他同学先挑选。最后，毫无悬念，冰激凌被一抢而光，轮到她时只有小点心了。虽然没能吃到最爱的冰激凌，但她照样很开心，因为她记住了叶老师常说的“吃亏是福”“计较少一点，快乐才会多一点”。

同学们都很喜欢李欣恬，因为她特别懂得关心和体谅别人。每当出入大门时，她总是尽量走在前面，帮大家把门推开后却不立即走开，而是用自己瘦小的身体为后面的人把门挡住，等所有人都通过大门后才把身子移开，缓缓地把门关上。乘电梯时也一样，当电梯门打开时，她总是会按住电梯的按钮，直到最后一个人安全出入，避免被关闭的电梯门夹住。

李欣恬待人真诚，和同学们相处时很少发生矛盾和冲突。如果出现不同的意见，她会主动和大家讨论，或商量，或讲道理，尊重其他同学的意愿，找到一个大家都认可的办法。她说，做到这一点其实并不难，只要多考虑别人，试着换位思考，就一定能找到解决问题的办法。

生活在清华附小大集体中的李欣恬，成长、进步得很快。心思细腻的她，非常善于用心去感悟每一件事。有一次，她在学校不小心摔倒，膝盖磕破了，同学立即扶她去医务室包扎。那一瞬间，她突然觉得，膝盖的疼痛减轻了，心里涌出一股暖流……从那时起，她深刻地体会到，在得到别人帮助的时候，心里总是暖暖的，这也促使她更加主动地去帮助别人。

在“水木秀场”，她发现同学们常因学校的呼啦圈太重而放弃这个游戏，就主动把家里的呼啦圈拿到学校来，让同学们尽情地轮流使用；排练舞蹈时，她会耐心地帮助同学们纠正动作；当她听说运动会的舞蹈队需要使用小卡子，她就把家里所有的小卡子都带到学校，分给演出的同学们使用；有同学忘记带书本或其他学习用具时，她总是热情大方地和同学一起用，好让没带齐用具的同学不耽误学习；在班级里，李欣恬总是适时地为加湿器添水，让大家在一个湿度适宜的环境中学习。

她说，在帮助别人的同时，她自己也感到无比快乐，这就是叶老师常讲的“赠人玫瑰，手留余香”。有一次，一位家长忍不住称赞她乖巧懂事，她却回答说：“我们二年级（1）班是一个大家庭，家庭成员之间本来不就应该相亲相爱吗?”

李欣恬还有一双善于发现的眼睛和一颗乐于赞美与感恩的心。每当她看到好人好事，她都会主动向对方竖起大拇指，以示赞美和感谢。

同学们都喜欢和她做朋友，这让她感受到了温暖，收获到了更多的友谊和快乐!

让我们为李欣恬鼓掌喝彩！希望她再接再厉，保持并发扬协商互让的精神，用微笑、感谢和赞美来迎接未来的每一天!

开朗明理，懂得谦让

——“协商互让之星”莫轶然

二年级（2）班的莫轶然是一个乐观向上、开朗明理的女孩。

虽然她的学习成绩优秀，但是她不骄不躁，踏踏实实地完成老师布置的每一项作业。有一次，学校组织同学们到博物馆参观学习，老师说活动结束后同学们可以自愿撰写一篇新闻稿向学校网站投稿。她默默地记住了老师的话，尽管当天参观完博物馆回到家的时间已经不早了，她还是在写完作业后，提起笔认真地写起新闻稿来，结果她撰写的稿件《走进自然博物馆》作为二年级的新闻稿被学校网站采纳了。

她自觉遵守纪律。上课时，她认真听讲，积极发言，与各科老师都有良好的互动。有时看见老师提的问题没有人举手回答，她就勇敢地举起小手，与大家交流自己的看法，她说这样才能保证课堂活跃，不至于冷场。课间，她从不大声喧哗、拥挤争抢，无论是排队吃饭还是领取物品，她都会礼让同学，主动排在队伍后面。因为她知道，遵守纪律、遵守规则就是对老师和同学最大的尊重。

她乐于助人，有很强的集体观念和组织管理能力。作为班长，她非常热爱班集体，尽力充当老师的小助手和同学们的好帮手，组织好班级的活动，主动帮助有困难的同学，以微笑、感谢、赞美的方式对待同学。

她是一个兴趣广泛、全面发展、多才多艺的孩子，总是积极参与学校组织的各项艺术活动，并在活动中表现优秀。她在北京市朝阳区第二十六届"孙敬修杯"讲故事比赛中荣获特等奖，在校艺术节比赛中获得钢琴演奏一等奖。她在学校民乐团中演奏扬琴，多次参加学校的各项集体演出，还在2014年北京市朝阳区学生新年演出季中和同学们一起表演了打击乐《龙腾虎跃》。作为一名加入民乐团不到一年的同学，能够取得这样的成绩，与她平时积极参加排练、演出时全力以赴是分不开的，她在乐队中得到了很好的锻炼，培养了良好的团队合作精神。

她是一个关心同学、懂得谦让的孩子。有一次排练课本剧，一位家长拿出分剩下的最后一颗糖要给她，另一位同学看见了也想要，她马上就把糖让给了那位同学。那位家长对这件事留下了深刻的印象，直夸她懂得谦让。

她非常珍视友谊，从不跟同学们闹别扭，总是能够发现同学们身上的闪光点，与同学们友好相处。去年学校组织义卖活动时，学校允许每个同学带20元钱参加活动。她最后只花了5元钱买了两本书，剩下的钱全部给了班里的同学们。她说："同学们想买的东西太多了，钱不够，我就把自己的钱给了他们。"

在清华附小这个开满紫丁香的校园里，她像小树一样不断地汲取养分，努力成长。在这样一个幸福温暖的大家庭里，我相信她会越来越好，最终成长为一名具有中国灵魂和国际视野的好少年！

谦虚自律，待人友好

——"协商互让之星"邹亦杨

清秀的面庞上充满着自信，清澈的眼神中透露着坚毅，这就是我们班的邹亦杨同学。她在日常生活与学习中严格要求自己，与同学们交往时做到谦虚自律、诚实礼貌。

在学校，她总是面带微笑；与老师沟通时，她总是礼貌恭敬。上下楼梯时，她从不与同学追跑打闹，还会主动提醒同学不要做危险动作。在课堂上，她严格遵守课堂纪律，认真听讲，课后积极与同学交流解题思路，还主动帮助老师收发作业本。

中午就餐时，她总是认真排队，礼让同学，按顺序领取食物。课间加餐时，组内的同学各有各的喜好，她总是主动咨询同学们的需求，并为大家拿来水果和牛奶。其他同学做了帮助别人的事情，她都会向对方伸出大拇指。她觉得班集体是一个大家庭，同学之间应该友好相处、共同进步。

在日常生活中，遇到熟识的长辈时，她总是主动问好；出入电梯时，她总是礼让比自己年纪小的孩子和行动不便的老人。随着年龄的增长，她越来越体会到感恩的意义。在学校点滴的进步都离不开老师的精心培养，每当在某个学科中取得了进步，她都感到身后的老师在向她微笑，对老师发自内心地尊重与敬爱。她也逐步感受到爸爸妈妈对自己的付出与关爱，懂得要用自己的方式去回报他们的恩情。学校的烘焙课上，每当她制作出自己心爱的“作品”，她总是舍不得吃，而是细心地装进小口袋中，带回家请爸爸妈妈品尝；当爸爸妈妈的生日来临时，她都会提前精心准备自制的小礼物，送给爸爸妈妈。

邹亦杨同学进入清华附小商务中心区实验小学已经有一年半的时间了，她已经深深地融入了这个美丽、温馨的校园。

“清华少年礼仪做得妙，进校大家鞠躬问声好。心里满是快乐和自豪，脸上挂着甜甜的微笑。真诚的赞美给我力量，噢，大拇指竖起小榜样。鞠躬礼仪把爱来传递，噢，微笑、感谢、赞美伴成长。清华少年人人能做到，见面微笑大声问个好，鞠躬行礼一起弯弯腰，每天传递无限的美好。”

微笑、感谢、赞美这“三张名片”传递着尊重、爱与感恩，渗透在清华附小每一个孩子成长的点滴中。

美丽的“向阳花”

——“协商互让之星”赵婉洁

赵婉洁是清华附小商务中心区实验小学二年级（5）班的一名学生。她品学兼优，是一朵美丽的“向阳花”！

赵婉洁与同学们相处得非常融洽，她懂得包容和谦让，是同学们学习的榜样。记得有一次，妈妈给她买了一把软铅笔，这种铅笔可以随意改变形状，她非常喜欢，爱不释手。但她想到好东西不能独自享用，要与好朋友分享。第二天，她把软铅笔带到班里，送给了几个好朋友，自己只留了一支。放学回家后，她高兴地对妈妈说，她把铅笔送给了同学们，大家可喜欢了。妈妈看到孩子这么懂事，很是欣慰。

在与同学相处时难免会有一些小摩擦，赵婉洁在处理同学之间的小摩擦时表现得非常出色。她像个小大人一样，尽量大事化小，小事化了，哪怕自己受点儿委屈，也会谦让别人，尽量不和别人起冲突。

赵婉洁特别乐于助人，每当同学遇到困难，或者有不会做的难题，或者忘带铅笔、橡皮之类的，她都很乐意帮忙。有的同学上课不认真听讲，总爱说话，她也会在课后多次对其进行劝说，鼓励其做个认真听讲的好学生。

赵婉洁性格温婉，不爱张扬，做事认真仔细。她明白“众人拾柴火焰高”的道理，常常以身作则，从身边的每一件小事做起，把热爱班集体落实到实际行动中。比如，上课时认真听讲，积极思考；做作业时认真仔细，一丝不苟；过马路时注意安全，走人行横道，不闯红灯，做个文明的小学生。她懂得关心他人，团结协作。同学生病了，她会关心慰问，她和每个同学的关系都很融洽。在班里，同学们都特别喜欢她，喜欢她的善良，喜欢她的大气，喜欢她温婉的个性！

赵婉洁非常节俭，从不浪费，铅笔总是用到握不住了才扔，画画的纸总是画完一面再画另一面。除了该买的学习用具外，她从不乱花一分钱，自己的压岁钱一直都攒着，以备不时之需。

赵婉洁非常善解人意，她心地善良，总是站在对方的角度考虑问题，而且做错事勇于认错，勇于承担。

在家里，赵婉洁非常懂事，特别体贴妈妈。她会自己整理书包、叠衣服、洗衣服，帮妈妈做家务。妈妈累了，她还给妈妈捶背，很让妈妈感动。

如果你问她的梦想是什么，她会说：“我最大的梦想就是家人健健康康、快快乐乐的！希望自己能成为健康、阳光、乐学的少年！”

愿这朵美丽的“向阳花”茁壮成长，并把快乐带给身边的每一个人！

学生篇

“言行得体之星”

以身作则的阳光少年

——“言行得体之星”李霖霖

李霖霖是个阳光、乐学、向上却又略微有些腼腆的小女孩。在家长的眼里，李霖霖是个非常爱学习又富有热情的孩子。她每天放学回家第一件事总是按照自己设置的时间表独立完成作业，然后收拾书包，准备好第二天上学需要用的学习用品。学习上遇到困难时，她总是虚心请教别人，一直到弄懂为止。课余时间，她喜欢看课外书，《中国神话故事》《中国民俗故事》《中国民间故事》《古今名人故事》《三毛流浪记》等都是她的最爱。双休日，她还会主动去学校的“书香氧吧”听家长们讲故事。

在班里，她是老师的好助手和同学们眼中“爱管闲事”的人。作为班长，她处处以身作则，喜欢提问题，并认真回答老师提出的每一个问题。同学们遇到问题时，她总是耐心地帮助大家解答。记得有一次，班里两个“活跃分子”被调到她这一组。刚开始的时候，他们上课总是讲话，还经常做小动作，她所在的小组不但得不到红花，还被老师点名批评。她很耐心地时时提醒他们要专心听讲，只有好好表现，才会进步。最后这两位同学都被她感动了，和她成了好朋友。她所在的小组在评比中也成了“冠军组”。

在生活中，李霖霖严于律己，言出必行。记得有一次，她跟组里的两个同学约好星期六去学校的“书香氧吧”听家长们讲故事。可是其中一个同学临时告诉她因为有事不能去了。这时，妈妈跟她说：“正好你也别去了，明天睡个懒觉，这几天也挺累的。”她说：“那怎么行呢？还有另外一个同学等我呢！我一定得讲信用！”第二天，她起了个大早，按约定好的时间去了学校。

学校设立了“爱心志愿岗”，每次上学，李霖霖都非常主动地向给她开门的家长鞠躬并大声问好，到了学校，她会主动向老师鞠躬问好，见到同学也会友好地打招呼。

李霖霖同学被评为2014－2015学年度第一学期“口算小能手”“乐学星”。在学校和家庭的共同栽培下，相信她今后会做得更好，在不足中不断进取，在进取中成就完美！

乐于助人，懂得感恩

——“言行得体之星”徐子涵

徐子涵是一个言行得体、心地善良、内心充满阳光的女孩。她平时严格要求自己，学习上积极进取、不断努力。她非常有礼貌，每次见到老师都会主动问好。她乐于帮助同学，对自己承担的班级工作认真负责，是同学们心目中的好榜样！

徐子涵是组里的桌椅小组长，每当下课后，她都不忘提醒同学们把桌椅摆放整齐，遇到同学没有时间或是不在时，就主动承担摆放桌椅的任务，毫无怨言。短短半学期的时间，她便从桌椅小组长升为学习小班长，她的变化有目共睹。2015 年，在学校的第一次升旗仪式中，她还作为新年的第一位升旗手进行了发言。她在台上沉着稳定、落落大方，精彩的发言得到了老师和同学们的赞扬。

徐子涵非常乐于帮助同学。开学之初，有位同学的数学小棒没有准备好，她便主动把自己富余的数学小棒送给这位同学。她还把自己的白衬衣借给需要的同学。有新同学刚刚来上学，她就耐心地告诉新同学每天要做的事情、注意的事项，帮助新同学尽快适应新环境。她不仅在学校的表现很好，在家里的表现也非常好。她经常帮妈妈收拾碗筷、扫地、叠衣服，给弟弟讲故事、喂水。她注重从一言一行、点点滴滴做起，并不断坚持做到更好。

徐子涵非常懂得感恩。在每一个节日里，她都不忘亲手制作一张贺卡，表达自己的感恩和祝福之心。学校里，班上每个同学的生日贺卡上，都留下了她画的美丽的图画和写的祝福语；在家里，爸爸妈妈、姥姥姥爷过生日时，她都会亲手制作一张贺卡，用图画表达她最美好的祝福；三八妇女节，她会帮妈妈做家务，让妈妈休息；重阳节，她会向每一位长辈鞠躬行礼，并送上亲手画的贺卡……她的心里充满阳光，她用五颜六色的图画表达了自己深深的感谢和满满的爱。

徐子涵的微笑是阳光灿烂的，她向老师行鞠躬礼时规范、谦虚，对同学和朋友们的赞扬无处不在。她用自己的实际行动践行着清华附小的“三张名片”——微笑、感谢、赞美，并感染了身边更多的人。

坚信自我，追求进步

——“言行得体之星”李梓宁

她是一个聪慧的小姑娘，有一张可爱清秀的脸庞、一双清澈明亮的大眼睛，还有一颗善良包容的心。她不仅是老师的得力小助手，还是同学们学习的榜样。她就是清华附小商务中心区实验小学一年级（3）班的李梓宁。

自入学以来，她一直成绩优秀、尊敬老师、关心集体、团结同学，能协助老师管理班级，是个健康、阳光、乐学的好孩子。她不断要求进步，收获了很多知识。每天放学后，她都会预习第二天老师要讲的内容，将不懂的知识标注出来，等着第二天老师的讲解。这使她可以直接抓住每一节课的重点，从而更好地掌握知识。预习不仅锻炼了她独立思考的能力，还提高了她的自学能力，使她渐渐养成了一种良好的学习习惯。

在课堂上，她认真听讲，遇到不懂的问题及时寻求老师的帮助，做到有问题及时解决。每天回家后，她会先复习一遍当天所学的知识，然后将作业完成。对于背诵、默写之类的作业，她尤其认真，总能一字不差地将文章背诵完，把要求掌握的字词正确地默写下来。遇到无法理解的问题时，她会及时向父母寻求帮助，并且养成了及时改正错误的好习惯。

她喜爱读书，每天都会在睡觉之前看一会儿中外名著，如《海蒂》之类的经典书籍。她每天早上都会坚持听英语 CD，不断提高自己的英语水平，现在她也看一些英文版的课外读物，并且可以轻松地阅读一些英语小短文了。

她还喜欢结交新同学，当同学遇到了困难，她会努力去帮助他们。同样，当她遇到了困难，也会有许多同学主动帮助她，因此她更加喜欢和同学们沟通、合作与分享了。

业余时间，她会弹钢琴、画画、跳舞、游泳、滑冰。她还参加了舞蹈培训，刚开始，学习一些舞蹈基本功动作对她来说是不可能完成的，可是她迎难而上，经过一段时间的不懈努力和练习，她熟练地掌握了所有的舞蹈基本功动作，还考取了中国舞第五级证书，这也是对她所付出的艰辛和努力的认可。不仅如此，她还获得了 2014 亚洲花样滑冰邀请赛的亚军，这对小小年纪的她来说也是一项不小的挑战。面对比赛的紧张和压力，她依旧坚信自我，正是这份自信和对自己的认可，使她能不断地进步。

人不是天生就有聪明与愚钝之分，聪明要靠自身后天的努力一点点儿积累，相信她的努力不仅会得到老师、家长和同学们的认可，也会使她在充满乐趣的学习中获得知识。

身体力行的“梦想达人”

——“言行得体之星”韩佳良

韩佳良是一个善良、自信、帅气的阳光男孩。

他喜欢读书。每天晚饭后和妈妈一起看书，是他最享受的休闲时光。他喜欢听故事，也喜欢读诗。他还时常自己写诗，虽然生涩，却也押韵。

他喜欢恐龙。为此，他去北京自然博物馆里的恐龙公园参观了20多次。每次和爸爸妈妈去不同的城市，他都要上网查查当地有没有恐龙博物馆。他梦想着长大后能成为一位考古学家。一次，学校举行“100天养成好习惯”的活动，他立志每天坚持读书半小时。为了更好地督促自己，他在纸上画了一只大恐龙和一百个恐龙蛋，他希望每天收获一个恐龙蛋，100天后，他也会像小恐龙一样破壳而出，成长为一只热爱阅读的“大恐龙”。他还梦想着有一天班主任张老师能带着他们乘坐“神奇校车”回到恐龙时代。他还喜欢观察蚂蚁，梦想着能成为像法布尔那样的昆虫学家。

他喜欢足球。他爱看世界杯、中超联赛，也爱看《国安队刊》《足球周刊》等杂志。他积极参加足球训练，梦想着长大后能成为像内马尔那样的球星。

他严于律己，勤奋踏实。校门口，他向家长志愿者表示感谢，向值守的老师送去微笑，和相遇的同学手拉手进入校园。走进教室，他总会以标准的鞠躬礼向老师问好，努力践行学校的“三张名片”。他不仅懂礼貌，并且在各个方面都积极上进，严格要求自己。课堂上，他认真听讲，回答问题积极踊跃、字正腔圆、声音响亮。他的作业干净整洁、字迹工整，常常作为大家学习的榜样。他在一年级第一学期学校举行的百字测试中荣获特等奖，在第一届汉字书法大赛中荣获一等奖，同时还被评选为“乐学星”。

他胜不骄，败不馁，做事认真负责。上学期竞选班干部，当看到自己落选班长时，他没有放弃，又主动竞选灯窗管理员，终于如愿。从当选的那一天起，他就进入了角色，总不忘关灯关窗，每天都是最后一个离开教室。

他积极参加学校组织的各项活动，“名生讲堂”、课前三分钟演讲、“书香氧吧”、运动会……处处可见他的身影。他虚心好学，善于向其他人学习。他有一双会发现的眼睛，总能捕捉到别人身上的闪光点，把赞美送给别人，同时不断改正自己的一些小缺点。

他乐于助人，与同学相处得非常融洽。有一次，他的好朋友上完乒乓球课后，将书包落在了操场上，虽然当时天色已晚，但是他仍执意和好朋友一起返回学校寻找书包。这学期他又当选为语文课代表，成为老师的得力小助手。每天早晨他都会准时站在讲台前带领大家齐声朗诵，因而，自己也深深地喜欢上了朗诵。

他热爱体育，每个周末都会和爸爸妈妈一起进行户外锻炼，并且在校外还参加了篮球和足球的专业培训，每天晚上做完作业后都会坚持练习。学校举行双人跳绳比赛，他每天认真练习，最终和搭档获得了第二名的好成绩。

他有很多的梦想，为了实现这些梦想，他正在努力地做一名健康、阳光、乐学的好少年！

热情待人，团结同学

——“言行得体之星”葛梓怡

一年级（2）班的葛梓怡同学是个活泼、开朗、乐观、好学、有爱心、勇于表达自己想法的小女孩。

从跨进校门的第一天起，她每次见到在校门口执勤的保安叔叔和学校的老师，都会满怀热情、十分礼貌地打招呼。入学没几天，老师教会了她行鞠躬礼，从此，每天清晨到校，她都会向老师行标准的鞠躬礼。

入学后，葛梓怡时刻注意发扬团结友爱的精神。早晨在上学的路上见到同班同学玩耍时，她会善意地提醒其不要因玩耍而耽误吃早饭及上课；放学后碰到同行的同学时，她能与其开心地交流在学校发生的趣事；分别时，她能跟同学及其家长礼貌地告别。

课堂上，葛梓怡总是积极主动地回答老师提出的问题，声音洪亮，并且能完整地表达自己对问题的看法，对老师给予的建议能虚心接受，并努力改正错误。老师布置的每一项任务，她都会积极主动地去完成。体育活动课上，她会和同学一起协作，完成老师规定的动作，也会积极鼓励落后的同学，为他们加油，给予同学力量和信心。

班里有个叫张立程的女同学，年龄偏小，容易写错字，对老师讲课的内容不太理解，慢慢便对学习失去了兴趣。老师及时发现了这个问题，便让张立程和葛梓怡坐在一起，结成好同桌。从这天起，葛梓怡发现张立程写错字后，会一笔一画地辅助她写，张立程有听不懂的地方，葛梓怡会帮助她仔细地分析，直到她完全理解。在老师和同学们的帮助下，张立程有了很大进步，大家对葛梓怡也更加信任，葛梓怡被同学们选为“好儿童”，并得到老师的充分认可和表扬。

任何一个孩子的成长都离不开老师的谆谆教诲和同学们的鼓励，愿葛梓怡再接再厉，与同学们携手共进，为班级争光。

坚韧不拔，持之以恒

——“言行得体之星”宁子成

宁子成是一个充满阳光、富有朝气、聪明善良的小男孩。半年的学习生活让他有了很大的收获，活泼好动的他变得言行得体，逐渐成为同学们的小榜样，并荣获了“好儿童”的称号。

他懂礼貌，乐于助人，与同学关系融洽。每天大家都能听见他主动向老师和同学问好的声音，都能看见他灿烂的笑容。他用自己的行动践行着清华附小的“三张名片”——微笑、感谢、赞美。他和同学们一起阅读，一起游戏，很快，班里很多同学都和他成了好朋友。他还是班里的“护花小使者”，经常拿着小水壶给班里的花浇水。

他学习认真，严于律己，勤奋刻苦。课堂上，他听讲总是那么专注，回答问题总是那么踊跃，在勇敢地说出自己的想法的同时，也越来越懂得把机会留给同学们。课后，他遇到不认识的字时，会虚心向同学们请教。为了更快地识字，他每天抓紧时间阅读，无论早晨、中午还是晚上，只要一有时间，他就拿起书阅读。《神奇的校车》《不一样的卡梅拉》《昆虫记》等都是他百读不厌的图书。班里的第一次书写展览，他只得到了 3 颗星。擦干眼泪的他每天认真学习赵老师的范字，还向会书法的姥爷请教，终于在期末的百字测试中荣获了“成志榜样之百字小达人”的称号。

他持之以恒，做事毫不气馁。爱好运动的他有一股子韧劲儿。每个周末，球场上都有他的身影，风雨无阻。记得第一次体育课上测试跳绳，他的成绩不理想。他每天回到家后都坚持练习，最后不仅被选为班级的“跳绳小擂主”，还在学校的跳绳比赛中取得了优异的成绩。每天晚上，他打起鼓来，节奏明快，情绪高昂，激情四射。经过不断努力，他被老师推荐参加了期末展演。记得第一次的乐团合练，老师把打吊镲的任务交给了他。为了圆满完成任务，他每个周末都坚持练习，并在上学和放学的路上反复听老师录的合练的曲子。最终，站在舞台上的他充满自信，表演出色。

教师篇

"三张名片之星"

恰当的赞美如春风细雨滋养学生成长

——"三张名片之星"成一男

成一男老师认同"多一把衡量的尺子，就会多出一批好学生"的教育理念，她会留心发现学生的优点，将赞美恰当地送给学生。她努力成为学科的代言人，让学生因为热爱自己而热爱自己任教的学科。教师的赞美是实现"让儿童站在学校正中央"的有效途径。在课堂上，恰当的赞美越多，学生的学习积极性就越高。教师一句激励的话语、一个赞美的眼神、一个鼓励的手势，往往能带来意想不到的收获。在学校日常生活中，经常看得到她向学生竖起大拇指，同时看到学生灿烂的笑容。

全面二孩政策放开，我们无法预知会遇到怎样的社会问题，但是孩子的行为习惯受影响，却是不少家庭遇到的现实问题。小史就是这样一个孩子，他上四年级时家中多了一个妹妹，作为哥哥，他经常被长辈教育"要好好照顾妹妹"，他明显感受到父母对自己的关怀和呵护不如以前了。于是，四年级的小史好像提前进入了"叛逆期"，很难沟通，明知道这样做是不对的，却故意去做。更让老师和家长不理解的是，他明明知道自己做错了，却不肯认错。小史笑称自己是"叛逆的少年"。由于"叛逆"，他上课听讲的状态大不如前，作业中不规范、不正确的地方越来越多，成老师单独辅导他的次数越来越多，即使反复督促，小史的期末考试成绩还是不如从前，这让自信心极强的小史倍受打击，也让小史的妈妈非常担心。

成老师在新学期为小史制订了新的计划，因为小史是受家庭的影响，导致行为习惯不良、成绩下滑，而并不是因为学习能力不足。所以成老师希望通过赞美的方式激励小史形成良好的行为习惯。成老师从书写入手，与小史的妈妈沟通，小史之所以书写不美观，作业不整洁，是因为不理解"整洁"的含义，建议让他参与到家庭的清洁工作中，这样既能动手，也能动脑，进而培养他认真做事的习惯。成老师和小史的妈妈达成约定，如果小史在学校表现有进步，小史的妈妈会给小史相应的奖励。成老师在学校鼓励小史设定小目标，如一页作业书写整洁，这样小史很容易达成小目标，也可以得到奖励。坚持了一段时间后，小史的书写有了很大的进步，他和妈妈的沟通也多了。及时给予赞美是恰当赞美的一种表现。

小史还经常在课堂中哈哈大笑或说话，随意扰乱课堂秩序。刚开始，成老师有些不知所措，想要制止他，可又一想：如果孩子的结果错了，我们就赞美他们的过程与方法；如果孩子的方法与过程不妥，我们就赞美他们的动机。孩子是善良的，对孩子多一些包容，孩子才会获得思想上的自由。于是，成老师与小史所在小组的成员达成统一意见：尽量多听一听小史的想法。成老师告诉小史所在小组的其他成员："虽然他容易做错题，但他的错误能提醒你，让你认识到哪里容易错，以后你在练习时要避免。"聆听是对学生发言的尊重和赞美。

一个月过去了，小史做题的正确率越来越高，在小史的进步中，成老师明白了积极暗示的价值，学生在老师的欣赏中获得了前进的动力！试想，如果小史在课堂中大笑时，得到的是成老师的呵斥指责，小史会不会变得更加"叛逆"？成老师总是倾听小史的想法，并帮助他解决疑难问题，渐渐地，小史改变了。他转变的根本原因：一是小史意识到有人倾听自己，从而激发了自信心和求知欲；二是在小组合作中，小史意识到了自己的错误：写字潦草、审题不仔细、抄写马虎……渐渐地，小史知道了，只有注意细节，才能成为更优秀的学生。教师需要抓住每个学生的特点，选好和学生沟通的突破点，或许教师不用多说，只是倾听，或是让其他同学影响这样的学生，也会对学生产生潜移默化的影响。

小史总被教育"哥哥应该有哥哥的样子"，可是大人越这样说，他越不遵守规则。课堂上如果他举手，老师却没有让他发言，他会在座位上把自己的想法说出来。成老师在解决这个问题时遇到了困惑："一讲究规则，就束缚了学生的自由，抹杀了学生的个性；一高扬自由，就似乎必须打破规则，无章可循。"蒙台梭利的"规则给人自由"给了她启示。她利用课前三分钟演讲的时间，组织了一场讨论，主题是"规则与自由"。成老师说："一个人如果宣称自己是自由的，就会同时感到自己是受限制的；如果宣称自己是受限制的，就会感到自己是自由的。这句话听上去好像存在矛盾，仔细想想却又很有道理，请同学们谈谈自己的看法。"小史的表现欲特别强，成老师借机让他谈了自己的想法，在几位同学发言过后，小史侃侃而谈："比如，说话是每个人的自由，但如果你在课堂上不遵守纪律，随便说话，就影响了其他人听课的自由。”小史还举了一些例子来证明自己的观点。成老师立刻赞美小史懂规则，明事理，这种积极恰当的赞美，让原来的小史又回来了，规则意识与自由精神在一次次的赞美中融合。规则之下，人人皆可张扬个性，自由生长。

赞美不易，不易在无迹可寻。赞美学生是教学艺术，教师不但要靠悟性，还要提高赞美的引导性和科学性。不同年龄、来自不同家庭的学生身心发展的特征也不同，这也是赞美的出发点。对于同一年龄段的不同学生，身心发展特征具有普遍性和独特性。学生成长在社会和教育条件下表现出一定的阶段性。个体条件不同，每个时期或阶段的特点不同，但总体发展过程大体恒定。只有遵循规律地赞美学生，学生才会在赞美中受益，循序渐进地、健康地、最大限度地向前发展。恰当的赞美如春风细雨滋养学生成长，以“把每一个学生的成长当作我们的最高荣誉”为目标，旨在促进、完善教学，为学生聪慧与高尚的人生奠基。

用微笑和赞美拉近心灵的距离

——“三张名片之星”邓曹爽

微笑、感谢、赞美是清华附小的“三张名片”，在我们的校园里，随处可见老师和学生用自己的行动践行着这“三张名片”。一个会心的微笑、一句真诚的感谢和一声发自肺腑的赞美往往能在无形中拉近心灵的距离。作为清华附小的一名教师，我不止一次地感受到微笑、感谢和赞美的神奇力量。

那是在一次三年级主题实践课上，为了帮助学生更好地掌握有关公共秩序的知识，摒弃不遵守公共秩序的行为，并养成在生活中自觉遵守公共秩序的好习惯，我给学生播放了一段宣传公共秩序的视频。

动画片开始了，大家都在认真观看，突然有个叫小 L 的男生大声叹了一口气，双手环抱着靠到椅背上。我看着他像小大人一样的动作和神态哭笑不得，轻声问他：“小 L，你怎么了？”小 L 耸了耸肩，大声说：“我不喜欢看这样的动画片！”小 L 是一个聪明的孩子，成绩也不错，只是自律性不强，上课时总是随便说话，常常引得其他活跃的孩子跟着一起起哄。

我灵机一动，这个突发的“小插曲”不是正好能够结合这节课所讲的内容吗？处理好这个“小插曲”，也许就能帮助小 L 懂得遵守秩序，也能让这个班级的孩子都能加深对公共秩序的认识。

我一句话都没说，只是暂停了视频的播放，转而看着他。他立刻警觉起来，似乎已经做好了被批评的准备。我想，如果这个时候我严厉地批评小L，可能他立刻就会对我产生抵触情绪，对这门课也很难再产生兴趣了。于是，我微笑着让他坐好，轻声问他刚才为什么要这样做。看到我没有批评他，他有点吃惊，接着就脸红了，小声说他觉得动画片里的内容太简单了，里面的知识他都知道，所以不喜欢看。我首先表扬了他的坦诚和丰富的知识，然后问他："如果你喜欢的动画片别的孩子不喜欢看，也像你一样在班里大喊大叫，你会有什么感受?"紧接着我又问他："你说这些知识你都知道，那么，你觉得在学校里要不要遵守秩序？不遵守秩序会有什么危害?"小L听完后低下了头，更加小声地说："老师，我知道公共场合有很多秩序要遵守，自己却总是做不到，对不起，我影响大家了。"听到他主动承认错误，我便说："你能意识到这一点，老师感到很高兴，只要你努力改正，同学们也一定不会怪你的!"

接下来，我趁热打铁："请大家课后思考一下，在学校里应遵守哪些秩序，下节课来讨论、汇报。"没想到，第二周的课上小L给了我们所有人惊喜。他利用课余时间制作了一张校园秩序小报，有模有样地在讲台上跟大家讲解他总结的校园秩序小常识，从课堂秩序、课间秩序到图书馆秩序、餐厅秩序，面面俱到。他讲完后，同学们吃惊于小L竟然有这样的能力，给了他热烈的掌声，我也在全班同学面前赞美了他的进步和认真的态度。

此后，我在课上更加关注小L，他听课更加认真，也更加喜欢举手回答问题了。我还找了一个合适的时机让他担任小组长的职务，并告诉他老师希望他能以身作则，尽快养成良好的行为习惯。没想到，新年来临的时候，我再一次收到来自小L的惊喜：他亲手制作了一张贺卡，上面画着一位微笑的老师，还有一行小字：邓老师，谢谢您对我的鼓励，祝您新年快乐!

美国心理学家威普·詹姆斯说："人性最深刻的原则就是希望别人对自己加以赏识。"孩子尤为如此，对他们来说，老师的表扬就是最好的赏识。教育心理学的理论研究和实践也已经证明：如果教师信任、喜欢、重视某个学生，该学生会因为感到教师的正面期待和鼓励而变得更加自信、自爱，进而诱发出一种积极向上的激情，这就是著名的"皮革马利翁效应"；反之，学生则容易自暴自弃，最终不思进取。对小L这样自律性不是很强的学生，教师一定要宽容地倾听，用真诚的鼓励去引导他，而不是大声地训斥。魏书生曾经说过："心灵的大门不容易叩开，可是一旦叩开了，走入学生心灵世界中去，就会发现那是一个广阔而又迷人的新的天地，许多百思不得其解的教育难题，都会在那里找到答案。"

世界上最广阔的是海洋，比海洋更广阔的是天空，比天空更广阔的是人的心灵。渴望得到别人的尊重与理解是人们内心的需求。每个孩子都是与众不同的个体，每个孩子都有取得成功的权利，每个孩子身上都有等待我们发现的闪光点。

发生在我和小 L 身上的故事让我深刻感受到微笑和赞美的魅力，也认识到教师发掘学生身上的闪光点对学生成长的重要意义。以前，当学生犯错误时，教师习惯于采用批评教育的方法，认为自己"晓之以理，动之以情"就可以解决所有的问题，却忽略了学生的差异。对千差万别的个体进行不加区别的、武断的、自以为是的训话，往往不能从根本上解决问题，反而会成为阻碍教师和学生真诚地沟通交流的一道情感障碍。只有走进学生的心灵，真诚地倾听他们的心声，才能真正地读懂学生，找到问题的症结所在，发现他们身上的闪光点，了解他们真正的需求。而微笑和赞美，就是走进学生心灵的法宝。

爱是教育的最高境界。有没有深爱、大爱，是教书匠和教育家的分野之一。我坚信，每一名学生的心中，都有成为好孩子的愿望，作为教师，如果能用爱去践行微笑、感谢和赞美这"三张名片"，呵护学生成为好孩子的愿望，就一定可以让这个愿望的种子发芽、开花，并长成参天大树。

赞美是心灵沟通的金钥匙

——"三张名片之星"郭赞新

"披着清晨的霞光，迎着朵朵彩云"，清华附小的教师们用微笑、感谢、赞美迎接每一天。学校门口的百年倒计时牌，仿佛与全校师生共同期待清华附小 100 岁的生日，学校的微信平台上记录着这一年来清华附小人每一天的足迹，清华附小的教师们更是用敬业、博爱、儒雅努力成就着每一个学生。郭赞新老师就是他们当中的一员，她是清华附小商务中心区实验小学建校时的第一批教师。四年的时间里，郭老师始终用自己的辛勤努力、默默付出，为学校贡献力量，把真心与责任心倾注于自己热爱的教育事业上，用微笑、感谢、赞美传递着正能量！

教育学生是教师应尽的义务，让每一个学生都得到发展，是时代赋予教师的使命。“以自己的努力，为学生播下幸福的种子，使每个学生都能获得益处，以至于对他的一生产生积极的影响”是郭老师的教育理想。

潜心阅读，汲取教育智慧的源泉

郭老师善于从书籍中汲取教育智慧，塑造学生的美好心灵。这个学期初，她与学生共同阅读了一部经典儿童小说——《秘密花园》。这是一个关于大自然的魔法和人类美好心灵的故事。性情古怪而孤僻的小姑娘玛丽在印度的一次霍乱中失去了父母，然后被送到姑父克莱文先生的庄园。她在庄园里发现了一座被封锁了十年的秘密花园和因病魔缠身而不能行动的柯林……故事的结局是完满的，两个性格孤僻、脾气暴躁的孩子的生活发生了很大的改变，以至于对他们今后一生的发展产生了积极的影响。是什么改变了性格暴躁的玛丽？是什么改变了脾气古怪的柯林？郭老师通过读书交流的方式引导学生懂得：只有不断奋发向上，才能追寻到生命的真谛。大自然中没有魔法，而是在于你内心的追求。譬如，桌子上有半杯牛奶，悲观的人会唉声叹气地说：“太不幸了，只剩下半杯牛奶了！”乐观的人则会微笑着说：“太好了，我还有半杯牛奶呢！”这就是正能量！

郭老师经常用手机记录下学生成长的瞬间，然后分享到班级微信群中：规范整洁的写字作品、生动活泼的戏剧课堂、精彩纷呈的课前三分钟演讲、班级中的活动分享，还有学校微信平台的“助力百年”……在郭老师的带动下，学生和家长们都能够自主阅读微信群的链接分享，并传递赞美。

播撒阳光，鼓励学生树立自信心

作为班主任，应该全面认识学生，既要看到他们积极的一面，及时给予鼓励，又要看到他们消极的一面，及时给予帮助。每一个学生都渴望得到尊重与理解。从学生的实际需要出发，才是教育的真谛；用心去倾听学生的心声，才是爱的起点。

在郭老师的班级中有这样一位学生，他总是在课堂上玩闹，不听讲，也不写作业。于是，郭老师在每节语文课上都会设计几个简单的小问题，让他来回答，一方面调动他的课堂参与积极性，另一方面树立他的自信心，使他能够体会到成功的喜悦。渐渐地，他能够回答老师提出的简单问题了，进步很大。

郭老师相信，只要自己以满腔的热情去工作，向学生播撒爱的阳光，培养他们的自信心，他们就会快乐、健康地成长。

私人订制，搭建学生展示的平台

郭老师有一个育人神器——优点放大镜。她喜欢用“放大镜”看每一个学生的优点，把每一个学生的点滴进步与成长视为自己最大的财富。在班级中，郭老师通过“私人订制”的课程，帮助学生树立榜样意识，发扬闪光点，让每一个学生都能充分展示自己，树立自信心，乐学向上。

在每周一的体育活动课上，班级都会开展“足球小将”课程，而课程的教练是班上的两名足球小明星——李相霖和汪远。这两个学生从小热爱足球，很早就开始学习踢足球，还多次代表北京足球俱乐部参加各种比赛，并获得了很好的成绩。在足球这方面，郭老师觉得他们比自己更有发言权。在郭老师的辅导下，两位小教练有模有样地登场了，得到了同学们的拥护。班级的“足球小将”课程有序、有益。

每周四下午的第一节语文课，学生都容易犯困，郭老师觉得与其强迫他们学习知识，不如让他们进行交流展示。就这样，班级中的“虫虫三人组”和“纸飞机课程”诞生了！这些内容可是几个“淘气包”共同的爱好。“虫虫三人组”的三名成员都喜欢阅读关于昆虫的书籍，喜欢趴在地上观察昆虫，当然，更喜欢将他们学到的知识、观察到的现象讲给同学们听。在“虫虫三人组”中，有个性格内向又有点儿淘气的孩子——刘堇同。他总是缺乏自信，很少在同学们面前大声讲话，这个“私人订制”的课程让他渐渐打开了心扉，开始与同学们大胆交流，脸上也露出了自信的笑容。滕佳霖同学自从担任蚕宝宝护理工作后，每个课间都会去观察蚕宝宝的生长情况，还集结了几位养过蚕的同学共同照看，在工作中勇于担当，安排值班表，做好观察记录。从此，这几个学生再也没有因课间打闹而被批评，反而会为准备昆虫小报而去查阅资料，并学习利用电脑制作昆虫小报。

“纸飞机课程”是上个学期延续下来的活动，在科学老师的引领下，学生们懂得，小小的纸飞机里也蕴含着有趣的科学道理。看似简单的活动，既能动手，又能动脑。特别是班上的许振邦同学，他对这方面非常感兴趣，还专门买了一本《纸飞机大全》。课上，他认真、耐心地教同学们制作纸飞机，只要同学们遇到问题，他就会走到小组内亲自指导。有一次，郭老师也请他帮忙，他的脸上透露出阳光般的自信。

创建期刊，家校同心协作的杠杆

有效的班级管理离不开家长的支持。作为班主任，应将家长视为教育的同行人，多与家长进行交流。尊重是友善的开始，信任是交流的开始，交流是家校沟通的开始，而有效的家校沟通正是教师与家长默契合作的开始。

2014年3月，在郭老师和家长们以及孩子们的共同努力下，班级期刊正式诞生了，每位学生的作品都有机会登在期刊上。如果学生表现优秀或者有进步，还有机会被评为“丁香宝贝”，成为期刊的封面人物。这份期刊的意义不仅仅是对学生成长的记录，更是对他们的一种历练，期刊中的所有文稿和图片都来自学生，他们用笔尖、相机记录下生活中的点滴，表达了自己对班集体的热爱。不仅如此，每一位家长都能够通过这份期刊了解学校活动以及班级动态，大大方便了那些因为工作忙碌而很少参与学校活动的家长们。同时，家长们之间也多了一座沟通的桥梁。如今，班级期刊已经出了十几期。自从班级期刊诞生以来，家长们沟通的话题越来越广泛了，意见越来越一致了。一切都如所期待的那样：美好，向上，充满正能量！

在郭老师的心目中，学生只有差异，没有差距，她尊重每一个学生，呵护每一个学生。郭老师用微笑、感谢、赞美让自己每一天的工作都体现向上的精神和教育的智慧。在学校教师成长科学发展观的理念下，郭老师荣获了朝阳区优秀班主任及北京市“紫禁杯”优秀班主任的荣誉称号，她是学生们心目中的“微笑大使”、家长们心目中“好老师”，也是老师们心目中的“赞美之星”。

把表示赞美的大拇指送给学生

——“三张名片之星”韩策

微笑、感谢、赞美是清华附小的“三张名片”。作为教师，更应该以身作则，把微笑送给周围的人，把感谢的话语送给帮助自己的人，把表示赞美的大拇指送给身边的人，尤其是在课堂中会“刁难”老师的学生。

这是一堂精心准备的科学课，内容是《蜗牛》。根据课前的教学预设，课堂顺利地进行着。这时，一位叫小宋的学生高高地举起了小手，使我不得不停下。

“你有疑问吗?”

“老师，我们人类都有男女，那如何分辨蜗牛的性别呢?”

听了这个莫名其妙的问题，我顿时有些手足无措，这个问题和这节课要讲的内容无关，我是回答还是不回答？可再看看提问的学生，一脸郑重其事的样子，再一看全班学生都露出期待的目光。直接批评，不行！这不符合学校的教育理念，也不是自己的风格，可是我也不知道答案。

“你对这个问题有研究吗？”我试探地问道。

“老师，我还没有。”

“其他同学对这个问题有研究吗？”

全班鸦雀无声。看来这个问题真是问倒了教室里所有的人，包括我在内。这时，我向小宋伸出了大拇指，并对其他学生说道：“看来小宋同学向大家提出了一个很值得思考的问题，谁有办法解决？”。

这时有一个学生坚定地举起了自己的小手。

“你来说说吧。”

“老师，我在想：雄蜗牛、雌蜗牛，我们无法分辨；老蜗牛、小蜗牛，我们也无法分辨。”

一波未平，一波又起。我说道：“对，如何分辨雄蜗牛、雌蜗牛是一个问题，如何分辨老蜗牛、小蜗牛也是一个问题。这两个问题应该如何解决呢？大家再想想办法吧。”

我说完后，观察了一下教室里安静的学生们，不知道这些小家伙的脑袋里还有些什么问题，但可以肯定的是，他们都在思考。

“老师，我想这样办，我们来养蜗牛，可以解决这两个问题。”

“怎么解决？说来听听。”

“记住蜗牛一开始的样子，喂养一段时间后，蜗牛肯定会比一开始老。如果在喂养的过程中，有小蜗牛出生，生小蜗牛的就是雌蜗牛。”

对，养蜗牛。在课前预设中，我不正是想让学生们通过观察图片了解蜗牛，通过喂养观察蜗牛的身体构造及生活习性吗？

“好，我们就分小组来讨论蜗牛的喂养与观察计划吧。”

在小组活动中，学生们有话可说了，有事可议了，研讨问题有了一定的深度，制订计划的针对性更强了，完成任务的效率更高了。很快，学生们就把计划表制订了出来，在小组分享的过程中，学生们相互借鉴，又进一步完善了自己的计划表。对比学生们制订的计划表与我课前准备的计划表，他们制订的内容更加详细，也更有针对性。

这突如其来的课堂提问让我开始思考。学生提出的问题看似荒唐、怪诞，却是很严谨的科学问题，蜗牛的性别，涉及蜗牛的繁殖问题；蜗牛的老少，关系着蜗牛的生命周期。科学发现，是从提出问题开始的。在教学中，教师不仅要鼓励学生大胆提出问题，而且要引导学生积极解决问题。这些怪诞问题的提出，就是学生对世界的一种浓厚的好奇心的体现，教师千万不要呵斥、责骂学生，扼杀了学生的好奇心；也不要简单应付，让学生浅尝辄止，打消了学生深入探究的欲望；而要保持学生的好奇心，并让学生尝试用自己已有的知识与经验去解决，让学生亲身经历科学探究的全过程。

还记得在一本杂志上看过这样一个小故事。在某个公园里，放养着两只白天鹅；一只被剪去了左边的翅羽，放在较大的一片水塘里；另一只完好无损，被放在一片较小的水塘里。很多人不明所以，便去询问公园管理人员。管理人员道出了其中的缘由：这样能防止天鹅逃跑。被剪去一边的翅羽，天鹅无法保持身体平衡，飞起后就会掉下来；在小水塘里的天鹅，虽然没有被剪去翅羽，但起飞时因没有必要的滑行路程，而只能老实地待在水里。

我在为故事中天鹅的不幸遭遇感到震惊与悲哀的同时，也想到了课堂中的学生。他们与这两只不幸的天鹅很相似，他们或是由于成人的主观臆断，宝贵的幻想的翅膀被无情地、不知不觉地剪断，或是被放置在被动接受知识的小水塘中。

课堂中的“小事故”，变成了对我今后的教学意义重大的“大故事”。在课堂中，对于学生的奇思妙想，教师不能简单地扼杀，而要时常竖起大拇指，鼓励学生思考、想象。这也正体现了清华附小“让儿童站在学校正中央”的教学理念。把课堂还给学生，教师真正地以组织者的身份出现，往往学生会收获更多。

情系清华附小

——“三张名片之星”马晓萌

虽然天空飘着雪花，但是此时我心里倍感温暖。现在，我是一名教育者，也是一个筑梦者，积极乐观，充满阳光，懂得感恩。

时间给了我融入清华附小这个大家庭的法门。越融入她，越能感受到家的团结、温暖。窦校长就是这个大家庭的母亲，慈祥、睿智，我们都是她的儿女，奋进、拼搏。有时候，清华附小更像我的知己，我们惺惺相惜。

就在那个雪天，我踏入了这座在清华园百年文化的熏陶下绽放光彩的校园。那一瞬间，我为她的美丽所动容，拥有朴素质感的建筑群彰显着低调的现代感，每一个角落都是精心的设计，都有着美丽的故事。

我终于成为清华附小的一名教师，心里感到无比骄傲和自豪。而真正融入了这个大家庭，才体会到每位教师的卓越、每个学生的可爱。我感谢，我赞美，我微笑着迎接新的生活！

作为一名新入职的教师，与各位经验丰富的教师相比，我还有很多地方有待提高和改进。对于我来说，在学校的每一天都是珍贵的，都是在充实自己。

就这样，我开始了自己的探索。起初，刚入职的我存在很多毛病，英语组组长王洁老师找我进行了一次谈话。性格直白的她，开门见山，告诉我工作中的细节很重要，每一个小细节都决定着别人对你的印象。她细心地引导我，给了我很多中肯的建议。

不仅如此，王洁老师还很信任我，并经常鼓励我，在实际行动上给我树立了榜样。就这样，我慢慢地融入了这个大家庭。

新老师上岗的第一关，毫无疑问，就是教学过关。记得开学两个月后，学校便举行了一次大型的家长开放日活动，毫无经验的我感到有些手足无措。王洁老师对我说："放心，咱们一起备课，一起磨课，教具材料我们帮你准备！"仿佛一下子吃了定心丸一样，我开始准备公开课。在几次反复试讲与备课中，我收获颇丰，开放日的公开课也进行得很顺利。在这次活动中，我收获的不仅仅是教学上的成功，更是融洽的同事关系和教学技能。在此期间，傅校长也抽空听了我的课，并提出了很多好的建议。如此温暖的集体，让我无限感激和感动！

从一开始承担二年级的英语课程，到给外教当助教，到接手本部三年级的教学任务，再到接受一年级五个班的教学任务，担当英语组组长，我体会到了工作不易，教育更难。感谢各位领导与同事的信任，给我这样一个平台，我的路途才刚刚开始，我会尽力做好教学工作，为学校百年助力，也为承担自己的责任、履行自己的承诺。

无疑，是清华附小的精神，是学校教师的美德，支撑我坚定地走下来，度过了角色转换的迷茫期。以后的路还很长，也很艰辛，但我坚信，我的未来与清华附小同在！

开辟美术教育的新航路

——"三张名片之星"彭博

新课程改革，立足于学生的终身发展。学生是完整的个体，教育的对象是完整的人。清华附小围绕“为聪慧与高尚的人生奠基”的办学使命，通过多样化、全方位的课程整合，结构化、弹性化的管理整合，构建了适合学生发展的“1+X课程”育人体系。美国教育家格雷夫斯发现，孩子们在写作时，通常要靠说话的帮助，几乎所有的孩子初学写作的时候都需要从绘画开始。绘画和语言一样，都是儿童表达思想的工具。因而，美术和其他学科恰当的整合是有利于学生的身心发展的。

在学校《办学行动纲领》的指导下，彭博老师改变了小学美术学科中的传统教学方式，发挥自己的版画特长，将中国传统的经典成语故事与三年级下学期的纸版画教学内容进行整合，在艺术与审美课中让学生大胆地运用传统的版画形式去表现成语故事。

新时期的小学美术教育不再是单纯的技能技巧训练，而是一种文化学习，更注重培养人文素养与美术素养。在整个人类社会历史中，美术是一种重要的文化行为，是在情感、思想的表达与交流中产生并发展的。不同于专业美术教育，小学美术教育为发展学生的整体素质服务，以学生的发展为本，注重培养学生的审美能力、感知能力、想象能力、表现能力等，注重培养学生的创新精神，注重学生的个性发展和全面发展，并逐步培养学生热爱祖国优秀传统文化和尊重世界文化多样性的价值观。新课标强调培养学生的学习兴趣，强调让学生开展自主探究学习、合作互动学习，强调情感体验，注重学习过程，注重跨学科的综合学习，改变传统的教学方法。彭老师通过美术实践提高了学生的整体素质，最终使学生学会学习、学会做人，终身受益。就这些而言，美术教学与语文教学、品德与社会教学的目标是一致的。

美术新课标指出：“明确‘以学生为本’的教学设计的指导思想，在教学过程中，通过对教学目标、教学情境、信息资源、探究学习、自主学习、合作学习、练习活动、学习评价等方面的精心策划和设计，提高美术教学效果。”彭老师引导学生在阅读和欣赏绘本的活动中，采用自主学习和以小组为单位的合作学习来探究绘本的内容，鼓励每个学生大胆地将自己所想到的、所要表达的内容表述出来，激发学生的创作激情，从而提高学生的阅读能力和观察能力，培养学生健康乐观的心态和持之以恒的学习精神，努力提高学生的审美能力。

在小学美术学科教学中，三年级有纸版画的教学内容，四年级有石膏版画的教学内容，五年级有活动版画的教学内容，六年级有动画形象设计和纸工表现成语故事的教学内容。成语故事用版画绘本的形式表现，需要学生了解动画形象的设计以及活动版画、纸版画的制作技巧等，这个课程是美术学科知识整合的结果。

彭老师在学生创作成语故事绘本的过程中，引导学生进行小组探究、通过阅读理解成语故事、自己收集动画形象资料、设计绘画成语故事、制作版画、完成绘本等，培养了学生的创新精神和实践能力，体现了美术学科、语文学科、品德与社会学科的综合性和创新性特点，使学生更加关注文化与生活。在学习和创作的过程中，学生不仅增长了学科知识，领悟了真善美，而且提高了语言表达、艺术审美、实践创新的能力。

在课程整合中，通过优化课堂、增加实践，使教学有了较强的针对性，使学生能够快乐、自由、主动地发现自我并发展个性，清华附小学生“健康、阳光、乐学”的样态逐渐形成。教师则不断丰富自己的教学思想和知识结构，改变原来“左手教材、右手教参，学科本位、各自为战”的工作方式，由原来的课程执行者变成了课程设计者，提高了专业成长的自觉性，使校园内形成了再实践、再研究、再学习的氛围。

学科间整合的目的在于使学生在此过程中建立系统的思维方式，体验知识之间的联系。以“主题”统领课程，开展跨学科整合的方式最具实效。小学美术教育在素质教育和课程改革中有着举足轻重的地位，美术教育面临着新的挑战，把美术与其他学科整合起来是素质教育的必然要求，是一种新型的教育理念，一定会给教育改革带来新的契机，开辟出新的航路，为培养创新型人才和实践型人才开拓一片新天地。

悦享诗意人生

——“三张名片之星”郎思铭

清青辗转一瞬间，华展春风又一年。

一生一世润心脾，万马奔腾展前程。

赞美是世界上最美妙的语言，它能润泽每一寸干涸的土地。清华附小的“三张名片”——微笑、感谢、赞美，在他的身体力行中得到了很好的诠释。每一位和他相处过的学生都被他别出心裁的教育方式所吸引，每一位跟他交流过的家长都被他的责任心和爱心所感动，每一位与他共事过的教师都对他一丝不苟的工作态度和忘我的工作热情感到钦佩。他就是大家眼中阳光、帅气的郜思铭老师。郜老师为人谦虚诚恳，遇事从不推诿搪塞。他关心、爱护每一位学生，陪伴着学生成长。在他眼里，性格、爱好、脾气迥异的学生各有千秋，他总是会用发展的眼光看待学生的成长，赞美与欣赏学生的行为，分享学生的喜悦，以平等、真诚的态度对待他们。有时候，他更像是学生眼中的大哥哥。他具有班级管理、教育教学的智慧以及较强的组织管理能力。他用灿烂的微笑、真切的赞美、踏实的行动温暖着每一位学生。

浸润心田附小情，八德树志从此行。

博爱萦绕秀苑内，儒雅校园靠躬行。

他在学校的各项工作中得到了锻炼。负责接待来我校参观的教师与专家，使他对学校的文化有了更深入的了解，同时拓宽了眼界，在相互学习的过程中提高了自身修养。每天早晨对老师与学生露出灿烂的微笑、行热情的鞠躬礼，让他有了深深的职业认同感，他愿伴随莘莘学子与勤劳的园丁的脚步开始新的学习与工作。

郜老师认为，成人比成材更重要，要培养对社会有用的人，要使学生具有强烈的社会责任感、积极向上的团队合作精神、丰富的科学文化知识以及健康的身体和心理。所以郜老师从我国伟大的教育家孔子那取经，认同君子有“八德”：孝、悌、忠、信、礼、义、廉、耻。他将此“八德”与现代学生的学习与生活实际相结合，配合《乐读手册》中的蒙学教材《弟子规》，指导学生掌握学习、生活、待人接物等方面的方法。因为内容涉及许多有趣的古代小故事，学生的阅读兴趣浓厚。潜移默化的影响使得班级里形成了良好的鞠躬礼风尚，大家以此表示对身边的同学及伙伴的感谢之情。师德高尚的重要体现就是教师把自己的全部身心都献给学生，献给教育事业。为此，郜老师被光荣地评为“感谢之星”。

终须苦练基本功，矢志成为百事通。

创新五步树习惯，恰如傲雪一棵松。

郜老师的敬业还体现在教学上下苦功，积极运用预学、共学、延学增强学生自主学习的意识。他一直坚持使用“五步预学法”——字、词、句、段、疑，这种方法得到了广大家长的认可，同时有助于深入了解学生原有的知识和技能，了解他们的兴趣、需要、方法、习惯，以及学习新知识时可能会遇到哪些困难，以采取相应的措施。小组合作学习在郜老师这儿得到了更好的推广。“环保秀苑”里行政组与活动组之间的变换更加自如。在单元整体教学过程中，组内一旦产生喜好不同或者意见不一致的情况，他们不仅可以在组内互相交流，还可以随时打散行政组的限制，与有共同喜好的同学组成暂时的活动组，以便于汇报感受。

郜老师是一位富有创新精神的年轻教师，他创新了学生的举手姿势，由五指并拢到竖起大拇指，寓意给老师和自己以鼓励，为自己增强信心。这种方法还被推广到整个年级组。在2014年家长开放日那天，这种独特的“大拇指举手法”以其新颖的形式受到了家长们的赞扬。

期末考试监考的经验提醒郜老师，这种为期三天的考试并不适合评价每一个学生真实的学习情况，因为第一天语文考试结束后，学生在第二天的数学考试中状态已明显下滑，而这势必导致成绩的不稳定，第三天的英语考试中，学生的状态再一次下滑。因此，他认为这种评价机制需要进一步改进与创新。他将这一想法汇报给学校领导，并建议将每学期的期末考试由分科转向整合，这也符合学校的课程整合理念。将语文、数学、英语甚至更多科目的知识点整合到一张试卷上，既有利于考查学生的知识整合能力，也有利于提高教师的团队合作能力，因为出这样一套试卷需要各科教师在一起合作完成，同时避免了学生因为分几天答完多套试卷而状态下滑导致成绩不稳定的情况。综合试卷的提出只是一个开始，我们不仅要综合考虑各学科教师的能力，更要调查学生的接受程度，以及训练的知识点。

环境保护人人倡，雾霾口罩往家放。

附小秀苑来帮忙，蝼蚁撼树也疯狂。

刚才提到了“环保秀苑”，接下来我们就来说说这个主题的由来吧！郜老师根据当今社会污染严重的现状，征求全班学生的建议，最终确定班级的主题为“环保”，并将班级命名为“环保秀苑”。“秀苑”，谐音“修远”，寓意班级小家庭、社会大家庭的环境保护事业任重道远，需要每个人的不懈努力。因此，班级里人人说环保，处处话环保，以一套完整的班级契约来让每一个学生得到不同的发展。郜老师和学生都有了明显的成长，他们在植树节为小树苗浇水、在学生即将离别之时举办欢送会、随时捡起道路上的垃圾、关闭正在滴水的水龙头……所有的行为都围绕着“让儿童站在学校正中央”的教育理念。

生命的境界，生命的未来，其实就在你眼前，就在你的选择中，就在你的心中。相随心生，缘由心定，缘起于心而修于心。我们每个人就像一个空瓶子，心里装着什么，就会得到什么……

微笑着的教育

——“三张名片之星”吴雨璇

有一种面部肌肉的轻微运动叫作微笑，它是一种积极的心理状态，它是一种朴实的精神动力。微笑是做人的艺术，是一种魅力、一种美丽；微笑是人生的态度，是一种淡泊、一种修养。轻轻一笑，使人顿觉放松，远离紧张，使人备受鼓舞，不再彷徨。在我们学校，就有一位“微笑教师”，她用微笑把知识传授给学生，她用微笑教导学生成长，她用微笑践行一位教师的敬业、博爱、儒雅。她，就是“微笑之星”吴雨璇老师。

作为教师，微笑拥有着无穷的教育魅力。有一种微笑，是发自内心深处的微笑。三年级（3）班的孩子们爱笑，尤其是在读书的时候，他们笑得最甜、最自然。吴老师爱读书，常带领着孩子们一起在书的海洋里畅游，他们在共读的过程中，达成了默契，读到产生共鸣之处，总会彼此会心地一笑，这种默契是一种深度的沟通。一年级，她带着孩子们一起阅读绘本，走进一个个有趣的故事中；二年级，她为孩子们读完了整本《木偶奇遇记》；三年级，他们共读了《卡梅拉的故事》，并一起编排了课本剧《绿野仙踪》。孩子们在阅读中慢慢成长，在阅读中体会到了快乐，课间，书架旁是孩子们最喜欢的角落，而吴老师也因和孩子们一起读书而成为孩子们最知心的朋友。在课程展示活动中，孩子们上演了一幕幕精彩的课本剧。他们是一群爱读书的孩子，也是一群爱笑的孩子。

爱笑的教师能够为学生营造宽松而愉快的学习氛围，爱笑的教师能让学生感受到老师的关爱与理解。一位爱笑的教师一定有一群爱笑的学生，一定有一个温馨的班集体。走进三年级（3）班，你总能听到欢声笑语，你总会被这个班级的热情所感染。三年级（3）班的 27 个孩子，在吴老师眼中就像 27 个可爱的精灵，有乖巧的，有调皮的，吴老师总能发现每一个孩子身上的闪光点。

班里有一个男孩叫小朱。小朱是个聪明好学的孩子，他总是积极回答问题，文笔也不错，经常写出好文章。但是小朱也是出了名儿的调皮鬼，总因为调皮捣蛋受到老师的批评。有一次，小朱受伤了，一连几天没来上学。班里没有了小朱，变得安静了许多，大家都觉得少了点儿什么。吴老师便利用这个机会引导孩子们表达出内心的爱，带领孩子们一起给小朱写信送去问候。在信中，孩子们真情流露，表达了对小朱的想念，孩子们在写信的过程中，发现了别人身上的优点，更体会到班级中每一个成员都是非常重要的。小朱的妈妈在回信中这样写道："从孩子们的信中，我读出了丰富多彩的校园生活和浓浓的师生情，而这一切是我所不能给予小朱的。看到小朱在家中的翘首以待、收到信时的欢呼雀跃、认真地看每一封信时脸上挂着的微笑，我就知道，其实他的心早就飞到你们身边了。所以，我会尽快让小朱投入三年级（3）班这个凝聚力与感染力超强的大集体中，去参与、去创建、去享受！虽然，在他的身上还有很多的不足，但是我相信，在他不断地努力下，在老师和同学们的帮助与感染下，他会与你们一起携手，共同成长，共同进步！"回到班级后的小朱变了，不再是原来那个调皮的小朱了，是吴老师用充满爱的教育为孩子们上了生动的一课。在爱的教育中，孩子们开心地笑了，老师会心地笑了，家长满意地笑了……

别看微笑只是那么短短的一瞬间，却能给人带来无穷的力量。孩子们爱吴老师，更爱吴老师的微笑。三年级（3）班的每一个孩子在吴老师眼中都是优秀的。对每一个孩子的评价都不仅仅局限于成绩，吴老师总能发现每一个孩子身上的闪光点并将其无限放大。班里还有这样一个男孩，他的学习成绩不太好，也从不善于表现自己。但是通过一件小事，他发生了很大的转变。放假的前一天，班里的孩子们都在分享圣诞节时留下的"饼干屋"，所有的孩子都开开心心地品尝着自己手里的饼干，却没有发现掉了一地的饼干渣儿。只有这个男孩一个人默默地拿起扫把，把地上的饼干渣儿打扫干净了。吴老师被他这个小小的举动感动了，她让大家安静下来，然后让每一个孩子看一看自己的脚下，所有的人都沉默了，大家这时才发现那个手里拿着扫把的男孩。之后，吴老师微笑着对孩子们说："榜样就在我们身边，同学们，我们都应该向这位同学学习呀！"这件事情之后，这个男孩变得爱笑了，学习也有了不小的进步，是吴老师的微笑与潜移默化的教育让他获得了自信。

一位爱笑的老师，一群爱笑的孩子，他们的背后一定还有一群爱笑的家长。三年级（3）班开展了丰富多彩的班级活动，为了满足孩子们的读书需求，家长们接连向班级赠书。在开展班级阅读活动的同时，不少家长与孩子们开展了亲子阅读活动，在阅读中拉近了与孩子之间的距离。在阅读中，父母读懂了孩子，孩子们也慢慢学会了如何表达对父母的爱。更值得一提的是，吴老师将亲子阅读活动发展为班级的家长课堂，家长们纷纷走进班级，给孩子们带来茶艺、手工、国画、科学、民俗等课程。在这个过程中，家长们体会到了教师工作的辛苦，更重要的是，他们慢慢地意识到家庭教育对孩子成长的重要性。每当有家长走进课堂，吴老师都会用心记录下来，为孩子们留下了一次次难忘的回忆。

11月6日：感谢明骏妈妈带来的“下午茶”——卡梅拉的精彩故事，看来没有什么比读书更能吸引孩子们的了！

11月19日：今天中午，孔思澄妈妈给孩子们讲茶艺。在孔老师优雅的姿态中，在茶香四溢中，孩子们平心静气地赏茶、品茶，也许有些深奥的道理他们并不能深刻理解，但在安静的氛围中孩子们不再浮躁。希望这份沉静能浸入他们的成长，影响他们的品格！

11月26日：崔津铭妈妈为孩子们讲解有关行星的知识，我也和孩子们一起，坐在下面听得入了神。感谢崔津铭妈妈，让孩子们了解了丰富多彩的课外知识。

12月5日：终于有一位爸爸来给孩子们讲故事了，小家伙们听得入了迷，一下子喜欢上了可爱的雨晨爸爸！看来爸爸们的魅力值超高哇，欢迎更多的爸爸来班里作客！

12月12日：精心的讲解、丰富的材料、高超的组织协调能力和动手能力，真是佩服迦硕妈妈呀！感谢迦硕妈妈给孩子们带来这么多欢笑，孩子们已经迷恋上有趣的手工制作啦！有这样心灵手巧的家长，孩子们的动手能力也一定会慢慢提高的。

12月25日：圣诞老人来啦！一个下午，满满的爱，大大的乐趣，就这样，我们庆祝了圣诞节，又一次一起走过！感谢家长们的付出，更感谢雨霏爸爸用英文给孩子们讲解圣诞节的故事，给我们带来了欢乐！三年级（3）班很幸福，因为我们有很棒的家长大朋友，谢谢你们的陪伴！

这就是三年级（3）班这个大家庭的故事。老师的微笑如一缕阳光，照在了孩子们的脸上，温暖了孩子们的心房。老师的微笑，代表着赞赏和期望，激励着孩子们前行。老师的微笑，代表着关心与疼爱，犹如和煦的春风，抚慰着孩子们的心灵。一位爱笑的老师，一定会教育出一群阳光的孩子。

用微笑关爱身边的人

——“三张名片之星”杨雅辉

杨雅辉老师是一个很爱笑的人，她总是笑着和人打招呼。

虽然杨老师要给全校学生上美术课，还要备课、批改作业，很辛苦，但她认为这是个交朋友的好机会。你看，每天早上和放学时一群群的学生向她问好或告别，她的笑容里就有那么点儿“炫耀”呢。杨老师的“死党”遍布各个班，课间经常有人找她闲聊。虽然有时她在忙，但还是会很耐心地听学生讲昨天回家后干了什么，发生了什么有趣的事，等等。课堂上的她温和而严肃，对学生负责，讲评作业时总是鼓励全体学生，教学生学会欣赏他人的作品，去了解别人的内心世界。杨老师心态平和，每当学生犯了错误，她总是耐心地帮学生寻找原因，改正错误。

你如果听过杨老师的美术课，会感觉很有趣、很放松。她带学生欣赏了很多经典画作。她说，人的思路开阔了，心胸也会更开阔。有个学生很兴奋地说，杨老师给他们欣赏的画他在国外的博物馆也见过。听了杨老师的课，学生还了解了关于美术作品的历史和一些趣事等。杨老师强调学习画画最重要的是要学习观察方法，认真感受、观察生活，多去尝试，把自己的想法通过自己的方法表达出来，这才叫创作。杨老师在课堂上指导学生画画时遵循一个原则：不随便给学生改画。她总说学生得自己会改，自己体会这个过程，这样才能真正学会画画。她还说每个人都有自己不同于其他人的优点。班上有的学生画速写很好，但是做色彩作业时就没那么出彩了，而有的学生虽然画得乱七八糟的，但在色彩搭配方面表现突出。杨老师特别照顾那些画得不太好的学生，总是鼓励他们，帮助他们发现自己的优点。这些学生在杨老师的陪伴与鼓励下都进步很大。

杨老师很注意对学生的礼仪教育，常常以身作则，是学生的好榜样。她每次进教室前都会先敲门，还会说“打扰大家一下”；有事情要宣布时，她会说“请把笔先放下，老师通知一件事情”。她和同事的关系都很好，对比她年龄大的老师都会用尊称。她不遗余力地要求学生也要时刻这么做，教育学生时刻不忘做人最基本的道理。上课时有学生打断别人回答问题，她总是教育学生要学会倾听。虽然有的学生回答错误，但杨老师不会打断他，一定会等他说完了再纠正。她还经常告诉学生，真正的漂亮是心灵的真善美，当一个人的行为不礼貌、表情不友善时，整个人就像一张被破坏的图画，别人就不会感到愉快，渐渐地他就不会有朋友了。杨老师和学生沟通时很讲求方法，也很注意自己的言行，时刻做好示范作用。

杨老师对学生认真负责，每天都给大家带来很多欢乐，大家见到她都很开心。她也总会把她在课堂上、生活中发生的趣事分享给大家。我们学校可不止杨老师这一位老师这么爱笑哟，行政团队、教师团队和服务团队中的每一位都积极乐观，用阳光般的微笑温暖着身边的每一个人。

“美丽的公主殿下，您好！”

——“三张名片之星”杨彦傑

“美丽的公主殿下，您好！”一个一年级的学生对杨彦傑老师彬彬有礼地问好，并送去一个温暖的拥抱。这个唯美且令人惊讶的画面背后有什么样的故事呢？

称杨老师为“公主”的这个小女孩是她的学生。刚开始，这个小女孩是个不情愿听老师话的学生，上课不听讲，读书慢半拍，回答问题从不举手。老师对她提出要求时，她就会“哼”的一声把小脸扭开，还悄悄地说：“凭什么听你的！”有一次杨老师发现她在书上画了几个小女孩，每个小女孩的头上都有一顶皇冠，原来她喜欢公主。于是杨老师单独与她约定每次在教室外见面时都可以互称“美丽的公主殿下”，还特别强调这是她们之间的小秘密，小女孩高兴地答应了。后来不仅在楼道里能听到两位“公主”间的问候，更奇妙的是“小公主”在课堂上能欣然接受杨老师的常规要求，甚至比其他学生做得更好。

“公主”的故事体现了杨老师的博爱。教师要平等地对待每一位学生，努力了解每一位学生，明确学生只有差异而没有差距，要关注学生的个体差异，尊重学生的个性发展。在杨老师 8 年来的工作中，这样的故事还有很多。

杨老师有很多外籍学生，其中一部分外籍学生刚来到学校的时候，由于在课堂上听不懂而感到无所适从，并逐渐丧失了学习兴趣。四年级有个朝鲜学生小申，他在朝鲜没学过英语，连英文字母都不会读，所以在英语课上总无法按要求完成学习内容。学校一直提倡“让儿童站在学校正中央”，完全无法参与活动的小申，站在学校正中央了吗？怎么办？经过了解，杨老师得知小申的父母虽然不会英文，但家中上大学的姐姐是可以用中文交流的。所以她联系了小申的姐姐，一起沟通怎么帮助小申主动参与课堂学习的问题。杨老师请小申的姐姐当小申的家教，帮助他打基础，与此同时，杨老师利用课余时间提前教他新课内容，让他“先飞”。“先飞”的策略不仅是为了确保他知道在课上学什么，还为了使他能与同学们一起再学一遍以巩固知识。更重要的是，小申的“先飞”能促进他与老师、同学们之间的互动，课堂上，他可以像其他同学一样参与朗读、回答问题和小组合作了。在合作中，小申体会到了学习的乐趣。在课堂展示中，小申获得了杨老师和同学们的鼓励。

在日复一日的努力中，小申建立了开口表达的自信。有一天，杨老师问学生们谁能领读她刚刚教完的句子，小申高高地举起了手。杨老师在惊讶之余果断地请他领读。他声音洪亮的领读得到了全班同学的掌声，杨老师对他露出了肯定的微笑，并伸出表示赞美的大拇指。学生是有血有肉、有情感的人，情感是获取知识的土壤和动力，是教育学生的催化剂。

二年级的熊熊是一个不会中文的外籍学生，并且他拒绝学习，拒绝交流。于是班主任请杨老师帮忙想想办法。她去学习熊熊的语言，掌握一些简单的词句。当她想要引起熊熊注意的时候，她会先用熊熊的语言引导他，然后再向他抛出交流的橄榄枝。

有一次，熊熊特意去了杨老师的办公室，拉着杨老师的手急步走到操场旁的一棵树下。他指指树上的毽子，又指着操场上的其他同学，眼睛红红的，还泛着泪光。原来熊熊是代表班里参加踢毽子比赛的选手，而在赛前练习的时候不小心把毽子踢到了树上。杨老师不仅帮熊熊取下了毽子，让他顺利地参加比赛，还成为他心中最值得信任的人。

爱因细腻而伟大。杨老师坚持把有利于学生发展的小事做好，从内心深处关爱学生，不仅懂得爱，还会爱。

用心做好教育中的每一件小事

——“三张名片之星”岳芳

“年年岁岁花相似，岁岁年年人不同。”时间的流逝逐渐改变着我们每一个人。自从2003年参加工作以来，在13年的时间里，岳芳老师从一个站在课堂上紧张得不知所措的毕业生，逐渐成长为一名受学生欢迎和家长尊重的优秀教师。她积极进取，认真反思，使自己不断朝着更高的目标迈进。

岳老师一直担任班主任工作。她深知班主任是学生、家长眼中的学校，有时甚至是学校的全部！班主任是学校的重点岗位，也是最具荣誉感的岗位。

她在班主任的岗位上，一站就是13年。

走进岳老师的班级，第一印象就是干净、整洁。岳老师一直任教低年级，能够让低年级的学生做到这一点可不是件容易的事儿。岳老师坚信“人创造环境，同样环境创造人”。干净、整洁的教室环境就像一个隐形的课堂，它教育学生要爱劳动、讲卫生。一年级学生年龄小，做事的热情高，但往往心有余而力不足，做事不得其法。所以在每次让他们做事前，岳老师都会亲自示范：拿起笤帚教他们怎么扫地；接来一盆水，教他们怎么将抹布洗干净；教他们怎么擦黑板和窗台……“师爱因细腻而伟大。班主任就是要坚持把有益于学生发展的小事做好。”经过她和学生的不断努力，班级中形成了一套严格的卫生管理制度，每天都有值日生认真打扫，每一个学生都在班集体中有事可做。将班集体中的事务根据每个学生的能力进行分配，不仅有利于提高学生的动手能力，也增强了学生的集体意识和责任感。

给岳老师的班上课时，最大的感受是学生认真、安静。教过一年级的老师都知道，开头的第一个月是最艰难的日子。这些孩子仿佛是刚刚从池塘爬上岸的一群小鸭子，闹个不停，又像是从石头缝里蹦出来的孙悟空，个个都调皮捣蛋，仿佛要把屋顶掀翻了才罢休。

岳老师相信“静能生定，定能生慧”。所以岳老师首先培养他们安静的习惯。只有学生安静下来，才能培养他们其他良好的习惯，才能继续开展教学工作。用什么方法呢？心平气和！岳老师首先努力降低自己的声音，轻柔地对学生讲话，用静去传达静，以静来滋养静。教师若想让学生安静，首先自己不能制造噪音，要做到“行为世范”；其次就是让学生听故事、听音乐。每天中午，学生吃完饭后，岳老师都会播放一个故事或者一段乐曲，学生听着精彩的故事或优美的乐曲，不知不觉间就安静了下来，时间长了，他们慢慢地就能安静地学习了。

岳老师不仅会管理班级，而且她的语文课也上得有声有色。在清华附小“1+X课程”的引领下，岳老师不断在自己的课堂上实践着语文课程的整合。无论是对学科内的渗透式整合、学科间的融合式整合，还是对超学科的消弭式整合，她都积极努力地思考、尝试、反思。因为她知道：只有课堂改变，学校才会改变；只有课堂优质，学生才会卓越；只有课堂创新，学生才会创造。

为了培养学生的“一副好口才”，她坚持每天让学生进行课前三分钟演讲。

一开始，有的学生说不好，甚至不敢说，她就利用课间和午休时间对即将进行演讲的学生进行细心的指导：该用怎样的语气说话，该加上怎样的手势，该保持怎样的表情、眼神……岳老师不厌其烦地做示范，热情地鼓励学生，增强他们的自信。就这样，学生渐渐敢说了，会说了。为了让学生写出“一篇好文章”，岳老师鼓励学生每天写话，内容不限，字数不限，只要书写工整，是自己原创，能让人读明白，就能为自己加分。学生的写作热情很高，岳老师每天都要抱着厚厚的一摞作文本进行批改，并选出几篇有特色的习作在全班进行朗读与点评。同组的同事说，她天天这样做太辛苦了。但是岳老师认为，小学低年级是培养学生习作能力的起始阶段，学生只有在不断地实践中才能逐渐学会写作。每天自愿写点儿什么，看似不经意，却让学生逐渐提高了观察能力，产生了写作的兴趣，消除了对写作的抵触心理。虽然辛苦，但是看到学生的长足进步，她感到非常值得。当发现学生的写作热情有所消减，写作内容出现重复的时候，岳老师又开始积极地想办法：每天放学前，让学生相互交流一下当天发生的印象深刻的事儿，激发学生的写作欲望；摘录学生作文本上的“金句”，打印出来，张贴在教室后面的黑板上，激发学生的写作热情；对那些不积极写作的学生进行鼓励与帮助，带动他们努力赶上。就这样不断坚持，不断改进，学生的写作能力逐渐提高了。

“年年岁岁花相似，岁岁年年人不同。”岳老师在清华附小精神的感召与引领下，不断学习，不断成长，她力求将教育中的每一件小事做好，让自己每一年都有所进步，有所提升。她铭记并践行《清华附小教师誓词》：“我是清华人，努力用敬业、博爱、儒雅成就每一个学生，把每一个学生的成长当作我们的最高荣誉！”

用微笑、感谢、赞美把爱沉淀下来

——“三张名片之星”张可

她，是一年级学生口中的 Miss Zhang；她，是一位爱伸大拇指的老师。上课铃响了，Miss Zhang 向已经做好上课准备的学生伸出了大拇指；讲课时，看到学生认真地听讲，她悄悄地伸出了大拇指；做操时，有学生在说话，她走过去摇摇食指，学生马上立正站好，一只大拇指恰到好处地伸在了该学生面前；放学了，学生一天在学校快乐又勤奋，大拇指笃定地送给每一位学生。

一个微笑、一声感谢、一句赞美能够拉近教师与学生的距离。作为教师，微笑有着无穷的教育魅力。教师微笑着面对学生，能给学生营造出一种宽松的人际环境，使学生感受到教师的理解、关心、宽容和激励。教师的微笑是内向腼腆的学生的兴奋剂，使他们得到鼓励，敢于大胆表达自己；教师的微笑是外向好动的学生的镇静剂，使他们得到及时的提醒，学会自制和自律。在教学工作中，教师的微笑能够活跃课堂氛围，激活学生的思维，激发学生的热情；在德育工作中，教师的微笑是对不良行为的理解和宽容，能引起学生的自我反思和觉醒，是对良好行为的鼓励和赞许，激励学生不断努力和进取。

没有教育不好的学生，有时，对学生微笑和赞美才是最好的教育方法。学生都十分在乎老师的态度，不管是调皮好动的学生，还是性格内向的学生。有时，老师的一个微笑、一个拥抱、一个赞许的眼神，老师摸摸他的小脑袋，拉拉他的小手，和他说上几句悄悄话，都会让学生兴奋不已，进而收到意想不到的教育效果。有人说过这样一段话："师爱，没有树高，没有花香，却有海的胸襟、山的脊梁。一个鼓励的眼神、一句赞赏的话语、一个温暖的微笑，也许就可以改变一个孩子。"

陶行知先生说过："千教万教教人求真，千学万学学做真人。"教育家艾伦·德瓦艾特也认为，教育有两个目的：一个是使学生变得聪明，另一个是使学生做有道德的人。爱因斯坦在《论教育》中也说："学校应该永远以此为目标：学生离开学校时，是一个和谐的人……"

教师的价值除了体现在教书育人上，还体现在烙印在学生身上的独特教育痕迹上。季羡林大师在回忆自己高中时的教师董秋芳先生时曾深情地说："我之所以能毕生在研究方向迥异的情况下始终不忘舞笔弄墨，到了今天还被人称作一个作家，这是与董老师的影响和鼓励分不开的。恩师大德，我终生难忘。"季先生一生致力于语言文字的研究，取得了令世人瞩目的研究成果，为人类的文化传承做出了巨大贡献。倘若没有季先生，就不会有这些成果，那倘若没有善于启迪学生的董先生呢？谁都希望能在有限的教育生涯中造就出这样一位栋梁之材。栋梁之材毕竟是有限的，所以，班上的学困生、心理亚健康的学生更需要关注，这不仅关乎学生的个人成长，更是对社会负责。

Miss Zhang 的班上有这样一个学生，在课堂上总是不认真听讲，还随便高声说话。Miss Zhang 在课上尽量避免和她起正面冲突，在课间碰到她时，与她闲聊，试图接近她。有一次在饮水间碰到她，Miss Zhang 问她："你知道你名字中的'L'有什么含义吗?"她吐着舌头摇摇头，Miss Zhang 说："希腊字母表中的第十一个字母与英语字母 L 相对应，读作 Lambda，它与植物的生长有关，有机物的生长就是以此为起点的。所以你一定是一个非常纯净的孩子，因为万物的最原始状态都是惹人爱的。L 还象征成长的品质和生存力的惊人增长。我想你这么有活力也应该是这个原因吧!"看到她露出惊奇的表情，Miss Zhang 心中窃喜，然后由衷地赞叹她道："你有进步，对我讲的故事感兴趣了，我每天都给你讲好不好?"她居然点头了，看来教师对学生的赏识和正面评价是有效的。Miss Zhang 和她从此约定：只要在一天中能得到 Miss Zhang 的两次大拇指（表示赞美），Miss Zhang 有空的时候就会给她讲一个故事。没想到效果很显著。于是，她们之间的大拇指评价和故事之旅开始了。她们的故事越来越多，有《猜猜我有多爱你》《彩虹色的花》《爱心树》《大卫，不可以》《大卫上学去》……

由此看来，若想深刻地影响学生，转变学生的思想，教师必须做到三点：一是要时刻有意识地准备好点拨学生；二是点拨的方法要因人而异；三是要善于抓住教育契机。教育契机潜藏在平时一点一滴的小事中，教师要有一双慧眼，要积极地评价学生。

彼此热爱，就要学会把爱用微笑、感谢、赞美表达出来。生命是一条长河，爱，是那无声的水流，从上游流下来，一定会在中游和下游留下沉淀和痕迹。

青春的微笑，在这里

——"三张名片之星"张忱

微笑是表达爱的最好的方式，只要嘴角轻轻上扬，仿佛全世界都会变得美好。在清华附小就有这样一个特别爱笑的阳光女孩，她总是笑眯眯的，传递着正能量，大家都亲切地称呼她小忱，孩子们都亲切地叫她张张，她就是形体教师张忱。

她爱微笑，所以老师和孩子们都非常喜欢她。还清晰地记得她第一次走进学校时的样子，一个活泼的小姑娘怀着满腔期待，秉持着虚心的态度，那一刻，就仿佛发生在昨天。

她微笑着努力前行。来学校之前，她没有任何教学经验，年轻稚嫩的她非常想尽快地适应教师工作。工作的第一年，她常常工作到很晚，却依然面带微笑。她说，努力学习让她感觉到了成长和进步，也让她感到非常快乐，只有不断地学习，才能使自己尽快地成长为一名合格的教师。努力的她脸上总是挂着微笑，感染着她身边的每一位同行者。

她微笑着思考。微笑不断传递着正能量，也激励着她成长。课堂上，她希望能够给孩子们营造一种全新的学习氛围。经过反复的思量，她认为形体课最重要的就是一定要有趣，要充满笑声，要充满快乐。她会花很多时间来教授孩子们各种流行的、新奇的舞蹈。在课堂中，她想出各种新颖好玩的游戏和孩子们互动，一起跳、跑、滚、爬，让孩子们完全沉浸在快乐的运动中。每一次课，她都会花 20～25 分钟的时间进行舞蹈教学，到目前为止，孩子们已经在形体课上学习了很多种风格的舞蹈。逐渐地，张忱老师形成了独具特色的教学风格，她的课堂上总是充满欢声笑语。2014 年，张忱老师和三年级孩子们的快乐形体课在北京市小学体育与健康学科“韵律活动与舞蹈”教学研讨会中作为优秀示范课向全北京市的教师进行展示，欢乐的课堂氛围和孩子们充满阳光的笑脸得到了现场每一位教师的高度赞赏。

她微笑着创新。张忱老师的最大爱好就是运动，她 4 岁的时候就开始学习舞蹈和体操，22 年的磨炼让她成为一名专业水平很高的运动员，19 岁时她已经是国家健将级运动员，并且多次荣获全国冠军。她将对运动的热爱融入自己的工作之中，《YMCA》创编操、校园集体舞等，越来越多的创作得到了大家的关注，这使她很振奋，她想，或许可以利用自己的这一强项做出一些更加激动人心的事情。于是，张忱老师挑选了一些喜爱运动的孩子组建了健美操校队。他们每天利用中午的时间进行训练，惊喜的是，愉快的学习氛围让孩子们很快就爱上了这项运动，干劲儿十足。仅仅训练了 15 天之后，小队员们就在学校的运动会上进行了精彩的表演，表演中每一个孩子都洋溢着微笑，张忱老师更是用微笑鼓励着这些小队员。表演一结束，老师和孩子们的欢呼声和赞叹声便此起彼伏。从那一刻开始，“丁香宝贝”健美操校队就正式诞生了。舞台上小队员们的微笑感染了每一个人，孩子们争先恐后地报名加入健美操校队，现在这支队伍更加壮大了。在短短不到三年的时间里，孩子们飞快地进步，无论是柔韧度、力量、协调性，还是表现力等都达到了专业水平。如今，这支拥有灿烂微笑的健美操校队已代表学校 28 次在各种比赛和演出中崭露头角，11 次取得各项比赛的冠军，其中连续两次在北京市学生艺术节比赛中获得冠军，连续三届荣获“阳光体育运动”朝阳区中小学生健美操比赛和啦啦操比赛的冠军。2014 年，“丁香宝贝”健美操校队代表学校在宝岛台湾的两所重点学校进行艺术交流，他们洋溢着自信的笑容，感染了每一个人，让艺术之花在宝岛台湾绽放。

她就是这样一个爱笑的阳光女孩，她用微笑感染着身边的每一个人，用微笑传递着正能量。她希望能让身边的每一个人都感受到微笑发挥出的巨大潜能。

她说：“也许有一天，每一个孩子都会爱上舞蹈。我真的希望，终有一天，每一个孩子都能因为我的微笑，真心地爱上舞蹈。”

现在，爱笑的她做到了。

微笑的魅力

——“三张名片之星”张维华

都说职业女性是美丽的，那么女教师应该是职业女性中最美的吧！

当女性的特质与教育的使命联系在一起的时候，将端庄、优雅、聪慧、高尚等一切美好的词汇用在女教师的身上都不为过。而当女教师将这一切的美好与微笑这个细微的动作联系到一起的时候，她的魔力就应运而生了。我身边的张维华老师就是这样一位用微笑感染学生的魅力教师。

认识张老师的人，都知道她很爱笑，一笑嘴角就露出两个深深的酒窝。“话未出口，微笑先行”，这是张老师给所有人的印象，而微笑也成了张老师的“名片”。

“有陪伴就有感情。”这是窦桂梅校长经常对老师们说的一句话。作为班主任，张老师更加深深地体会到：只有陪伴在孩子身边，才会了解孩子，才会懂孩子。而微笑就成了张老师让孩子们信赖的“法宝”。

每到课间，一群“小麻雀”就叽叽喳喳地围在她身边，不停地说这说那：“老师，今天早晨我在路上看到一辆公交车，里面人山人海，每个人都被挤得跟馅饼馅儿一样。”“老师，今天早晨我一口气吃了 6 个包子，撑死我了！”“老师，有时候我特别想靠在你身上，很舒服的感觉，你就像妈妈一样！”……看着他们一个个嘟着小嘴不停地说着，她的脸上便挂满了微笑，她的眼睛里流露出无限的幸福。“张老师，为什么我们说话的时候你总是不说话，而是微笑着看着我们呢？”“我在用心地听你们说话啊，认真倾听可是一种最基本的礼节哟！有时候我们可以用眼神、微笑来传递信息，来表达感情，你们觉得呢？”“哦，我明白了！原来是微笑和眼神的力量啊！”就这样，孩子们也学会了倾听，不再吵闹，不再争执。就是在这微笑与陪伴当中，她和孩子们彼此了解，彼此信任，孩子们学会了理解，懂得了关爱，明白了微笑的意义。有了她的微笑，孩子们不再孤单；有了孩子们的陪伴，她也更加幸福……

认识张老师的人都知道，她不但爱笑，还有很强的语言天赋。朗诵和表演一直是她多年来热衷的活动。她喜欢用声音表现文字间的美丽与忧伤，喜欢用语言来唤醒沉默的激情，喜欢用表情和动作来展现自己的内心。于是，她便将这一优势运用到了课堂活动中。课上，张老师会将枯燥的内容通过各种形式展示给孩子们，鼓励孩子们参与课文的改编与创编。一个个人物心理的展现、一次次场景的变换、一句句旁白的设计，都融进了孩子们对课文内容的理解，激发了孩子们的学习兴趣。《森林舞会》《绿野仙踪》《三个儿子》《画家和牧童》《我们在一起》等小剧本的诞生，让孩子们知道了原来课文还可以这样学，故事还可以这样演。这时候，张老师又拿出了她的“法宝”——微笑！她告诉孩子们要微笑着来朗读，要用发自内心的微笑来演绎剧本中的快乐时光。随后，时而高亢、时而低沉、时而婉转、时而凄厉的语调变化更是让孩子们惊叹：“原来一个人物可以有这么多变化呀！太神奇了！”在开学典礼、教师节、元旦联欢会、六一儿童节等大型的活动中，更是留下了孩子们激情朗诵、热情奔放的身影。一次次的成功体验，让孩子们爱上了朗诵，爱上了表演，更爱上了她！

每个孩子都是独立的个体，都具有鲜明的个性。而教师要做的就是将几十个有个性的孩子融合到一起，使他们在彰显个性的同时，形成具有正能量的集体，同时关注那些极易受伤害的心灵。

小 F 是最近才转到张老师班里的孩子。她高高的个子、大大的眼睛，秀气的外表让人一看就喜欢得不得了。但是她有着很严重的心理障碍，不愿意与外人交往。对此，张老师认为，保护她的同时也要尽量疏导她，让她在集体中快乐成长。平日里，张老师总会微笑着面对小 F，用眼神鼓励小 F。张老师还精心设计了主题为“找不同”的班会。班会之后，在小 F 的日记里出现了这样的话：“我突然明白，自己不会再被别人当成‘小怪物’了，不会再被同学取笑了。”那一刻，张老师笑了，因为小 F 真的已经走进了集体。

之后的日子里，张老师总会耐心地引导她开口说话，看到张老师微笑的脸庞和充满期许的目光，小 F 用力地点点头。从那以后，小 F 努力地尝试与老师和同学们交流，一次、两次、三次……每一次都会比之前好很多。这对于她来说，何尝不是一种飞跃呢！

张老师还鼓励她带领同学们早读，推荐她进入班级合唱团，建议她担任运动会的旗手……一份耐心的期许、一点自信与鼓励，就让孩子体会到了温暖与关爱。

每次与张老师聊天，她都会露出灿烂的微笑，一脸幸福地说："我爱笑，我的孩子们也爱笑；我爱生活，所以我会带领孩子们去观察大自然，去饲养小动物；我爱表演，我会和孩子们一起编写儿童诗、课本剧；我爱创新，我会跟孩子们互换角色，他们教我学，共同成长；我爱玩耍，我们会一起捉迷藏、玩"过家家"；我爱写作，我会和孩子们一起用笔记录下我们的成长与快乐。跟他们在一起，让我变得爱哭了：一张小小的贺卡、一幅小小的字画、一句贴心的话语、一篇真挚的日记、一次犯错之后的忏悔、一次努力之后的进步，都会让我泪流满面；跟他们在一起，让我变得爱笑了：一次精彩的回答、一份书面整洁的作业、一次开心的游戏、一个温暖的拥抱、一个调皮的鬼脸、一场成功的表演，都会让我心花怒放。无论是泪水还是欢笑，都饱含了孩子们对我充分的信任和深深的爱……"

17 年过去了，张老师一如既往地选择做一名用微笑陪伴孩子们成长的教师，因为，这是她最幸福的事……

用爱守护每一个孩子

——"三张名片之星"张艳超

她是一个平凡的人；她是一个身穿白大褂却又不在医院里工作的人；她在孩子们的眼中是一位"白衣天使"，每天用微笑迎接着每一个孩子，陪伴着孩子们成长。她就是守护学生健康安全的校医——张艳超。

还记得初入学校，这里仅有 100 多名学生、10 多名教师。作为校医，她已经融入老师的行列中，她和老师们一起"拓荒"，将一批批桌椅购进，将一堆堆教具摆齐；她用辛勤的汗水迎来了第一批学生和家长；她用勤劳的双手构建起校医室，填写了学校里第一批学生的健康档案。她把学校当成自己的第二个家，把学生当成自己的孩子，她和学校一起相伴成长。

她有着极强的责任心，每天都能看到她忙碌的身影：早晨，她会很早来到学校食堂，微笑着迎接孩子们的到来，并仔细观察孩子们的用餐情况，看看哪些食物孩子们爱吃，哪些食物孩子们不爱吃，找到孩子们不爱吃饭的原因。通过早晨的巡查，她会发现哪些孩子身体不舒服，哪些孩子需要特别关注。然后她会及时与班主任沟通，纠正健康盲点。

教室里，检查卫生、眼保健操及开窗通风，都是她必不可少的工作。

上课了，老师和学生都开始了正常的学校生活，她也开始了一天的忙碌与奔波：填写学生健康统计表，统计晨午检情况，安排学生进行预防接种、健康体检、龋齿充填及窝沟封闭治疗，协调学生参加医疗保险，进行常见病防治、卫生督导、食堂管理、空气质量监测等工作。虽然事情琐碎繁多，但是对于她而言都是一种快乐，因为这些都是在为学生的健康成长保驾护航。档案室里，有她加班加点认真整理的体育卫生档案；每年区里的体育卫生工作考核，她都会受到表扬。

她有着高超的专业水平。医务室是她工作的主阵地。课间，她的校医室变得热闹起来。她根据学生生病的情况进行“望闻问切”，大到突发事件的及时处理，小到伤口的消毒包扎，她都耐心细致地照顾好每一个“小病号”。

小淘气包们开始“发威”了！“张老师，我刚才不小心摔倒了，腿好疼……”“校医老师，我的手脱皮了，不舒服……”“老师，我肚子疼……”“老师，这是妈妈给我带的药，需要您帮我冲调一下……”每当这个时候，她都会微笑着先安抚他们的情绪，然后耐心地问清他们的症状，一边快速处理伤口，一边用关心的话语鼓励他们，给他们信心，让他们勇敢地战胜伤痛。有的学生不小心把手划伤了，她会用最轻柔的动作为他们消毒、包扎，交代学生简单的注意事项，并鼓励他们学会坚强，战胜恐惧。

一年级有个孩子每天都要来医务室两三次，每次都说自己身体不舒服，但是经过检查之后，却没有发现有任何问题。于是，她及时跟家长联系，在和家长的沟通中得知，孩子其实并不是身体不适，只是想每天来医务室转一圈，得到心理上的安慰。后来，为了让这个孩子能够安心上课，每到课间她都会到他的教室门口转一圈，让他能够一抬头就看到她的微笑。当她看到孩子脸上那惊讶又开心的表情时，幸福感油然而生。

日常的琐事虽然繁多，但是并不棘手，而突发事件的处理则更加关乎学生的健康。

不久前，一个学生的肘关节不能自如活动了，并且出现了红肿现象。见此状况，她第一时间联系了家长，但是电话一直无法接通。由于事发突然，校领导决定先行派车送学生去医院，同时不间断地联系家长。几经努力，家长的电话终于接通了。在简单沟通完情况之后，他们在医院门口会合了。他们一起全程陪同孩子挂号、看病。因为病情需要，孩子又被转至其他医院接受治疗。当看见孩子活动自如的胳膊和满脸的笑容，看到家长紧锁的眉头终于舒展开，她心里的大石头才终于放下。那一刻，“校医老师”这个称呼的含义再一次在心底荡漾——她，不仅仅教授给学生保健知识，更重要的是守护他们的健康！

校医，看似一份不起眼的职业，却承载了学生、家长、学校等太多的责任！开学初，在办理全校学生的医疗保险时，从给家长寄信到收材料，从统计信息到核对信息，每一件事情她都亲力亲为，认真对待。她不厌其烦地解答家长的问题，不知疲倦地重复解释。因为她深知，为学生服务是她应尽的责任。对学生的身体健康，她关怀备至，她用爱心温暖着每一个人。

这就是我们眼中的张艳超，一位亲切、严谨、认真的“白衣战士”。学生感谢她，哪里不舒服就找她！家长感谢她，哪里不明白就问她！学校感谢她，她是团队中值得赞美的好朋友！

作为一名穿着白大褂的老师，她恪尽职守，用自己的耐心去陪伴每一位家长，用自己的爱去守护每一个孩子！

筑梦同行，共创和谐家园

——“三张名片之星”周雪莹

未来是一个怎样的世界，取决于今天我们培育怎样的成志儿童。新百年出台的《清华大学附属小学成志教育规划纲要》提出：要始终不变地弘扬社会主义核心价值观，立德树人，为实现“两个一百年”的宏伟目标而成志！要让儿童学会微笑、感谢、赞美，养成言行得体、协商互让、诚实守信、自律自强、勇于担当、尊重感恩等良好品德，努力成为未来的榜样，引领社会和时代。

作为朝阳区骨干教师之一的周雪莹，从未停止过对教育梦想的追求。如今她正努力传承清华附小百年历史的教育精神，遵从内心的教育信仰，把“成志教育”作为指引的旗帜，把自己与学生紧密相连，共创和谐家园。

一个和谐的班集体是师生共建的绿洲，心灵的小溪在这里交融，思想的火花在这里碰撞。走进她的班级，窗明几净，板报内容丰富多彩，校规、校训、校歌、校徽是师生共同的行动指南；“冰心书房”中有每月一换的故事、散文；“心灵之窗”介绍了心理健康知识；“图书角”里学生在读名著、诵经典，在浓郁的书香里塑造着美好的心灵。“勿以善小而不为，勿以恶小而为之”“赠人玫瑰，手留余香”，积极的道德文化营造了和谐的育人氛围。分级管理制、值日班长轮换制和专项任务承包制，创设了不同的管理岗位，使班级人人有事做，事事有人做，学生依照规则行使自己的权利，履行自己的义务，在自主管理的制度文化中培养了良好的行为习惯。丰富的班级文化为学生创建了展示自我的平台，每个学生都在这个平台上体验到了成功的快乐。一个个绘画小能手、科技小能手、明星课代表等在这里诞生，一个个希望在班级飞翔，礼仪文明、自律自主的班级文化成为和谐班级的成长沃土。

一个人再完美，也只是一滴水；一个优秀的团队，才是永不干涸的大海！没有团队精神的班级，就如同一盘散沙。应如何打造一个团结协作的班集体？周老师利用课堂有效地开展小组合作学习，利用运动会上的集体项目培养学生的团队精神，让学生体味到互助的快乐。聚沙成塔、集腋成裘，团队精神正是创造这奇迹的源泉！有了这样的信念，集体就有了活力；有了活力，就有了骄人的成绩：眼保健操评比、教室环境评比、“水木秀场”、运动赛场……班级勇夺第一，连创佳绩！她所带的班级先后两次被评为朝阳区先进班集体和区级优秀中队。

用心去听，因爱而教。只有满怀对学生的爱，才会静下心来倾听，了解学生的喜怒哀乐，关注学生的心灵成长，有效地帮助学生。她以平视的目光、平等的语言、平和的心态多渠道地与学生交流，面谈、写信、打电话、发邮件等都是她常用的交流手段，她把每个学生装进心里，把每个学生的点滴变化尽收眼底。有一个学生自幼父母离异，家庭的变故让他变得敏感，同学无意中的碰撞，都会引起他的心理波澜。每当这时，她都会静下心来和他交流，帮他分析他的言行给自己带来的后果，并联系他的母亲，跟她交流教育孩子的方法。经过努力，这个学生的脸上有了笑容，学习的积极性也提高了，还会经常帮助老师和同学们做一些力所能及的事情。

良好的班级常规、健康的心理环境、昂扬的团队精神、和谐的师生关系如基石，似臂膀，撑起这片天，守候这片海，营造这个家，筑成这座港。徜徉其中，她和学生一起播撒爱、探求真、追寻善、创造美……他们一起承志、立志、弘志！

社区篇

“志愿服务之星”

社区学校共建，促进社会和谐

——朝阳区建外街道建国里社区

青少年是祖国的未来和希望，关注青少年的健康成长问题是我们现今的重要话题。学校是学生全面发展的摇篮，是祖国培养人才的重要基地，而社区是孩子的居住场所，更是他们认识社会和接触社会的学堂。学校教育始终是社区教育的主体和基础，学校与社区之间的互相沟通、协调，是实现社区教育资源共享的重要途径。学校与社区互动的核心是社区服务于学校教育，学校教育服务于社区发展。在加强社区与学校共建方面，建国里社区也做了一系列志愿服务工作，旨在“共建美好家园、共育文明之花”。

一、积极改善校园周边环境，确保师生出行安全

校园周边存在的安全隐患已经严重影响到学生的健康成长，影响到学校师生的安全。如学校周边属于拆迁区域，人员复杂不好管控；学校对面的CBD文化广场，是学生放学后聚集的场所，总有乱停车现象。对此，建国里社区高度重视，与朝阳区园林绿化局绿化一队、建外街道城市建设科积极协调，切实加强对学校周边环境的整治。通过多次的沟通，朝阳区园林绿化局绿化一队重新安装了绿地防护栏，建外街道城市建设科在广场北侧入口设立了挡车桩，还给学生和居民一片乐土。不仅如此，社区还为学校周边粉刷了墙体，安装了宣传栏，协调建外街道城市建设科在学校门前安装了减速带，并重新画了交通标志线，极大地降低了交通安全隐患，为师生安全出行提供了多重保障，努力营造了安全、健康、文明的学校周边环境。

二、充分发挥社区平台作用，整合资源，开展各类活动

建国里社区以资源共享、优势互补、结对共建活动为依托，通过开展灵活多样的活动，使学校与社区由过去“点”上的接触转变为“面”上的结合。例如，建国里社区发挥建国门消防中队的消防教育基地作用，对辖区中小学生进行消防安全教育，指导社区单位进行消防演练，为社区居民进行家庭防火安全知识培训，为社区安全建设发挥了主力军作用；组织20余名青少年到市高级人民法院参观，了解法院日常的工作内容和审判程序，使学生对法律知识有了进一步的认识，同时使学生认识到我们生活的安定环境离不开法院工作人员的辛勤劳动和无私奉献。学生表示要努力学习文化知识，为社会做出贡献。除此之外，建国里社区还组织中小学生在节日期间慰问社区“空巢老人”，为他们送去祝福；开展“我是环保小卫士”“社区文明小天使”“社区小孝星”等系列活动，进行爱国主义教育，引领青少年把爱国之情、报国之志转化为效国之行。此外，建国里社区还利用多方资源为学生及家长提供有关自我保护、安全用电及燃气等常识，让孩子们的假期既充实又有意义。这些活动均得到学生和家长的一致好评。

今后，建国里社区会继续遵循“资源共享、优势互补、共驻共建、共同发展”的原则，继续采用与学校结对共建这种形式，加强交流，沟通感情，增进团结。建国里社区将努力成为孩子们的第二课堂，为孩子们铺设好阶梯，让他们走向灿烂的明天。

无悔付出，做学校的“同盟军”

——朝阳区建外街道永安里东社区

为了深入开展社区共建工作，进一步增强社区工作的影响力、渗透力和社区的凝聚力、战斗力，有力地推动社区建设各项工作的开展，清华附小把社区共建作为德育工作的重点发展项目，多年来一直与永安里东社区开展共建工作，得到了社区服务站站长韩添的积极配合和大力支持。

一、提高认识，营造共建氛围

开展社区共建工作，要从强化社区共建意识入手，确立“共建美好家园、共育文明之花”的共建思想，营造“社区是我家、建设靠大家”的共建氛围，使社区参与学校管理，学校参与社区精神文明建设。每年 6 月，韩站长都会邀请学生共同参与朝阳区“创建精神文明城区，美化社区环境”活动，与社区志愿者们一起捡拾公共区域中的白色垃圾，为美化社区环境出一份力。参与社区活动不但培养了学生的主人翁意识，而且增强了学生的社会责任感。

二、围绕需求，开展共建活动

社区文明共建是“总抓手”，涉及社区建设的各个方面，内容很广泛，要做好这项工作，最根本的就是要找准学校与社区共同的关注点，形成丰富多彩的社区文化，营造良好的人文环境。韩站长让孩子们利用假日小队活动，与社区志愿者们到建外 SOHO 东、西区广场参与交通法规、文明礼仪、禁毒等宣传活动，营造安定祥和的生活环境。

韩站长了解到，寒假期间很多孩子都留在家里，为了丰富他们的假期生活，永安里东社区特别为孩子播放了一场场精彩的儿童电影，以使社区的孩子们能足不出户就欣赏到精彩的儿童电影。

三、创新载体，激发共建活力

开展共建活动，必须立足社区实际，不断创新载体，增强共建活动的吸引力，提高其有效性，以达到相互联动的目的。去年，永安东里社区提出和清华附小联合设立“爱心志愿岗”，在早晨 7:00—8:00 和下午 3:30—5:00这两个时间段，由两名社区志愿者及两名学生家长共同参与，负责维持学校门口的安全秩序，保障学生的人身安全，缓解交通拥堵。

四、健全制度，完善共建机制

规范社区共建各项工作，健全和落实各项制度，真正做到按制度办事，是社区共建工作的重点和难点之一。因此，开展社区共建工作，要从制度建设入手，激发社区共建合力，积极推动社区共建活动的深入开展，明确共建双方的责任，健全相关规章制度。韩站长积极参与了各项制度的制订，明确规定学校、社区在共建活动中的地位和职责，为开展社区共建活动提供了制度保证。

今后，永安里东社区将与学校继续合作，坚持开展社区教育活动，把社区教育作为一项系统工程，把学校教育、家庭教育、社会教育有机地结合起来，强调“以人为本”，为培养学习型的社区风气、提高公民素质、积聚可持续发展的内在动力、推进社区和学生的共同发展做出积极的贡献。

第三章

弘志 筑梦同行

微笑、感谢、赞美是清华附小的“三张名片”，
健康、阳光、乐学是清华附小人的成长目标，
让我们坚定信念，奋力前行，
成为拥有中国灵魂和国际视野的现代人，
为聪慧与高尚的人生奠基！

学生篇

“成志榜样学生”

读好书，做好人

——“成志榜样学生”朱国英

朱国英是清华附小商务中心区实验小学五年级（1）班的学生。在成志教育的培养下，她成为一名品学兼优、多才多艺、能力突出的学生。在老师的关心、教育和帮助下，在父母的支持和自身的努力下，朱国英一直都很优秀。她德、智、体、美、劳等全面发展，她严格地要求自己，不断地激励自己，在许多方面都取得了显著的成绩。

一、学习勤奋，成绩优秀

朱国英学习专心，勤学善思，不懂就问，常主动与老师、同学交流学习心得，学习取得了很大的进步。在老师的鼓励和熏陶下，她对源远流长的中华文化十分热爱，并养成了良好的阅读习惯，广泛阅读了历史类、传记类和其他多种题材的作品，大大拓展了知识面，并注重学以致用和创新，不断进行写作锻炼。在辛勤的努力下，朱国英的学习成绩始终名列前茅，她每个学期都被评为全面发展的“好儿童”，并多以在学校的各种竞赛中获得佳绩。

二、待人热情，尊敬师长

朱国英从小就立志读好书，做好人，回报社会，回报父母，她也一直在行动中不断实现自己的理想，得到了老师和同学们的一致好评。朱国英发自内心地尊重与敬爱老师，她认为，是老师给予了她知识，帮助她成长，没有老师的辛勤付出，就没有她的健康成长和进步。

三、能力突出，工作出色

朱国英一直担任班长及大队委员。对于学校布置的各项任务，她总是积极认真地去完成，力求既快又好。在班主任的指导下，她组织了多次中队活动，如交通安全教育、中秋节知识竞赛、端午节知识竞赛等有意义的活动，不仅丰富了班级的文化生活，而且提高了班级的凝聚力。朱国英开朗自信，乐于助人，成绩优异，工作出色，综合素质较高，不愧为一名全面发展的好学生，不愧为一名21世纪的好少年。

四、做优秀少先队员，起模范带头作用

朱国英自从加入少先队以来，时刻牢记自己是一名光荣的少年队员，时刻以队章作为自己的行为准则。她积极响应少先队的号召，踊跃参加各项少先队活动。她始终把班集体的荣誉放在第一位。她不但学习成绩优异，还带动班上的学困生共同进步，帮助他们明确学习目的，端正学习态度，定时给他们辅导功课。在与中国香港和澳大利亚来访的中小学生交流时，她不仅彬彬有礼，耐心解答，还为来访人员详细介绍自己的学校及学校的书香文化。作为访问台湾的学生代表，她每到一处都落落大方，尊重当地人文习俗，赢得了当地学校师生的好评。

五、热爱公益，从小做起

从上幼儿园开始，她就经常参加社区举办的各种类型的公益活动。上了小学之后，她更是将这种行为延续至今：回收废旧电池、进行垃圾分类、宣传环保知识、帮助被遗弃的孤儿……只要是能做的事，她都会尽自己最大的努力去完成。就拿垃圾分类来说吧，这件事情说起来容易，做起来很难。因为不仅要知道每种物品所属的类别，还要力争做到物尽其用。一开始，她经常会分错类别，经过学习和摸索，她渐渐地能很顺利地将垃圾分好类别了，并经常叮嘱身边的人要真正做到垃圾分类。

六、乐于奉献，积极参与

2014 年 5 月，朱国英和其他的同学、老师、家长一起，带着全校同学的爱和祝福，把复活节义卖所得换购的体育用品和同学们从家里带来的绘本、玩具等一起送到了廊坊市特殊教育学校。每一次学校组织“为贫困山区献爱心”活动，她都能慷慨解囊，捐献衣物，用自己的零花钱买来文具、书本，为那些贫困山区的孩子们送去知识的力量和爱的温暖。捐物助人、资源循环、低碳环保、奉献社会，她以自己的实际行动，诠释了一名少先队员的责任。

七、传承中华民族传统美德，践行社会主义核心价值观

2015 年 6 月，她与学校的老师和同学们来到了朝阳区南磨房乡敬老院，慰问了在敬老院颐养天年的 70 多位老人，为老人们带去了学校全体师生的爱心和祝福，并为老人们表演了精彩的节目。她还将自己的书法作品赠送给老人们。每一次活动都让她受益匪浅，使她明白了爱是责任，爱是力量，敬老爱老不能只表现在口头上，而要付诸实际行动。在生活中，她孝敬自己的爷爷奶奶，有时她会帮爷爷奶奶开防盗门，有时她会陪爷爷奶奶聊天，虽然都是很小的事情，但这都体现出了一个有爱心的少先队员的品质。

八、乐于助人，团结同学

她是一个活泼开朗、充满自信、喜欢挑战、乐于奉献的小姑娘。在少先队的沐浴下，她用如火的热情、坚韧的毅力、实事求是的工作态度为学校和同学们服务。她学习成绩优异、兴趣广泛、乐于助人、团结同学，是老师的得力助手，也是同学们的“领头羊”。每一次任务，她都能出色地完成。她成绩优异，却不骄傲，即使遇到困难也不气馁。同学们都喜欢和她交谈，她也会耐心地为同学们答疑解惑。

在清华附小这块成志教育、立人为本的沃土的培育下，她定能成为健康、阳光、乐学，拥有中国灵魂和国际视野的现代人！

自律自强助成长

——“成志榜样学生”张欣悦

她是清华附小商务中心区实验小学五年级（2）班的一名学生，今年已经10岁了。这次能被学校评选为“感动附小十大学生”，她感到无比荣幸。

入学时，听了窦桂梅校长的新生入学讲座后，她每时每刻都鼓励自己读书、运动、写日记，同时希望同学们都能拥有健康、阳光、乐学的好品质。

回想起爸爸妈妈不在身边的日子，起初她很不适应，因为从小到大从来没有和他们分开过那么长时间，所以非常想念他们。她每天最开心的时候就是和爸爸妈妈视频聊天，妈妈说这段时间正好可以锻炼她的自理能力，同时考验她的自律性。她想她应该能在爸爸妈妈不在家的时候照顾好自己和妹妹，少让爷爷奶奶操心，更不让远在美国的爸爸妈妈担心。她渐渐习惯了早起，帮妹妹准备好衣服，叫醒她，并和妹妹一起进行刷牙比赛，使原先不爱刷牙的妹妹对刷牙这件事越来越积极。

每天她都会自觉完成作业，基本上不用爷爷奶奶操心。她还会给妹妹讲睡前故事，因此妹妹每天都在幼儿园给老师和其他小朋友讲故事，受到了大家的赞赏，这使妹妹越发爱上幼儿园。这种情况连爸爸妈妈都吃惊不已，因为以前妹妹是最不爱去幼儿园的。通过讲故事，她发现自己的阅读能力也提高了不少，而且她越来越喜欢看书。如果有时间，她也会帮奶奶做点力所能及的家务，如洗碗、刷鞋、浇花、喂乌龟、收拾自己的房间等。渐渐地，由于爸爸妈妈不在身边而情绪低落的时间越来越少了，因为她通过有意义的事充实了那些时间，同时比以前更懂事了。

她是一个自律性很强的女孩子。早晨进教室后，她会认真读书；上课时，她能踊跃举手回答问题；而到值日那天，她总是忙忙碌碌地打扫各个角落。

其实带给她最大动力的人就是老师和同学们，因为他们永远都会在背后默默地支持她、鼓励她、帮助她，所以她真的非常感谢他们。她知道只要付出了努力，就会有所回报。她希望能用自己的实际行动感染更多的人，同时希望会有更多在别人背后默默付出的人。

这就是她，一个平凡的女孩——张欣悦。

班级的螺丝钉

——“成志榜样学生”韩佳洋

从小学一年级开始，班里就有这样一个孩子，他帮助老师做了很多力所能及的事情，为同学们录制视频、制作黑板报、组织社团等，在很多方面都得到了大家的认可。其中，最突出的还是为同学们录制视频，校园电视台经常播放他编辑的视频。今天就来说说他为大家制作视频的事情吧。

三年级刚开学，学校就要求每个班级成立一个CBD在线社团，用来录制班上同学在学校学习和生活的精彩片段。听到这个消息后，他非常积极，立刻向班主任要求承担此任务。他说，这是跟同学们深入接触、发现同学们的长处、向同学们学习的好机会。老师很爽快地答应了他。同时，老师建议他找几个同学来帮忙，一起组建这个社团。于是，他和张博嘉、宋昀瑄等同学一起组成了班级的CBD在线社团。

回到家以后，他高兴地对妈妈说：“我是CBD在线社团的团长了，但是我现在编辑视频的能力还不够专业，您可以教教我吗？我希望能编辑出完美的视频。”妈妈愉快地答应了他，并告诉他：“首先要选好视频素材和场景，然后选择背景音乐，最后配上相应的文字说明。这样，一个视频就完成了。”他跟着妈妈的演示认真地学习每一步操作。很快，他就能根据一个小场景，独立制作一段视频了。

第二天，一来到学校，他就向老师汇报：“老师，我已经能独立编辑视频了。”老师说：“非常好，那今天你就跟社团成员们试着为大家编辑一段视频吧。”于是，当天的烘焙课为他提供了一个编辑视频的机会。烘焙课开始后，他快速地做完蛋糕，立刻开始拍摄同学们认真做蛋糕的状态。在他的镜头里，大家齐心制作蛋糕，期待烘烤出来的作品，最后认真地清洗用具，这些都很精彩。下课后，他利用休息时间和社团成员们一起交流、讨论，一起编辑视频。最后，第一期的视频终于完成了，通过努力，他把班级的烘焙课用一个完美的小短片呈现了出来。

周一，校园电视台播放的时间到了。当主持人说即将播放他们班的视频时，他看到了同学们期待的目光。当同学们在电视上看到了自己，看到了他通过努力拍摄和编辑的精彩瞬间时，都特别高兴。他们班这一期的视频是所有视频中最优秀的，得到了老师的表扬，他的心里别提多高兴了。

就这样，第二期、第三期、第四期……整个学年，他记录下了同学们的课间操、科学课堂、乐团演出等，让每一个同学都拥有了展示的机会，让每一天看似平常的学习生活，都因精彩的瞬间而令人难忘。同时，他还记录下了同学之间互助、友爱、共同进步的场面。

他说："我为大家做的这些，真的微不足道。记录这些，让我特别有成就感，在这一年拍摄和编辑视频的过程中，我学到了很多，同学们也帮助了我很多，这些都让我得到了快速的成长。"

四年级开始，他被同学们选为班长。他说，他会继续做好为同学们服务的各项工作，更好地分担老师的工作，起好带头作用，用一颗金子般闪亮的心，将光芒投射到整个班集体中。

我是榜样，我为清华附小代言

——"成志榜样学生"陈怡旸

2014 年 12 月 31 日是令人激动的一天，因为陈怡旸被评为"感动附小十大学生"，这背后有一个很长的故事……

每天早上到学校，陈怡旸见到老师都会鞠躬问好，老师称赞她是个懂礼貌的好孩子。到了教室，她交好作业，去吃早饭，开始了一天快乐的学校生活。

课堂上，陈怡旸遵守纪律，认真听讲，按时完成老师布置的每一项作业。她也是老师的得力小助手，总是帮助老师分发作业本、管理班级秩序，让同学们能在安静的环境里看书、写作业。她也是同学们的小榜样。上课时，陈怡旸坐姿标准，积极发言，带领小组同学积极讨论，总能提出有价值的问题。课间，她快速完成作业，不在楼道里嬉戏，不大声喧哗。吃午饭时，她细嚼慢咽，执行“光盘行动”。课余时间，她帮助同学解决难题、整理作业本……

去年年底，班里有一位叫刘林枫的同学要去美国生活了，同学们特别为他举办了一场送别会。其中有一份神秘的礼物要送给他，这份礼物是陈怡旸亲自策划并手绘制作的——一本精美的相册，里面是全班同学的照片，每张照片都配着有创意的图案，并附有一段衷心的祝福。这本相册包含了每一个同学对他的美好祝福。陈怡旸还特意在相册中放了一张全班同学的合影，寓意友谊天长地久。

在学校的社团里，陈怡旸是一名优秀的健美操队员，她代表学校多次参加过各种比赛、交流和演出，并取得了啦啦操、健美操、舞蹈、歌舞剧等多项比赛的冠军。现在陈怡旸是健美操校队的队长了，她要带领队员们一起训练，一起进步，一起为学校争光!

每个学期开学前的几天，陈怡旸都会到学校跟老师和家长们一起布置班级，并把教室打扫得干干净净，让班级在新的学期呈现出新气象。

作为班长的她，尽自己的全力把班级变得更好，让每一个同学都守规则，能自律，并督促同学们快速完成作业。每天，她都会利用自评表来评价自己一天的学习和生活，反省自己的不足，培养自立自强的能力。每周，她都会在国旗下宣誓：“我是清华少年，努力成为健康、阳光、乐学，拥有中国灵魂、国际视野的现代人。”她用自己的行动为百年清华附小助力，与学校一起成长!

就这样，陈怡旸成了同学们心目中的小榜样，感动了老师和同学们，并被评为“感动附小十大学生”。作为学生代表的她，也在不断地努力，她尊敬师长，团结同学，热爱集体，会继续用实际行动去感动身边的人，去帮助身边的人，从小事做起，从自己做起，让更多的同学感动自己身边的人。

多才多艺全能手

——“成志榜样学生”莫璟瑀

莫璟瑀是个活泼可爱、性格开朗的小女孩。她勤学好问，努力拓展自己的知识面。

她是一个受大家喜欢和拥护的班干部，不仅因为她喜欢帮助同学，活泼热情，还因为她一直待人真诚守信用，在班级活动中保持诚实公正。记得有一天，班主任去开会，让她管理班级纪律。这可是一项极具挑战的任务。她向同学们提出了一个优良行为的积分奖励计划，得到了大家的赞同。当天有一个小组表现得特别好，得到了满分10分，应该获得奖品。由于老师不在，她就把自己最心爱的三块新橡皮奖励给了这个小组。虽然有些舍不得，但她觉得很高兴，因为她认为遵守承诺比什么都重要。作为一名大队委员，她认真地监督并汇报所负责的班级检查工作。她还经常开动脑筋，提出一些建议来提高活动质量。她积极参加学校活动，如担任开学典礼的主持人、“丁香心语”电视台的小主播等。每次排练时她都非常认真，虚心接受老师和同学们的批评与建议，因为她知道，老师和同学们信任她，她更应该用最好的状态和表现去完成大家交给的任务，这样才能信守她对老师和同学们的承诺。

她会弹奏双排键电子琴，乐感很好；她爱下棋，包括围棋、五子棋、跳棋等；书法也是她的强项，让她心情平静而愉悦；她也爱画画，这可是她学了五年的美术锻炼出来的。她是一名琴棋书画都会的小才女。

她特别喜欢舞蹈，在一年级的时候就被形体课的张老师选中，成为“丁香宝贝”健美操校队的一分子。从那时起，她便开始进行基本功训练。压腿是基本功之一，刚开始练习时会有些疼，但她咬紧牙关，坚持练习，受到了老师的表扬。三年来，她坚持训练，和队员们相互鼓励，克服困难，在2014年朝阳区中小学生啦啦操比赛中获得第一名、最佳运动员奖和最佳完成奖。在北京市第17届中小学生艺术节中，她和队员们的《闻鸡起舞》节目获得了北京市儿童歌舞剧表演一等奖。

她可以快速还原六面魔方，最快1分20秒就能完成。可不要小看这个小小的魔方，它的变化可真不少呢，这么多变化使人每次玩起魔方来都有一种新鲜感，这就是魔方的最大魅力。她喜欢玩魔方，每天坚持练习，在2014年学校数学节的魔方比赛里，她获得了“魔方小能手”的称号。

经过三年多的学习和生活，莫璟瑀深深爱上了团结而有朝气的清华附小。老师们的培养、关心锻炼了她的能力，同学们的友爱、鼓励给了她自信。她一定会成为健康、阳光、乐学的好少年。

书香飘满校园，享受幸福时光

——“成志榜样学生”魏子涵

魏子涵是清华附小商务中心区实验小学四年级（1）班的学生。2014 年，她被评为“感动附小十大学生”，这对她来说是莫大的荣誉。下面来说说她的校园生活吧！

一、开卷有益

2012 年夏天，她进入学校，开始了小学生活。她从小就喜欢读书、听故事，来到学校后，她发现学校的角落里、楼道里、窗台上，到处都是各种各样的书籍，便很快喜欢上了这里。学校里还有一个大大的图书馆。在以书香校园著称的清华附小，以窦校长为代表，老师鼓励学生打开书本阅读。

在这所学校，有一首诗：

阅读是一种生活方式，
倾听母语的声音，
为儿童播下阅读的种子。
亲近母语，
呵护童年。
每一位教师，
都是儿童阅读的点灯人。
改变，
从阅读经典开始。
为聪慧与高尚的人生奠基。

阅读不仅给她带来很多幸福时光，也让她的语文学习如鱼得水。写日记是她一年级时开始养成的习惯，她每天都会记录下有趣、难忘的事情以及自己的心情，得到了老师的鼓励和表扬。从三年级开始，语文老师让学生轮流当“小老师”，站上讲台，锻炼语言表达能力。她每次都认真备课，每一次都有进步。这都得益于她平时的阅读。

二、加入民乐团

刚开始，学校的社团让她眼花缭乱，她一口气参加了 3 个社团，忙得不亦乐乎。渐渐地，她在张胤老师的带领下，开始专注于学习扬琴，正式加入民乐团。在民乐团，她认识了很多好朋友，获得了很多演出锻炼的机会。其中，最让她难忘的是2014年全国青少年“未来工程师”大赛，她们的创意小乐队一路过关斩将，获得了全国小学组第一名。她还参加了《龙腾虎跃》打击乐训练，这让她对民乐团有了新的认识。现在，她已经通过了扬琴专业四级的考试，已经从“小豆包”成长为民乐团的姐姐了。

民乐团是她在学校的第二个“家”。

三、当选大队委员

二、三年级，她连续被选为大队委员。大队部是她在学校的第三个“家”。大队辅导员张忱老师告诉她，“三道杠”可不是随便戴的，它代表着责任。“己所不欲，勿施于人”，只有我们自己能做到，才能去要求别人。大队委每周召开晨会，每天都对各班的考勤、学习习惯、文明行为、仪容仪表、班级卫生、早读、“两操”进行检查，并将检查结果反馈给老师。工作内容安排在每天的日常学习中，这让她逐渐学会了合理安排时间。

作为学生代表，她要向学校反映同学们的想法，还要提出自己的建议和方案。老师认真地听取意见，让她感觉到自己是学校的主人。

四、坚持梦想

她喜欢运动，热情开朗，希望做一个快乐的人，做有趣的事，学会欣赏他人，感谢他人。

她谨记清华附小对同学们的期望，希望能成为具有中国灵魂和国际视野的现代人。

在点滴进步中成长

——“成志榜样学生”莫佩霖

刚进学校的时候，她还是个内向、害羞、怯懦的女孩。她在课堂上发言时声音很小，也羞于在公共场合表达自己的看法。她自我管理的能力比较弱，要家长提醒才能完成作业，还要家长帮着整理书包。现在她已经上四年级了，在这所美丽的校园中度过了三年多的时光，已经成长为一位自信、勇敢、独立自主的少年，是同学们眼中的成志榜样。从早晨在校门口迎接师生时露出的笑容，到课堂上一次次的提问与回答；从体育课上尽情地奔跑与跳跃，到合唱团的辛苦排练与精彩演出；从有趣的课本剧到丰富的社会实践活动，她收获了很多，不仅是知识与技能，还有健康的体魄、阳光的性格、乐学的精神。

在学校的集体生活中，她学会了感恩。每天上学她都能体会到老师们废寝忘食地为孩子们的成长努力工作，还有在校园里默默地为大家勤勤恳恳服务的门卫爷爷、食堂的叔叔阿姨、保洁阿姨。他们的辛勤劳动和悉心关怀让她很感动。她总想着能用什么方式表达对他们的敬意和感谢。经过再三考虑，她想到了用自制的贺卡表达她的感恩之情。她从一些画册中挑选出喜欢的图案，在剪裁好的卡片上模仿着画出各种美丽的图案，然后用一些小装饰品把贺卡装饰得光彩夺目。当然，她还会一笔一画地认真写上她对大家的祝福和感谢。她会亲手把这些贺卡送到老师们、门卫爷爷、食堂的叔叔阿姨、保洁阿姨的手中。每次看到他们欣慰的笑容，她心中都格外高兴。这样的小礼物她已经做了三年多，并且她还将继续做下去。在她的带动下，其他同学也加入了给学校的劳动者们送自制贺卡的活动中。

一个人的成长是在点点滴滴的生活和学习中积累起来的。在校园生活中，她尽力为班级服务，先人后己，同时严格约束自己。有一天，她在校园里不小心把酸奶撒在了地上。当时周围没什么人，但她并没想一走了之，她知道保洁阿姨打扫校园很辛苦，不能再给她们添麻烦了，就赶紧用手纸把地上的酸奶擦干净了。尊重别人的劳动，保持校园的整洁，她觉得这是她应该做的事。

老师们除了每天的教学工作外，还要为班级的建设和学生的成长付出很多心血。看着老师们有时候忙得连午饭都没时间吃，她觉得他们太辛苦了，非常希望能帮老师做些事情。组里有一位同学比较淘气，上课时注意力不集中，总是无法按时完成作业。作为组长的她决定帮助他养成良好的学习习惯。她首先严格要求自己，为这个同学做出榜样，同时仿效老师们的激励机制，与这个同学约定，如果他认真完成作业，一次可以得到她奖励给他的一颗星，攒够了三十颗星就可以得到一支他最喜欢的多色圆珠笔。此后她在不断督促他的同时也严格按照他们之间的约定给他发奖励星，在那位同学完成了三十颗星的任务后送给了他一支多色圆珠笔。那一天，这位同学很高兴，她也非常开心。

清华附小是一所有着深厚文化底蕴和优良传统的名校，能够在这里学习是幸福的。在老师们的精心指导下，孩子们摆脱了单调枯燥的学习方式，拥有了多姿多彩的学习生活。她在这里收获的不仅是知识和技能，还有良好的学习习惯。她精心准备学生小讲堂，作为“小老师”给同学们讲了自己感兴趣的课程；通过语文课，她提高了朗诵能力，在开学仪式上作为学生代表做了发言；她参加了学校的合唱校队和美术社团，历次的演出中都能看到她的身影；她参演了英语话剧，扮演了“灰姑娘”这个她最喜爱的角色。在学习中她体会到了快乐，这让她更喜欢学习。

清华附小培养了一代又一代健康、阳光、乐学的少年，她也是其中的一个。这三年多来，她由懵懂慢慢走向成熟，她拥有了健康的体魄，她懂得了责任和宽容，她学到了丰富的知识，她收获了友情和关爱。

温暖贴心的晨读员

——“成志榜样学生”杨子钰

她扎着简单利落的马尾辫，声音响亮而干脆，她就是三年级（1）班的晨读员杨子钰。

她担任晨读员期间，每天很早到校，尽职尽责，组织大家安静地看书、学习，并准时站在讲台上组织大家晨读。她既是老师的得力小助手，也是同学们学习的好榜样。

晨读中的一件小事，让大家看到了一个温暖贴心的晨读员。一天，与往常一样，她依然早早地来到班级，把诗册和语文课本摆放好。晨读时间到了，她走上讲台，对同学们说：“请同学们把诗册翻到第 13 课《大林寺桃花》……”同学们都认真地大声朗读着，突然她发现小 A 的声音特别小，像一只蚊子发出的声音似的。她轻轻地走过去，俯下身问：“你怎么了，不舒服吗?”小 A 摇摇头说：“没有。”“那朗读声怎么这么小呢?”小 A 不好意思地笑了笑，并低下了头。她微笑着看着小 A 说：“要大声朗诵，这样不仅锻炼你的胆量，也加强你的记忆！你可以像我这样做，来……”她把小 A 领到讲台上，对同学们做了一个暂停的手势，同学们立刻安静了下来。她对大家说：“今天我让小 A 带大家晨读，请大家鼓励鼓励她!”话音刚落，班里就响起了热烈的掌声，小 A 害羞地低下了头，她轻轻地对小 A 说：“你行的，小 A!我先读一句，你再接着读哦!”她响亮地读道：“《早梅》……”小 A 开始试着大声地朗读，她立刻竖起大拇指赞美道：“你挑战了自己，你真棒!”她看着小 A，笑得很灿烂。

下课后，她趁热打铁，主动找小 A 聊天，并鼓励她说：“小 A，你今天的表现真棒！其实大声朗读很简单，只要你放松心情，就像我们在聊天一样，或者你当别人都不存在也可以哦。”小A睁大眼睛，想了想说：“可是我还是担心我做不到，怎么办?”她拉着小A的手说：“只要你相信自己，就一定能做到!”小A高兴地说：“谢谢你！我会加油的!”

她就是这样一个认真负责、时常赞美别人的晨读员，同学们都喜欢她，班级早读的声音也在她的带动和激励下越来越响亮。

“动静相宜”的清华附小好少年

——“成志榜样学生”刘子瑜

刘子瑜是清华附小商务中心区实验小学二年级（2）班的一名学生。在生活中，她是一个活泼开朗、乐观向上的女生；在学习中，她勤于思考，积极主动回答问题，从不让老师和家长操心。妈妈常说她是一个“动静相宜”的女孩子：“动”的时候可以玩得满头大汗，不亦乐乎；“静”下来的时候，又是一个人见人爱的小淑女。

平时她能严格要求自己，积极帮助同学，是班级里当之无愧的榜样。作为学习委员，她不仅能够严格要求自己，还是老师的得力小助手。比如，她经常帮助老师发通知、搬作业本，为班级创造整洁安静的学习环境。有同学感到身体不舒服时，她总会主动陪着同学去医务室，因为她觉得积极帮助同学是她应该做的。每次班级里组织活动，她总是能够积极参与，并且在课本剧表演时主动让出主演的角色，而担任起搬运道具等后勤保障工作，因为她知道这些工作也是非常重要的。

她的爱好广泛。她喜欢画画，把画画当作一种乐趣、一个和自己对话的机会。每当拿起画笔，她就会沉浸在绘画世界里，随心所欲地画出自己心中的公主、城堡、红花绿草等一些美好的事物，这时她感到幸福无比。在绘画班里，她完成的《夜里的天安门》《蚂蚁和大象》《海底世界》等多幅作品被艺象标儿童创艺美术中心作为儿童佳作留馆珍藏。

她喜欢书法，参加了学校的书法社团，认真地跟段老师学习。她书写的“丁香恒惠”还在学校大厅里展览过呢。她除了认真练习软笔书法，对自己的硬笔书法也不放松。在语文课上，她会一笔一画地书写汉字，因为她喜欢中国的方块字，能写出一手好汉字，对她来说是一件值得骄傲的事情。在朝阳区开展的汉字书写大赛中，她的硬笔书法作品荣获了二等奖。

她喜欢弹钢琴。从四岁开始，她就开始练习弹钢琴，到现在已经有四年的时间了。钢琴给她带来了快乐，她常常陶醉在自己弹奏的美妙音乐里。弹钢琴还使她懂得了坚持。每当她不想练琴的时候，妈妈就会告诉她："等你把曲子练熟，成了小音乐家，你就会发现自己的努力没有白费，美妙的音符会在你的指尖流淌！"就这样，在妈妈的鼓励下，她坚持每天练习，她相信只要付出就会有收获。

在清华附小的这两年时光里，她有了不小的变化和进步，她喜欢这里的老师、同学和花花草草，她也会努力成为健康、阳光、乐学的好少年。

百年清华附小，守望幸福童年

——"成志榜样学生"李佳然

作为清华附小商务中心区实验小学的一名学生，李佳然由衷地感到骄傲和快乐。学校环境优美，学习课程丰富多彩。她爱上了清华附小，爱上了丁香校园，更爱上了"丁香心语"电视台。

李佳然是三年级（4）班中队的宣传委员。作为班级 CBD 在线社团的小记者，她时刻牢记自己的职责，每天观察并记录发生在校园、班级的新鲜事，将其精心整理成一篇篇稿件，在学校电视台新闻播报中与全校师生分享，这也是她最快乐的时刻。

阳春三月，大地上的每个角落都充满了春天的气息，校园里到处是春光明媚的景象，玉兰树上长满了像毛笔头一样的小花骨朵，在对师生们点头微笑。小草带着泥土的芳香迫不及待地钻出地面，露出尖尖的小脑袋，一丛丛，一簇簇，嫩嫩的，绿绿的。师生们闻到了春天的气息，大家都脱掉了厚厚的棉衣，换上了既轻便又鲜艳的春装。他们爱春天，因为春天充满了生机，充满了新的希望！

4 月 24 日，学校开展了第一届复活节义卖活动。李佳然带上自己装饰的复活节帽子，穿上漂亮的衣服，高高兴兴地来参加义卖活动了。啊，操场上真热闹哇！同学们从家里带来了自己喜欢的书和学习用具进行义卖，所得钱款将捐给廊坊市特殊教育学校。她是班里的首轮义卖员，每个同学走到他们班的书摊前，她都热情地介绍每一本书的内容。他们班的书很受欢迎，很快一百多本书就卖完了。通过这次活动，她不仅锻炼了与人交流的能力，而且用实际行动献上了自己的一份爱心。

这一天还是个特别的日子，他们全体一年级学生就要加入少先队了。每当看到大哥哥大姐姐戴着鲜艳的红领巾，她都会投去羡慕的目光，希望自己也能成为他们中的一员，今天她就要如愿了。入队仪式开始了，他们唱了队歌，大队辅导员张老师和他们一起宣读了入队誓词，哥哥姐姐们给他们戴上了鲜艳的红领巾，从今天起她就是一名真正的少先队员了。在红领巾的陪伴下，她立志要做个诚实、勇敢、团结、健康、阳光、乐学的好少年，为班集体争荣誉，为学校争光。

这学期她担任数学课代表，每天收发作业是她最重要的事项。数学课下课后，她会及时提醒同学们按时交作业。早晨来到学校后，她总是提醒前一天没完成作业的同学及时把作业交上。收完作业，她会马上送到老师的办公室，汇报作业完成情况，并把老师批阅完的作业及时分发给同学们，让同学们检查作业，及时改正错误。当同学们遇到不能解决的问题时，她都会耐心地讲解，直到同学们弄明白为止。她鼓励同学们上课认真听讲，积极发言。在老师的心目中，她是一个得力的小助手；在同学们的心目中，她是一个值得信任的好朋友。

她一直努力学习，为班级、为同学们多做事，践行学校的“三张名片”——微笑、感谢、赞美。她利用周末休息时间参加社会公益活动，在日坛公园参与消防知识学习，向专业人员学习遇到紧急状况时应该怎样自救和互救。

她享受每一天在学校的日子，认真学习，阅读更多的书籍，积极参加活动，立志成为一个有中国灵魂和国际视野的现代人。

环保小卫士

——“成志榜样学生”米承如

小时候，奶奶常用儿童手推车带着米承如出去玩，小小的他坐在手推车里，经常看到奶奶走着走着就停下来，把贴在树上、墙上的小广告撕下来，回来后顺路交到居委会。后来米承如长大了，他好奇地问奶奶为什么这样做，奶奶说：“小广告多影响市容啊！”他觉得奶奶说的特别对，从此他也开始注意路上的小广告，把它们撕下来，像奶奶一样放到小袋子里，集中交到居委会。

米承如的眼睛可尖了，不管小广告是藏在树背后、天桥上，还是墙角处，都逃不过他的“火眼金睛”。只要一发现小广告，他就会认真地把它们撕下来。每次出门，米承如都能清理一大沓小广告，并交到居委会，居委会阿姨可喜欢米承如了。

有时候，米承如上街遇到正在贴小广告的人，就会冲上前大声说：“不能乱贴小广告，会影响市容!”他的这种行为常常让家长既骄傲又担心，孩子清澈的眼睛无惧无畏，使劲盯着那些贴小广告的人，附近的老人也会声援孩子，因此这些贴小广告的人都赶紧走掉了，但有些贴小广告的人会边匆匆离开边小声骂人。爸爸问米承如怕不怕，他的回答令成人汗颜：“为什么要怕？做错事的人是那些贴小广告的人哪!”孩子的心就是这样干净纯粹。

老师也告诉同学们：“我们的生活环境越来越美，这需要大家一起维护和爱护!”所以，对于他来讲，随手清理小广告已经成了一种习惯。当他知道大家称他“环保小卫士”时，他笑了，他很喜欢这个称呼。

现在，米承如的管辖范围又扩大了，除了揭小广告，他对随地乱扔烟头的行为也特别关注。在公交车站等车的时候，米承如一看到有人随便乱丢还未熄灭的烟头，就会第一时间上去踩灭，并且质问对方：“乱扔烟头，不怕着火呀?”通常他们会假装若无其事，但也有人会瞪他一眼，骂他多管闲事。他很奇怪为什么他们做错了事非但没有感到愧疚，反而理直气壮。妈妈对他说：“行胜于言！也许他们知道自己错了，只是没有勇气承认，相信他们以后会注意的。我们需要做的就是从我做起，影响别人，带动别人，这样就会有更多的人注意保护环境，这个世界就会越来越美丽。”

妈妈经常带米承如出国旅游，在国外的时候，他们从不乱扔垃圾，总是随身带着小塑料袋把垃圾集中起来，再扔进垃圾桶。他注意到，外国人非常注意爱护环境，即便看到不是自己扔的垃圾也会非常主动地清理掉。米承如觉得，如果每个人都能这样做，我们的环境一定也会像国外一样干净、优美。他在新闻上看到外国游客对中国人的不文明行为的评价时，会感到非常脸红。他希望大家都能从小事做起，从自己做起，爱护环境，也维护我们中国人的文明形象。

特别让米承如高兴的是，他看到越来越多的人会在路上随手清理小广告，地上的烟头、纸屑也少了很多。春天来了，垂柳依依，桃花灼灼，暖风习习，美好的行为融入这美好的景色中，是多么和谐的画面啊！米承如会一直用行动来践行“环保小卫士”的责任，他希望更多的小朋友也加入这个行列，大家一起保护我们美好的家园，你，准备好接受米承如的邀请了吗？

阳光女孩

——“成志榜样学生”陈安如

她是一个幽默乖巧、喜欢微笑的阳光女孩，一个坚持做好点点滴滴却时常让大家感动的平凡女孩，她就是陈安如。

在学校里，陈安如是一个懂事的“小大人”，也是老师的得力小助手，老师和同学们都很信任她。有一次午间老师要去开会，让同学们练习书写，交代陈安如维持班级秩序。有两位同学因为一些小事吵闹起来，她轻轻地走过去，像个小老师一样跟他们讲道理，化解了同学之间的小矛盾。

在老师眼里，陈安如是个爱学习、有爱心的孩子。有一次，她因为去看望生病的外公请了三天假，回到学校后，她主动将自己完成的作业交给老师，老师很惊讶。原来，她回到学校的第一件事就是向同学问清楚她请假的那几天的课程与作业，并利用课间休息时间把作业补上了。每天晚上，她都会坚持朗读英语，养成了良好的学习习惯。美术课上，她也是非常认真地完成每一幅作品，并收拾好书桌。美术老师看到后表扬了她，然而她认为作为班长就应该严于律己。她处处以身作则，为同学们树立良好的榜样。无论是在校内还是在校外，她都礼貌待人，乐观向上。

2014 年 11 月，学校组织学生参加朝阳区第十一届青少年诗·书·画·摄影大赛暨第二届“海峡两岸”国际青少年美术作品展，陈安如以保护水资源为主题的油画荣获绘画一等奖；2015 年 3 月，学校举办首届校级艺术节比赛，她获得绘画一等奖，并代表学校参加区级艺术节比赛。现在，她已是美术社团中的一员。

陈安如是一个独立、善良、懂事又体贴人的孩子，不管任何事，只要自己能做到的就一定自己做，见到长辈会问好，会和朋友主动分享玩具与食物。她时刻谨记学校对她的期望，努力成长为一个懂得分享、勇于担当又明事理的具有中国灵魂和国际视野的现代人。

小大人儿有大志向

——“成志榜样学生”王瀚青

去年 7 月的一天，学校的“名生讲堂”上出现了一位年龄最小的演讲人，他面向全校数百名老师和学生，讲解自己设计的汽车，畅谈要成为汽车设计大师的人生理想……

他的名字叫王瀚青，如今他已升到二年级。仅仅一年的时间，“小豆包”已经长成了小大人儿，不仅把学习当作乐趣，还把这种乐趣带到课堂之外，传播给更多的小伙伴们。在课堂上，他在讨论中领悟新知，感受母语的魅力，体会数字的乐趣；在课间，他为同学们“量身定制”未来的汽车，帮助小伙伴们把梦想照进现实；在周末，他或是在英语小组中与外教侃侃而谈，或是在橄榄球场上与全副武装的对手们冲击对抗，或是在汽车模型店与小伙伴们动手组装汽车模型；在假期，他和父母去看冬天的大海、走进绿色的草原、寻找深山里的湖泊，领略大自然的壮美，体会生命的含义。

在王瀚青的眼里，学习永无止境，生活中处处有学问。每一件事，每一个场景，只要用心，都能从中学到新的东西。有一天，王瀚青从收音机里听到了有关吸烟危害健康的内容，而他的爸爸就是个烟民。于是，他想到了语文课上的诗词，用略显生疏的词句创作了一首有关戒烟的诗送给爸爸，小小年纪的他已经开始懂得了学以致用的道理。

在学校，学生最大的收获不只是知识，还有浓厚的学习兴趣、科学的学习方法以及良好的学习习惯。只要有时间，王瀚青就跑到汽车4S店，仔细观察每一辆汽车，琢磨各种新的设计，研究新发现的功能，还拉着汽车4S店的服务员问个不停。每一辆车的市场定位、优缺点，甚至售价是否合理，他都能详细道来。回到家中，他就把各种发现落实到实践中，拿起画笔设计梦想中的未来汽车，还用乐高积木、橡皮泥等工具把设计图制作成汽车模型。

每个月王瀚青的家里都会举办一场“新车发布会”。写字台成了汽车展台，手电筒是聚光灯，妈妈的围巾变成了“新车”的红盖头。随着音乐响起，小设计师王瀚青亲手为自己设计的汽车揭幕，然后面对摄像机介绍新车的设计理念和各项功能。在这之后还有“媒体”提问时间，作为汽车公司的新闻发言人，王瀚青要回答爸爸妈妈提出的各种问题。遇到一时难以回答的问题，他会去查阅资料，与爸爸研究讨论。观察、理解、实践、讨论……在课堂上学到的各种学习方法，都被他延伸到了课堂之外，运用到实践中。

每一个清华附小的孩子，都像他一样，在舒适、活泼的学习氛围中受到熏陶，在短短的时间里，从“小豆包”成长为小大人儿，懂得了自主学习、实践探索，向着自己的大志向迈出成功的第一步。

成志于心

——“成志榜样学生”吕铭一

吕铭一是一个阳光、爱笑，有时又很沉静、严肃的男孩。

自从来到学校，吕铭一每天都在践行微笑、感谢、赞美这“三张名片”。清晨，他用微笑迎接新的一天。校门口，他向家长志愿者送去感谢和赞美，向校门口值守的老师和保安人员送去微笑和鞠躬，和相遇的同学手拉手进入校园。他是一个独立自主、勇于担当的男子汉。他喜欢安静地阅读，在书海中遨游。课堂上，他专心听讲，积极参与讨论；课间，他自觉遵守纪律，不和同学打闹喧哗。他会合理安排自己的时间，认真完成各科作业后，尽情地玩耍、阅读、探索。每晚睡前，他会准备好自己第二天要用的物品和要穿的衣服；放假了，他会为自己制订好整个假期的旅行、生活和学习计划。在家里，他会帮助父母做家务，如洗碗、擦桌子、拖地、做早餐等。他认为，自己的事情自己做，能做的事情独立做，能做好的事情一定做到最好。

他注意到，只有采用科学的学习方法，才能事半功倍。于是，他会进行课前预习，然后带着问题听课，并在老师的引导下积极思考、回答问题。他的各门功课均衡发展，成绩一直处于前列。他经常与父母一起探讨学习的意义，认为要为理想而学习，各门功课都有其特殊的作用，都能够为将来做一个具有中国灵魂和国际视野的现代人打好根基。他认为，抓好学习并不难，关键在于坚持。

自从被评为“言行得体之星”以后，他一直在思考言与行的关系。慢慢地，他知道了不仅要做到言行得体，更要做到行胜于言。

所有的理想都源自行动

自从进入一年级以后，他坚持每个假期都自己一个人到陌生的团队里参加夏令营或冬令营活动。每次出发之前，他会根据计划安排，准备所需的物品，整理好自己的行装。在营地里，他学会了在陌生的环境里独自面对困难，与队友友好协作。别看他年龄小，他随科学技术协会深入东北雪地、内蒙古草原腹地等进行了科学考察活动，实地学习了丰富的自然、天文、环境、科学方面的知识，掌握了基本的科考方法，还锻炼了胆量和体魄。去年夏天，他独自参加了在瑞士施皮茨小镇举行的夏令营活动，学会了很多野外生存技能，并且在语言不通的情况下圆满完成了一系列生存挑战任务，还为学校百年生辰收集到了 50 个来自其他国家的孩子的祝福。离开家人在外行走的日子，吕铭一理解了思念、孤独、亲情、独立的含义。每次营队活动，他都要与队友一起长距离徒步，穿越草原、深山、沙地、森林、公路、火山等不同地形，有一次他一口气负重徒步 16 公里到达了预定的火山口。通过这些野外任务，吕铭一知道了什么是敬畏自然，什么是挑战极限，什么是放弃与坚守，什么是团结与友爱。他从每次的科考活动中学会了假设、观察、记录、分析、求证的方法，也尝到了成功与失败的滋味……离开家乡，离开父母，他看到的是如此不同的世界，既开阔了眼界，也从中领悟到了很多道理。

所有的远大都源自脚下

吕铭一是一个爱阅读、爱科学、爱历史的孩子。只要捧着书，他的世界就是安静的。他爱看各类科学书籍，从一年级开始，他就爱读航空航天类期刊，爱看军事类电视节目，爱看美国探索频道纪录片；二年级初，他开始阅读《十万个为什么》，至今已经读完了航空与航天、武器与国防、医学、能源与环境卷。这不仅加深了他对科学知识的理解，而且将不同门类的知识融合在一起，让他经常产生奇思妙想。周末他经常去参加中国科学技术馆举办的各种讲座和开展的科普实验。

与此同时，他爱上了历史。反法西斯战争胜利 70 周年期间，他对第二次世界大战产生了浓厚的兴趣，并认真研究。每天晚上，他都喜欢抱着地球仪让妈妈讲世界历史，边听边在地球仪上寻找故事发生的地点。通过对世界史的了解与探究，他更清楚地了解到国家兴衰的原因，也更加了解了他所喜爱的科技与军事的巨大作用，坚定了他为了实现理想而努力学习的信念。他在认真学好课本知识的同时，大量地涉猎课外读物，关心国家大事，关注科学技术前沿的动态，经常与父母一起探讨问题。这使得他丰富了视角，拓宽了知识面，提高了认知能力。

所有的理想均源于责任

吕铭一热爱自己的班集体，渴望为老师和同学们服务。自从当上班长的那天起，他就把班级当成自己的家，用稚嫩的肩膀承担起了那份责任。虽然每天都要为班级事务操心，但他仍然愿意每天默默地付出。课间，同学们休息了，他还在忙着收发作业本，帮助老师做好班务。开家长会的时候，他为家长们摆放好椅子。早晨，他要求自己必须早到，以便能够为班级打扫卫生，督促同学们吃完早饭，尽早回班级开始晨读。他积极督促体重超标的同学多运动；对于爱打闹的同学，他会耐心劝说；有的同学不认真学习，他会耐心地讲道理，还会主动发现其优点并给予表扬；对于受伤或生病的同学，他会帮助其搬桌椅、倒水……由于他学习好，责任心强，处事公平公正，所以在同学们当中有很高的威信。

通过在学校这一年半的学习生活，吕铭一逐渐懂得，只有努力学习，全面发展，才能够学有所长，长大后才能做一个对国家、对社会有用的人。有了这种信念之后，他在日常学习和课外训练中，都能够严格要求自己，不愿服输，不轻言放弃。一年半来，他取得了很多荣誉，被学校评为“言行得体之星”“健康星”“口算之星”“百词之星”“乐学星”，获得男子跳绳“一带一”第二名，获得年级“时尚春天、助力百年”活动“最佳风采奖”，荣获首届校艺术节三等奖，他的书法作品还公开发表在《少儿国学》杂志上……对于自己取得的成绩以及别人的赞扬，他总是报以微笑，因为他知道，他远大的志向不止于此。

这就是一个健康、阳光、乐学的小小少年，成志于心，相信每一步努力，都将成就美好的未来。

做温暖他人的“小太阳”

——“成志榜样学生”徐子晨

我的名字叫徐子晨，小名“暖暖”，爸爸妈妈说我是个“小太阳”，能够带给别人温暖。

从幼儿园开始，我就努力做到自己的事情自己做。平时我经常帮大人做家务，如扫地、拖地、洗碗、擦桌子、洗衣服等，他们都说看着我就感觉心里暖暖的。

为了维护社区的环境卫生，周末我常常和奶奶一起在社区里捡垃圾，社区的阿姨看见我，向我竖起了大拇指。重阳节、中秋节到来的时候，我为社区的爷爷奶奶表演舞蹈和弹钢琴，他们亲切地叫我“暖暖小宝贝”。冬天的时候，我和妈妈一起把家里的书和衣服整理出来，捐赠给山区的小朋友，希望他们也能过一个温暖的冬天。

爸爸妈妈说“小太阳”要储存能量才能带给别人温暖，我储存能量的方式就是听故事和看书。我每天晚上都要听故事，还要看各种图画书。我最喜欢听的故事是《黑猫警长》，最喜欢看的书是《西游记》。黑猫警长特别聪明，它会动脑筋，想办法，侦破各种案件，保护森林里的小动物。我希望自己也能像黑猫警长一样，遇到问题、困难时，能积极开动脑筋想办法。孙悟空本领高强，能打败各种妖怪。我希望自己也能像孙悟空一样学习各种本领。只不过我的本领可能和孙悟空的不太一样，我的是会带给别人快乐和温暖的本领。今年夏天，我和爸爸妈妈一起去法国旅游，在巴黎火车站，我看到了一架钢琴，就上去演奏了电视剧《西游记》中的插曲《猪八戒背媳妇》，周围的外国人听了都哈哈大笑，并为我鼓掌，有的还随着音乐跳起了舞。这样的本领很棒吧？只是现在我的本领还不够强大，我会每天坚持练习，希望自己能有更多更棒的本领。

今年我上小学一年级了，有了新的同学和老师，还交了很多新朋友，我很开心。我还是要继续当“小太阳”，在吸收能量的同时，让老师和同学们都觉得暖暖的。我努力学习，上课认真听讲，积极回答问题；我和同学们交朋友，同学有不会做的题问我时，我都会耐心地解答；我主动帮老师擦黑板、扫地；我把自己做的饼干与老师和同学们分享，还把看到的有趣的故事讲给同学们听。在这个学期，我是班里第一个集满10颗奖励星的小朋友，还获得了“成志榜样之思维小达人”“成志榜样之计算小达人”“成志榜样之百字小达人”的称号。学期末，我还被评为学校的“好儿童”。

能成为清华附小的学生，我很自豪。我有个小秘密，我的钟叔叔是清华大学的博士，我特别崇拜他，我希望长大了也能上清华大学。现在我在清华附小当“小太阳”，长大后，我要去清华大学当“大太阳”。

我们的小带头人

——“成志榜样学生”邵明睿

请允许我称呼他“小带头人”吧，因为在同学们的心中，他就是这样一个可以被称为榜样的人。

他的名字叫邵明睿，在2015年夏末秋初之际，他和我们一样，怀着兴奋而忐忑的心情，走进了期待与憧憬的清华附小，在周围人们的赞许、鼓励和祝福中，我们小小的肩膀上第一次感受到了一种担当。

当最初的兴奋慢慢褪去的时候，我们这些还不完全懂事的孩子们怎样才能顺利完成从幼儿园到小学的过渡呢？老师们很快就想到了树立榜样的办法。如果有小朋友能起到很好的带头作用，就会在班集体里产生很好的示范作用，并引起其他小朋友的仿效，那样就会起到事半功倍的效果。老师们在观察中发现，邵明睿似乎能更快地适应新的环境和学习生活，而且能更好地理解老师的要求，在各种活动中也能起到很好的榜样作用。

老师们的想法会成功吗？这个榜样选对了吗？因为他毕竟还是个孩子呀！可是当他像个大哥哥一样给其他同学解释老师的要求的时候，当他充当领队不辞辛苦地喊口号的时候，当他帮助老师一起组织活动的时候，又有谁会不为他的坚毅、认真和有担当而感动呢？

我们经常会在上学的路上相遇，邵明睿的妈妈非常健谈，她经常给我们讲一些他的事情，慢慢地我更加了解他了。在家里，他都是自己打扫房间，自己整理玩具，他还经常主动帮妈妈做一些力所能及的事情。上学之后，他认为自己是个大孩子了，不能每天饭来张口，衣来伸手。自己穿衣是早就会的，现在应该学习做饭啦！所以他决定每个周末的早晨都给家人煎鸡蛋吃，于是他认真地跟妈妈学习了煎鸡蛋，一直到现在，他都在履行着自己的诺言。坚持的品质就这样悄悄地在他幼小的心灵里扎下了根。而他第一次跟妈妈学习煎鸡蛋时，那被锅里溅出的油星烫到小手时强忍疼痛的表情，还有最终给全家人端上早餐时自豪的样子，邵明睿的妈妈每次说起时都流露出既疼惜又欣慰的神情。

就是这样一点点的养成，使得他在班级里很快就展现出了一年级学生少有的成熟、认真、坚定，因而他也成了同学们争相学习的小榜样。

在我们一年级（2）班这个小集体里，所有的同学今天都可以自豪地说：我们没有辜负老师们的期望，我们已经成为合格的小学生，而且在学校的各项活动中都取得了骄人的好成绩，这里面有老师们的辛勤培育，也有我们的小带头人的汗水。邵明睿，希望你永远是我们的榜样，在新的一年里，让我们共同努力，成为更加优秀的、有担当的好少年！

迎着朝阳微笑的小花

——“成志榜样学生”朱逸可

她，胖嘟嘟的小脸蛋，水汪汪的大眼睛，有着不同于其他娇羞女生的爽朗的笑声。在老师们眼里，她是一个聪明好学又热情活泼的好学生；在同学们眼里，她是一个幽默风趣又乐于助人的好伙伴；在奶奶眼里，她是一个谦恭孝顺又乖巧懂事的好孩子；在爸爸眼里，她是一个脑袋里装满了各种奇思妙想，永远有问不完的问题的小精灵；在妈妈眼里，她是一个温柔善良又多才多艺的小天使；而在自己眼里，她就是一朵喜欢迎着朝阳微笑的小花……

从蹒跚学步到咿呀学语，从迈入幼儿园到步入清华附小的校门，她成长的路途中，有欢笑也有泪水，有思考也有行动。让大家欣慰的是，她正以追求光明为目标，一路向着朝阳走去。

一年级的“小豆包”

在校园里乐学的氛围中与老师们的循循善诱下，她进步飞快，不仅各科成绩优秀，还养成了良好的学习习惯。虽然她只是一名刚刚入学的“小豆包”，但是她已经懂得学习理应优先于任何娱乐，只有细心、用心，才能取得好成绩。所以，无论是在课堂上，还是在课后预习与复习的过程中，她都能做到专心致志、心无旁骛，同时养成了做完练习后自觉检查的好习惯。在这里，向大家透露一个她的小秘密：她有一个错题本，取名为“我该再看看”，每当遇到错题或不会做的题时，她都会一一记录在这个小本子上，过段时间就拿出来重新做一遍，避免再次出现同样的问题。

在这个充满友爱的班集体中，她最开心的就是交到了很多新朋友，并在与同学真诚的相处中，学会了遇事不斤斤计较，宽容豁达。当然，她也有苦恼的时候，作为小组长的她，有一次因为组员违反了课堂纪律，又不肯听她的指正，而有些不知所措。在班主任和妈妈的共同引导下，她终于明白了，只有自己以身作则，为同学们做好榜样，同时在日常的生活和学习中真心地去关心和帮助同学，才能和同学建立起彼此尊重和信任的人际关系。在这之后，她再也没有因为与同学相处的问题而闹过情绪了。

爱动脑筋的“小问号”

博物馆、动物园、植物园、海洋馆、大剧院，还有门前的小院，是她经常去的地方，因为她总是有着问不完的问题，等着老师们和爸爸妈妈来为她解答。比如，恐龙是怎么灭绝的？火山沉积岩是怎么形成的？孔雀为什么会开屏？山魈为什么爱发怒？翩翩起舞的仙鹤真的可以飞到仙岛上去吗？热带雨林里的附生植物是怎么跑到大树上去的？大白鲸为什么会发出婴儿般的啼哭声？音乐剧中的小王子为什么会那么忧伤？小壁虎的尾巴断了以后会不会很疼？小鸟下的蛋可以放在我们胸前的口袋里孵化吗？这些或专业或稀奇古怪的问题，经常会把大人们问得手足无措，难以回答。

多才多艺的小姑娘

有位作家曾经说过："高尚的情趣会支撑你的一生，使你在最严酷的冬天也不会忘记玫瑰的芳香。"跳芭蕾、打网球、下国际象棋、朗诵诗歌，这些都是她喜欢并愿意为之坚持学习的。三年的芭蕾舞学习，使得她在拥有了愈发挺拔的形体之外，也收获了满满的自信和对美的领悟；在打网球的两年多时间里，她在增强体魄的同时，还坚定了勇于拼搏的信念，要知道，她的志向可是要获得网球四大满贯的冠军哟；而说起下国际象棋，这里面还有个小故事。

在第五届北京市中小学生智力运动会国际象棋赛中，有数百名学生参赛，在与不同的小对手鏖战了六局后，最后一轮的对弈将决定朱逸可是否能晋级为此次比赛同级别组的前几强。然而在此局她稳操胜券之时，小对手却在其落后的局势下提出了和棋的请求，而她很痛快地就答应了。在这个举动之后，她这样解释道："友谊第一，比赛第二。"对呀，在她简单而又美好的世界里，输赢本来就不是一件很重要的事。

她在加入清华附小的"诗词赏析"预备社团后，对诗歌朗诵产生了浓厚的兴趣。每天上学、放学的路上，她都会吟诵几首小诗给妈妈听，稚嫩的童音加上抑扬顿挫的语气，一路上充满了她们的欢声笑语。久而久之，大家发现，她的心已如溪水般柔软，眼波也愈发如春天般明媚。

热爱大自然的旅行者

她去过很多地方，有草原、沙漠、大海、热带雨林……她看到过瀑布、沼泽，还有漫山遍野的油菜花和向日葵花海……其间，她向爸爸学习有关地质学与动植物学的知识，与妈妈一同收集花朵和叶子上的露珠，同好朋友一起捡拾沙滩上的贝壳，还和奶奶合作堆了一个高鼻梁的雪人。她最喜欢一家人坐在天台上，体会面朝大海、春暖花开的美好。旅游，不仅拓宽了她的视野，增长了她的见识，更赋予了她一双善于观察和发现美的眼睛。

热心公益的"慈善达人"

这个冬天格外寒冷，可是在位于北京市房山区的"济慈之家"盲童福利院里，很多小朋友还没有足以御寒的冬衣。在听到这个消息后，她默默地拿出了自己积攒了很久的压岁钱，希望妈妈可以帮她购置一些暖和漂亮的新棉衣和新鲜的水果。她说，她要亲自把这些物品送到那些既失去了光明又失去了爸爸妈妈的孩子们的手中。在福利院里，她热情礼貌地和见到的每一位盲童微笑问好，用尽量清晰的描述来与他们交流。

她说："长大以后，我要成为一个有能力的人，这样就可以真正帮助更多的人！"

孩子有爱，世界才可爱。不是吗？

"十年树木，百年树人，小学的基础教育，是在为学生的人生奠基，使之成为一名既聪慧又高尚的人。"清华附小始终秉承着这样的办学使命，并坚守以成志教育为核心的教育理念，在各位老师的努力下，使"成志"从一开始就深深地融入了清华附小人的血脉之中，也深深打动了心系孩子未来的家长们的心。

伴随着她的成长，感恩的心常在。未来是一个怎样的世界，取决于今天我们培育怎样的成志儿童。感谢你们，可以让她做一朵迎着朝阳微笑的小花！

运动健将和艺术精灵

——"成志榜样学生"李嘉琪

一年级（4）班的李嘉琪出生在一个漫天飞雪的日子，妈妈说，她一定是乘着雪橇由雪姑娘送来的。或许，她与冰雪有着与生俱来的缘分。起初她只是为了锻炼身体，可一次六一儿童节在龙湖天街的冰上表演，让她兴奋了好几天，她喜欢那种在观众面前展示自己美丽的冰上舞蹈的感觉。就这样，滑冰伴随她走上了成长之路。

热爱是学习最大的动力，为了能更快地进步，她决定把自己的滑冰课程的课时从一周半小时逐渐增加到一周七小时，短短一年半的时间里，她已经达到了国家二级水平。她在自己滑冰生涯的起点站交上了一份满意的答卷——在 2015 年亚洲青少年花样滑冰挑战赛和 2015 年北京市青少年花样滑冰锦标赛中均取得了幼儿组第二名的好成绩。在练习滑冰的过程中难免会摔倒和碰撞，她的手肘、膝盖经常青一块紫一块的。有一次，她在练习旋转时摔到了下巴，鼓起来一个紫红色的大包，连牙齿都磕出了血，可她休息了一会儿，又继续练习。妈妈看在眼里，疼在心里，但同时也很欣慰，因为年幼的女儿已经长大了，成了一个坚强、不服输的小姑娘。

如今，李嘉琪早已不是那个穿上冰鞋跌跌撞撞的小女孩了。看她那娴熟的旋转与跳跃，看她那在冰上飞速滑行的洒脱的身姿，那些练习过程中一次又一次的跌倒与伤痛，都已经淡化为美丽的背景。

每天，李嘉琪一进冰场，前台的阿姨、花样滑冰教练，甚至冰球教练都会和她打招呼。这让她觉得，这里不仅是一个冰场，更是一个充满爱的大家庭，在这种氛围中，她收获了更多的快乐和温暖。

现在，随着花样滑冰技术的进步，李嘉琪又加入了花样滑冰队列滑，认识了很多好朋友，大家一起练习，一起玩耍。队列滑除了要求队员们掌握相应的技巧，还格外强调集体精神，要求大家配合默契，这对于她来说又是一种很好的磨炼。

在李嘉琪的成长道路上，父母、老师、教练都是路边的明灯，指引着她前进的方向。而她用自己强健的体魄、积极的心态、乐观的态度一路奔跑，一路欢歌，在阳光下、在风雨中，勇敢而快乐地奔向美好的未来，寻找生命的真谛！

黄峰先生曾说："花样滑冰是艺术与体育最好的结合。"而黄峰先生所展现的个人涵养更加印证了这句话，温和、从容、努力、坚强这些优秀品质是花样滑冰带给他的收获，也是带给所有热爱这项运动的孩子们的收获。

业余时间，除了热爱的滑冰，李嘉琪每天还会挤出时间练习弹钢琴。她的妈妈说，之所以让嘉琪弹钢琴，并不是想让孩子成为像郎朗一样的钢琴家，而是为了让孩子在今后的人生中因为有音乐的陪伴而增添一份幸福和快乐。学习钢琴不是简单的玩耍，想弹出优美的旋律，需要反复而枯燥地练习，这可以在不知不觉中培养孩子耐心的品质、顽强的毅力以及战胜困难的勇气，产生对美好事物的向往和追求。

记得窦校长在开学典礼时提到过，作为家长，尤其是一年级孩子的家长，要耐心地等待孩子成长，眼光应放得长远些，不要用自己功利的价值观折磨孩子，既要有低头奋斗的智慧，也要有抬头看天的情怀。

正如马云所说的那样，艺术让孩子真正地成为"人"。音乐可以开启智慧，因为它是直通天堂的阶梯。当我们大人在工作与生活中焦虑、彷徨时，请拉着孩子的手一起走进艺术的殿堂，大胆地接触艺术，与孩子一起感受艺术的力量吧！

开朗活泼、好学上进的小榜样

——“成志榜样学生”韩佩杰

提起韩佩杰，学校里很多老师和同学都知道她。开朗的性格，让欢笑一直伴随在她身边；广泛的爱好，让更多人从不同角度认识她；活泼的天性，让她拥有很多朋友。在老师们眼里，她是个勤奋上进的好学生；在同学们心中，她是个值得信赖的好伙伴；在家长眼中，她是个听话、懂事的好孩子。

对班集体的事情，韩佩杰总是很热心，集体的荣誉是她最看重的。她积极参加学校举办的各项活动，并以能够为集体赢得荣誉而自豪。

学校开运动会，韩佩杰对报名参加的比赛项目非常上心，唯恐因为表现不好而影响班级的成绩。所以，每天放学回家后她都会主动练习，全力争取获得好成绩。尤其是跳绳比赛，她报名参加了单摇、双摇和一带一三项比赛。每天回家后，加练是必不可少的。练习的时候，绳子难免会抽在胳膊上、腿上，泛起青紫的印迹，疼得她直吸气，但她仍然坚持练习。她的辛苦付出最终换来了优异的成绩。当她手拿奖状露出满脸的笑容时，相信她一定深刻地理解了“宝剑锋从磨砺出，梅花香自苦寒来”的道理。

在学习方面不断进步，是一名合格的学生应做到的本分。为了提高自己的作文水平，韩佩杰专门准备了一本笔记本，将老师讲过的写作要领记录下来，并运用所学的思维导图工具，将文章主题、结构以及各种需要运用的写作技巧分别整理出来。在老师的帮助和自己的努力下，她的作文水平有了显著的提高，她对写作也更有信心了，同时认识到了持之以恒、日积月累的重要性。

广泛的爱好拓宽了她的视野，让她的生活变得丰富多彩，也让她结识了众多好朋友。

绘画是韩佩杰的最爱，拿起画笔的她，会立刻安静下来，伏在画板上认真作画。因为喜爱画画，她养成了细心观察的好习惯，在遇到自己喜爱的题材时，她会从各种不同的视角观察事物，并准确地把握事物的特征。绘画是帮助她理解和思考的好帮手，她甚至可以将古诗所描绘的意境用绘画的方式表达出来，这对她学习语文有很大的帮助。在日常生活中，她也很注意观察，如在观看文艺演出时，她会从繁杂的舞台布置当中找出最有代表性的细节和最突出的特征。当她着手绘画时，她会将这些细节、特征清晰地表现出来，从而使得她的绘画作品非常生动。连续三年获得全国青少年书画大赛一等奖的优异成绩，是对她最好的鼓励。

韩佩杰在学校民乐团中负责演奏二胡。从一年级入学开始到现在，每次民乐团的排练、比赛，她都会认认真真地完成，得到了老师的表扬。为了熟练掌握所学的乐曲，每天回家后她都会主动加练。二胡细细的琴弦经常把她的手指磨得红红的，一碰就疼。但想到学习、排练的任务要求，她总会坚持完成。如今，她已成为民乐团“资深”团员中唯一的女孩，已顺利通过二胡考级，获得朝阳区乐团比赛第二名、第八届世界华人青少年艺术节比赛银奖，这些都是对她的充分肯定。

韩佩杰能够以认真负责的态度完成老师交给她的任务，能够以温和善良的心态来对待身边的同学。诚实守信是她的优良品质。在成为一名光荣的升旗手之后，她认真地准备演讲内容，一遍又一遍地练习，直到熟练掌握为止；她关心护旗小组每一位同学的情况，提醒大家每天做好各项准备工作。这种认真负责的态度，让老师们放心，也让同学们更加信任她。“答应的事情就一定要做到”，这句话经常挂在她的嘴边，她不仅是这么说的，也是这么做的。有一次她参加校外活动，身边很多小朋友都说喜欢她的绘画作品，排着队请她画“小马宝莉”，她答应了。她一幅一幅认真地画着，没有因为人多而厌烦，也没有因为画累了而停下来，直到所有小朋友都拿到画为止。当有人问她为什么这么累还要坚持画完时，她回答道：“既然答应送给每个小朋友一幅画，怎么能不讲信用呢?”这就是守信、善良的韩佩杰。难怪大家这么信赖她，有很多人都把她当作最好的朋友。

在家里，韩佩杰也是妈妈的小帮手，帮助妈妈打扫房间、照顾花草、给小鱼和小乌龟换水，一切都干得井井有条。

韩佩杰积极参加学校的各项活动，不仅锻炼了自己的能力，还增强了自信心。相信她会继续向着成为一名健康、阳光、乐学的好少年的目标而不断努力。

教师篇

"成志榜样教师"

让微笑照进孩子们的心田

——"成志榜样教师"韩笑

微笑是清华附小人最美丽的名片，它似蓓蕾初绽，伴随着悠扬的乐曲，让学生们带着愉悦的心情，享受着学校的美好时光。每天在五年级（2）班都能看到一位年轻教师正用他最灿烂的笑容迎接着孩子们的到来，他就是我们的"微笑教师"——韩笑。

韩老师可以说是清华附小商务中心区实验小学最年轻的"微笑教师"了。名如其人，他每天脸上都洋溢着灿烂的笑容，好似春风拂面，融化了身边的每一个人。他用年轻、阳光和微笑感染着身边的每一个人，他那灿烂的微笑如暖流般流入了每一个学生的心田。

五年级（2）班是他带的第一个班级，他对此倾注了很多的心血。面对学生对原有老师的怀念，对新接班老师的不适应以及家长的各种质疑，他用行动向所有人证明了他的能力，更用微笑感染了学生、感动了家长。

刚刚接到带班的通知后，他就四处向人请教，询问新接班的一些注意事项。这个年轻的大男孩并没有所谓的"90后"身上的浮躁，而更多的是虚心求教。新接班初期，他不断地向前班主任询问每一个学生的性格特征，仔细记录每一个学生的情况，在交接前期的准备工作中，他足足记录了4大张关于学生情况的记录表，力求能了解每一个学生。

开学临近，对怎样面对学生，如何让这个班级的学生喜欢上自己，他可谓绞尽脑汁。在此期间，他不断翻看关于班主任工作的书籍，从网上搜索有关如何面对新接班学生的资料，向身边的人请教如何面对家长的质疑。

然而，这种种的顾虑都在开学之后就迎刃而解了。而解决之道，就是这个年轻人的微笑和亲和力。学生因为他的风趣幽默，渐渐喜欢上了这个年轻的大男孩，正如其他老师的评价一样，他成了"课上的小老师，课下的大哥哥"。他正是用这样的行动，感染了身边的学生，更感动了家长。他与每一个学生家长交谈时，都用其标志性的微笑拉近与家长的距离。当谈到学生的情况时，他也总是面带微笑，让家长感受到老师的用心与关爱。就在这样的相处中，家长渐渐信任了这位小老师，而学生更是喜欢上了这个大男孩。

在韩老师的本子上写着这样一句话："亲其师，信其道。"的确，教育是一个人与人情感递进的过程。一个学生倘若不能亲近、热爱他的老师，又怎么能够取得好成绩，享受每天在学校的快乐生活呢？韩老师用他的微笑拉近了与学生之间的距离，让学生深深地喜欢上了他。

记得他刚接班的时候，班里有一个孩子每天到教室后，既不与老师打招呼，也不会微笑着与同学说话，整个人看上去冷冰冰的。韩老师觉得这个孩子可能还没有接受换班主任这个现实，也不适应自己的上课方式，所以他并没有责备这个孩子，而是通过细心的观察，渐渐地发现了这个孩子在体育方面的特长，尝试着慢慢与其交流、培养共同语言，让这个孩子建立自信心。每天，韩老师都会微笑着和身边的每一个孩子热情地打招呼，这样细小的举动也渐渐感染了那个孩子。慢慢地，孩子的脸上多了灿烂的笑容，性格也变得开朗了，这个曾经冷冰冰的孩子渐渐与身边的每一个人都能热情地打招呼，而且能微笑着面对每一个人。

韩老师身体力行，感染着身边的每一个人。我们在他的身上看到的是一位年轻教师对教育的热爱和守望。他用爱守望着教育种子的发芽，用爱守望着教育之花的绚烂绽放。

用微笑、感谢、赞美静待花开

——"成志榜样教师"何迎迎

苏霍姆林斯基曾经有个十分精彩的比喻，他说："要像对待荷叶上的露珠一样，小心翼翼地保护学生幼小的心灵。晶莹透亮的露珠一旦滚落就会破碎，不复存在。"

是呀，没有爱就没有教育！

清华附小的每一位教师秉承着学校的教育理念，努力用艺术的爱，用微笑、感谢、赞美去呵护每一个学生。年轻的何迎迎老师就是其中的一员。

人们常说"干一行，爱一行"，但在何老师看来，这句话应该倒过来，"爱一行，干一行"。何老师自从事教育教学工作以来，始终以勤奋进取、踏实做事、诚信互助、勇于担当、持之以恒为准则勉励自己和学生。

在何老师的班上有一个文静而胆怯的小女孩，课堂上虽然很守纪律，但从来不会主动举手发言，即使被点名回答问题，她也是只言片语，而且声音很低，几乎听不到她在说什么。课后她也只是坐在自己的座位上，一个人安静地玩或是看书。对于班级的活动，她几乎从不参与。接班后不久，何老师就关注到了她。通过与其家长的沟通，何老师了解到，她是由于发音的问题，怕被同学嘲笑，所以不敢说话，以至于越来越自卑。她一个人在家时，也没有同伴和她玩耍，性格比较内向，交际能力不强。

怎样帮助这个女孩重拾信心呢？

让女孩单独回答问题有点难度，课上何老师就采用同组共答的方式，帮助女孩缓解独自回答问题的恐惧感，同时也可以让她听其他人的发音，以纠正自己的错误发音。每当她发言的时候，何老师都会微笑着竖起大拇指，夸奖她："你回答得真好，如果声音再大些，就更好了。"时间久了，女孩勇敢了很多，回答问题时声音较之前洪亮了很多，甚至还会主动发言，而且次数越来越多……

何老师还发现，这个女孩喜欢绘画，于是以此为契机夸赞她画得很好，帮她重拾了自信。通过何老师的不断赞美和同学们的帮助，这个女孩改变了。上课时，她发言更积极、更主动了；对于班集体的事情，她也越来越关心，还会主动帮助同学。

作为一名教师，只有蹲下身子来倾听孩子的声音，才能更好地陪伴孩子共同成长。在教育实践中，教师要多给孩子一些鼓励与赞美，要关注孩子的内心世界。

教育是爱的事业，其最大的魅力莫过于教师用自己的爱心去包容、感化那些幼小的心灵，使那些正在成长中的孩子在教师的引导和激励下健康成长。

教育永远是一个美丽的梦，是每个教育者拥有的梦。

教育人生需要生命的活力，需要生命的激情，需要生命的灵动。为了心中的梦想，让我们将如春的活力投入教育工作中，将如夏的热情献给孩子们，将辛勤劳作后的秋实与孩子们共品，将冬日的沉静留给自己独享。

听，是心的触摸，是心的沟通，是心的默契，更是心的交融。希望我们都用心来聆听花开的声音，静待花开，不错过它们最美的一刻……

牵一只蜗牛去散步

——“成志榜样教师”贾偲偲

多年以前，我看过张文亮先生的《牵一只蜗牛去散步》，觉得很奇怪，对其中讲的有关蜗牛的故事还不太理解。当了教师后，我才真正地理解了这个故事，每当读起来都泪湿眼角。

两年前，我接了现在的班级，47 个孩子的脸上洋溢着灿烂的笑容，非常可爱，让我这个刚大学毕业的年轻教师斗志昂扬，决心要实现自己的教育理想。

带一年级的孩子特别有成就感，为什么呢？因为孩子们年龄很小，特别听老师的话，处于最容易被塑造的时期。一个月以后，孩子们渐渐地熟悉了小学的课堂，了解到与幼儿园的不同，学习已经成为他们最重要的事情；知道了发言要先举手，等老师同意后再开口；知道了午餐时要排队取餐；知道了要按时上学，按时交作业；知道了见到老师要问好……

可是，有一个叫小 Z 的孩子，所有孩子都学会的东西，他几乎都没有学会，上课时经常随意离开自己的座位，或者干脆蹲在桌子底下自己玩，一下课就不见人影了。小 Z 的学习就更不必提了，字写得乱七八糟，连 10 以内的加减法都弄不明白，课堂上也从来不发言。

发现这种情况后，我立即联系了他的家长，才知道原来小 Z 生活在一个并不完整的家庭，一直是由小 Z 的父亲独自抚养。平时父亲上班的时候，小 Z 就一个人在家里玩。渐渐地，父亲也发现了小 Z 的问题。有一次，父亲带小 Z 去朋友家做客，朋友逗小 Z 玩，可他竟然连一句完整的话都讲不好。

了解了小 Z 的情况后，我既为他父亲的艰辛所动容，又担忧小 Z 的未来。

冰冻三尺，非一日之寒。我意识到，对于小 Z，我还需要做些什么。接下来的日子，我开始重点关注小 Z，把他每天各科的学习进度一一记录下来并告诉他的父亲；每个星期，我和各科老师“会诊”小 Z 的学习；我和小 Z 的父亲会时不时地沟通小 Z 在学校与同学交往的情况……可是这样的日子对于小 Z 的父亲来说，简直度日如年。年逾不惑的他，每当谈及小 Z，便泪流满面。

这时，我突然想起了张文亮先生的《牵一只蜗牛去散步》，我说：“或许是上帝请您牵一只蜗牛去散步。”小 Z 的父亲望着我，沉默良久，说：“为什么是我？”是呀，为什么命运要如此安排？我不知道该如何安慰他，我跟他说起了我的过去。曾经，我的父亲也经历过人生的辉煌和家道的中落。等到家中稍有起色时，父亲却身患癌症，撒手人寰。当时，我曾朗诵了一首食指的诗——《相信未来》，告诉自己：人生在世，流泪有何用？不如勇敢地面对现实，努力去改变它。我坚定地看着小Z的父亲，他似乎明白了什么。

从那天起，每次我都会看到小Z的父亲微笑的表情，明显地感觉到他开朗了很多；每次我都会把小Z最近的进步告诉他，因为我知道每一件对于别的孩子来说无足轻重的事情对于他来说都有着特别的意义。

渐渐地，小Z变得开朗而自信起来：开始主动回答问题了，虽然有时候还是会答非所问；开始主动和同学们一起玩了，虽然有时候还是个配角；开始主动完成作业了，虽然字迹还是有点歪歪扭扭……而今，当你走进我们的班级，你完全看不出小Z和其他孩子有什么不同，甚至你能从他清秀的面庞上看到他与众不同的自信。

有一天，我又和小Z的父亲聊天，聊起了小Z的成长和进步，谈话间，我突然闻到远远飘来的一阵阵醉人的花香。我想说："莫非是我弄错了？原来上帝是叫蜗牛牵我去散步。"

照亮别人，美丽自己

——"成志榜样教师"李晓英

在清华附小商务中心区实验小学这个弥漫着丁香气息的美丽校园里，一群可爱的"小萤火虫"在"萤火虫妈妈"——班主任李晓英老师的陪伴下健康快乐地成长着。在这个温馨的大家庭里，每天都演绎着美丽的小故事，就像校园里盛开的丁香花一样，散发着沁人心脾的芬芳……

在"萤火虫妈妈"李老师的指导下，"萤火虫"班组建了"萤火虫剧组"。导演、编剧、剧务、配乐等全部由"小萤火虫们"担任。圣诞前夕，剧组准备为全校师生献上童话剧《巴巴祖的圣诞节礼物》。于是，大家开始改编剧本、制作道具、招募演员……忙得不亦乐乎。

这一天，李老师抱着作业本刚要走进教室，就听到一阵激烈的争吵声传来——

"我要演巴巴祖，主角非我莫属！"这大嗓门，肯定是小晨的声音。

"我演巴巴祖，我可以演得很好！"这是小林坚定的声音。

"你演那个不会说话的'礼物箱'还差不多！哼！"小晨生气了。

“小林更适合演巴巴祖，小晨，你就演‘礼物箱’吧。”导演小雨仿佛在恳求。

小晨这孩子，干什么事都争强好胜。他是班里的小才子，书法、绘画、手工样样都棒，老师们经常表扬他，同学们也都非常羡慕他。于是，小晨慢慢变得心高气傲，平时走路昂首挺胸，就像一只骄傲的小公鸡。

何不以此作为教育的契机？想到这点，李老师不由得莞尔一笑。

“孩子们，怎么回事？”李老师走进教室问道。

导演小雨看见李老师来了，像见到救星般迫不及待地把难题抛了过来。

原来他们正在为剧本招募演员，除主角巴巴祖和一个“礼物箱”的角色空缺外，其他角色都已选定。男生们都想演主角巴巴祖，纷纷报名。导演小雨经过筛选，最后决定让表演能力特别强的小林演巴巴祖，而小晨擅长美工，演“礼物箱”兼做道具设计比较适合。可一贯高傲的小晨怎么都不同意，非要演主角，结果几个孩子争执了起来。

“孩子们，想听听李老师的建议吗？”李老师一开口，班里马上静了下来。“这次演出很重要，大家也都想为班级出力，为班级争得荣誉，老师特别高兴。还记得咱们‘萤火虫’班的班训吗？”

“汇聚光芒，点亮梦想！”孩子们异口同声地答道。

“说得好！其实一场精彩的演出需要各项工作的完美配合。不论是主角还是配角，都同等重要，都值得尊敬。为了我们这场演出的成功，每个人都需要发挥自己的特长，这样才能汇聚大家的光芒，照亮我们的舞台！老师提议，咱们现在全体投票，来决定谁演巴巴祖和‘礼物箱’，好不好？”

结果是小林胜出，演巴巴祖。

看着投票结果，小晨的泪水在眼眶里打转。

李老师慈爱地摸了摸小晨的头，领他来到办公室，问道：“小晨，你为什么不愿意演‘礼物箱’呢？”

小晨垂头丧气地说：“演‘礼物箱’就是演员钻进一个大箱子里，抬着箱子走到舞台上，根本露不出脸，也没有台词，谁愿意演哪？”

李老师拉起小晨的手，说：“小晨，我们‘萤火虫’的使命是什么？”

“照亮别人，美丽自己。”

“对呀，那怎样去照亮别人呢？你想当主角，老师可以理解，可是主角只有一个。现在如果‘礼物箱’这个角色定不下来，剧组就没法进行排练。为了集体的荣誉，每个人都应该承担自己最擅长的工作，用自己的光芒照亮别人。虽然‘礼物箱’很不起眼，但它是一个不可缺少的角色。何况，设计道具是你最拿手的呢！”

小晨沉思了一会儿，突然抬起头说：“李老师，我要把‘礼物箱’做得特别漂亮，加上一个大大的蝴蝶结，还要给它加上眼睛和嘴巴。可以吗？”

“这么好的创意！当然可以了，你快去和导演、编剧商量商量。”李老师竖起了表示赞许的大拇指。

“萤火虫剧组”开始了紧锣密鼓的排练。在此期间，李老师多次去欣赏小晨的“礼物箱”表演并给予指导。两周后，《巴巴祖的圣诞节礼物》的演出大获成功。大家围着主角“巴巴祖”欢呼，小林被评选为“最佳表演小明星”。意想不到的是，那会动的“礼物箱”也引起了观众的极大兴趣。在大家的一致推选下，小晨荣获“最佳配角奖”，漂亮的“礼物箱”也被评为“最佳创意道具奖”。

班会课上，李老师让大家分享演出的感受。有的说：“我觉得这次演出成功的原因是每个人都积极参与，并且发挥了自己的特长。”有的说：“每一位演员都演得很精彩！”还有的说：“如果没有小晨做的会动的‘礼物箱’，我们就不会赢得这么多掌声！”听着大家的评论，小晨激动得小脸通红。

李老师欣慰地说：“是呀，这次成功的演出是大家齐心协力的结果。不管是主角还是配角，只要用心去做，都能绽放精彩！我们要特别感谢小晨这位幕后英雄的努力和付出，掌声送给他！”

……

这群可爱的“小萤火虫”在“萤火虫妈妈”的带领下，正汇聚着点点光芒，展开稚嫩的翅膀，向着梦想飞去……

言传身教，浸润孩子的心灵

——“成志榜样教师”吕媛媛

微笑、感谢、赞美是清华附小的“三张名片”。在学校里，随处可见每个人脸上真诚的微笑，到处都能看到大家伸出的表示赞美的大拇指和表示感谢的鞠躬礼。我身边的吕老师也带着这“三张名片”，开始每天的工作。

披着清晨的霞光，吕老师走进校门。“您好！”“早上好！”……她像往常一样，与遇见的每一位工友、同事热情地打招呼。在办公室里整理好物品后，她面带着微笑走进教室，开始上课。

第一堂是雷打不动的一小时语言与人文课程。课堂上，学生在热烈地讨论着，吕老师轻轻地走近学生，并不惊动他们，而是认真地倾听着他们的发言。当听到学生清晰流畅地表达时，当听到学生发表自己的独到见解时，吕老师就会向其竖起大拇指，夸赞几句。有时，吕老师会提出一个新的问题，引导学生深入思考，与此同时，吕老师还在不时地观察着班里的那个男孩。

他很内向，不爱说话，课堂上几乎一言不发，常常自己独自坐着。老师叫到他的名字时，他会非常紧张，不知所措。平时他很少和其他同学交流，有时同学劝他、老师开导他时，他的眼神飘忽不定，甚至会突然哭起来。他的学习习惯不太好，时常出现作业拖沓现象，成绩也不乐观。现在他又没有参与讨论，而是自己随意地翻着书。吕老师走近他们小组，一边面带微笑地倾听学生的发言，一边把手搭在这个男孩的肩上。她感觉到他的身子一紧，很明显，他非常紧张，吕老师心里清楚，此时无论和他说什么，他都会很抵触，没有什么效果。吕老师继续上课，同时也思考着用什么方法来帮助这颗特殊的“种子”。

悠扬的下课音乐响起，其他学生纷纷休息，有的整理桌面，准备下节课的物品；有的浏览壁报，看看同学们最新的书画作品……吕老师把那个男孩叫到身边，轻轻地对他说：“老师看你课上一言不发，错失了与同学们交流的机会。老师很想帮助你，你需要老师帮忙吗?”他摇了摇头。“同学帮助你可以吗?”他想了一下，说：“可以。”“你愿意老师选择同学帮你，还是你自己选择?”“我自己选。”他小声应着。“好，你来选。”他抬起头在同学们当中挑选，最终，他选择了三名同学。看着他做出了选择，吕老师感到很欣慰，这说明他在班级中还是有可以信赖的朋友的。随后，吕老师把这三个学生叫到一起，嘱咐他们在学习和生活中多多帮助那个男孩。然后吕老师又把这件事告知了其他学科的老师，请他们也多多留意这几个学生，允许他们跨组讨论有关学习的问题。在随后的日常学习中，吕老师注意到，课后这个男孩经常去找这三个同学问问题，这三个同学也都认真地给他解答。吕老师称赞他们帮助老师和同学解决问题，并对他们进行了奖励。三个学生非常开心，之后他们也越来越愿意帮助别人了。被帮助的这个男孩似乎也找到了可以说话的对象，除了学习问题，也和他们聊其他的事情，变得开朗了一些。为了能让他有机会和更多的同学交流，吕老师安排他负责领取和分发班级加餐，并教育同学们应对分发食物的同学表示感谢。这个男孩对这项工作非常负责，鉴于他的表现，吕老师也对他进行了奖励。

忙碌的一天就在不断地与学生交流中结束了。放学了，学生背着书包，排着整齐的队伍走向校门。“同学们再见！”“老师再见！”在与学生互敬鞠躬礼后，吕老师将孩子们送出校园，微笑着交给前来接孩子的家长们。返身回学校，吕老师心里还在盘算着：今天称赞了几个孩子，明天还要称赞哪几个孩子……

微笑是一种礼仪，它体现了人与人之间的相互尊重，应伴随着我们度过工作和生活中的每一刻；感谢是对接受别人给予的或提供的方便、恩惠，用言行表示谢意；赞美是发自内心地对美好事物表示肯定的一种表达。作为教师，要努力在工作中把这三个词语所包含的美好用言传身教的方式传递给学生，使学生在这样的浸润中养成良好的品性。

用微笑、感谢和赞美铸就桃李芬芳

——“成志榜样教师”牛军喜

没有什么可以轻易打动别人，除了你的微笑。微笑是快乐的源泉，是成功的基石。微笑没有颜色，却使人看到生活的绚丽多彩；微笑没有味道，却激励人们承受住了世间的酸甜苦辣。

没有什么可以轻易感动别人，除了你的感谢。感谢生活的赠予，常怀一颗感恩之心，不仅使自己有积极向上的态度，也使别人感到阳光、快乐。

没有什么可以轻易激励别人，除了你的赞美。每一句赞美的话语，都是一颗自信的种子，播撒在孩子幼小的心田，然后生根、发芽、开花、结果。

微笑、感谢、赞美是清华附小的“三张名片”，发人深省，给人以积极向上的力量，不仅照耀了孩子的一生，也铸就了桃李芬芳。学校里就有这样一位教师，他用自己的实际行动努力践行着清华附小教师的誓词，他就是我们身边的牛军喜老师。

微笑——潜移默化，润物无声

每天给学生灿烂的微笑，会让学生的身心感到愉快，智能得到发展。微笑是一把闪闪发光的金钥匙，能开启教育成功的大门，促使学生茁壮、快乐地成长。

虽然牛老师是一位沉稳厚重的老师，但这并不影响课上他流露充满睿智的微笑，因为他坚信老师的微笑如春风细雨，可以滋润学生的心田，可以使学生心情愉悦，可以让学生增添信心，可以打开学生封闭的心扉。操场上，牛老师以会心的微笑，传递着对学生的赞赏和期望，激励着学生戒骄戒躁，不断努力。看那规范的运球、传球、上篮动作，看那热火朝天的比赛以及学生爽朗的笑声，你就会明白为什么学生这么喜欢上篮球课，那是微笑的力量。

微笑是一门艺术，也是一种智慧。我们的微笑以爱心做铺垫，以学识为保证，以艺术为纽带，不流于虚伪。微笑是我们最大的财富。

感谢——学会感恩，睿智人生

感恩是一种处世哲学，也是生活中的大智慧。一个充满智慧的人，应学会感恩，感谢生活的赠予，这样你才会有一种积极的人生观和健康的心态，同时也感染你周围的人，使他们更加阳光、快乐。

牛老师作为学校资源保障部的一员，管理着学校各式各样的设备。可以说每一位教师的工作都离不开牛老师的帮助，但我们从牛老师的身上感受到的是一种家人般的温暖和一颗感恩之心，使我们的工作更加顺利地开展。在别人需要帮助时，他及时伸出援助之手；而当别人帮助他时，他以真诚的微笑表达感谢：这就是牛老师的真实写照。

赞美——赠人玫瑰，手留余香

赞美是一股非常巨大的力量，能让听者心情愉快，充满自信和活力。著名戏剧家莎士比亚说："我们得到的赞美就是我们的薪水。"这说明赞美有着巨大的魅力，是生活中不可缺少的言语。赞美虽简单，但对于每个人都有着非同凡响的意义。教师简简单单的一句称赞，就足以让学生兴奋好几天，也能让一个自卑的学生看到自己的长处，重拾自信，进而努力地学习。

无论是在课上还是在课后，牛老师都会用他那真诚的赞美激励学生。成功的赞美源自于真诚而温暖的内心。它不是简单的肯定，不是夸张的表扬，而是一种欣赏、鼓励和期待，它体现了包容，浸透着关怀，暗藏着绵延不断的爱意。

赞美能够发现并放大学生的优点，给他们自信和希望，照亮他们前行的路，同时暗示他们：只要再努力一些，就一定能创造出奇迹！许多时候，赞美只是简单的一句话，却足以改变人的一生。

"我是清华附小人，努力用敬业、博爱、儒雅成就每一个学生，把每一个学生的成长当作我们的最高荣誉！"作为清华附小的一名教师，就让我们从微笑、感谢和赞美做起，照耀孩子的一生，铸就桃李芬芳。

“改变秋秋”计划

——“成志榜样教师”申玲

秋秋最大的特点就是“慢”，说话慢，写字慢，排队慢，收拾东西也慢。

这样一个“慢”孩子，是申老师心头的一个结。由于方方面面都慢，秋秋的学习成绩很不理想，尤其是英语。因为学习成绩不理想，所以他很不喜欢学习，一写作业就烦恼。怎么改变秋秋呢？申老师开始想办法。

第一步：找原因。

方案一：谈话

通过和秋秋的爸爸妈妈谈话，申老师了解到，秋秋1～2岁的时候，因为爸爸妈妈工作忙，被姥姥姥爷带回老家生活了一年。回到爸爸妈妈身边后，秋秋的语速就特别慢。妈妈说，这可能是因为孩子1～2岁正处于语言发展期，出现这种情况与和语速慢的老人生活在一起有关系。从谈话中申老师发现，秋秋的妈妈语速也较慢，所以秋秋说话慢，应该是受到了大人的影响。

秋秋从小是左撇子，上幼儿园后被老师强制改为右手。申老师以前也接触过一些同样的例子，这些孩子书写速度普遍较慢。所以，秋秋写字慢应该跟被强制改为用右手书写有关系。

方案二：观察

场景一：外教课上，秋秋静静地坐着，一句也听不懂。老师叫他发言，他慢慢地站起来，身体还没站直，就含含糊糊地回答后匆匆坐下。通过观察发现，这个孩子在学习上缺乏自信。

场景二：体育活动课上，秋秋站在足球场上生气。申老师问：“你怎么不踢球呀？”他气鼓鼓地说：“他们不给我讲踢球的规则，也不传球给我，我再也不踢球了。”然后扭头走了。从中可以看出，这个孩子依赖性比较强，比较喜欢等待别人给予帮助，还容易发脾气。

场景三：心理课上，老师要求学生蒙上眼睛完成“盲人方阵”。当学生不知如何是好的时候，秋秋大声地指挥四个同学定位四个角，并请一个同学丈量同学之间的距离。在他的指挥下，他们组顺利完成了“盲人方阵”。从中可以看出，这个孩子有领导才能。

场景四：中午吃过饭以后，秋秋在黑板上出了一道数学智力题。同学们围过去，他用缓慢的语速为大家分析讲解智力题。从中可以看出，这个孩子智商没有问题，甚至高于同龄孩子，而且喜欢被关注。

场景五：科学课上，老师让学生用小木棒搭架子，以架子能承受的书本数量的多少来决出胜负。秋秋所在的小组以承受 31 本书的最高纪录胜出。通过观察发现，这个孩子善于动脑，而且动手能力很强。

第二步：促转变。

方案一：树立自信

针对秋秋缺乏自信的情况，申老师采取了“突出特长，制造成功”的方法来帮助他树立自信。春天来了，学校分给每个班一个种植槽。申老师觉得可以试试让动手能力强的秋秋在装饰种植槽时大显身手。于是她试探性地请秋秋为种植槽做一块牌子，没想到秋秋很快就完成了，而且做得很精细。申老师在班里夸奖了他，同学们也投来了敬佩的目光，纷纷报以热烈的掌声。秋秋尝到了成功的喜悦，自信心提高了，开始认真地听讲，并且非常努力地、快速地写作业。

方案二：提供舞台

针对秋秋喜欢被关注、喜欢当领导这一特点，申老师采取了“搭建展示平台”让秋秋尽情展示的方法，让他获得心理的满足，从而进一步促进他的改变。申老师让秋秋每天给同学们出一道智力题。每天中午吃完饭，就会有一些同学跟秋秋一起探讨智力题，此时的秋秋是非常快乐的。他还向申老师提出了给连续答出五道题的同学奖励，如果连续五天没有人答出，就奖励他的要求，申老师予以大力支持。每天秋秋都乐此不疲地出题、解题，变得更加开朗、好学。

方案三：经常聊天

秋秋的学习状态越来越好，但他的英语学习还有很大的问题。所以，申老师只要有机会就找秋秋聊天。

申老师：“秋秋，你那么喜欢踢足球，但是你知道吗？足球真正的魅力在于，它能告诉我们一种人生态度：我们只有积极地去拼抢，才能取得成功。没有人站在球场上等，球就自动滚到他脚边，让他进球的。同样，要想学习好，我们要怎么做呢？”

秋秋：“要积极主动地学习。”

申老师："是呀，那你的英语基础不好，怎么办呢？"

秋秋："要努力学。"

秋秋开始拼命学习英语，他每天在家至少学习两个小时的英语。申老师为了促进他进步快一点，再快一点，就在放学后把他留下来一起学习一个半小时的英语。功夫不负有心人。终于，秋秋在五年级上学期的英语期末考试中得了 67 分，及格了。

虽然秋秋的各个方面只是在"慢慢"地进步，但申老师相信，只要坚持下去，这个孩子一定会有"快"的那一天。

申老师有着很强的责任感，她总是默默地观察学生，想尽一切办法促进学生的成长。她没想过要做榜样，但她的行为，自然而然地成了身边年轻教师的榜样！

一路走来，春暖花开

——"成志榜样教师"武琛

武琛是清华附小的一名普通教师，和大家一样，每天清晨伴着小鸟的歌唱，踏着轻快的步伐进入校园，开始一天的工作。

武老师喜欢看课堂上孩子们那渴求知识的双眼，喜欢欣赏他们笔下的每一幅画，孩子们充满想象力的画面常常使她赞叹不已。她喜欢读孩子们写的日记，简单的话语流露出的童真童趣，常常使她忘记了疲劳。她喜欢和孩子们一起读书，一起品味油墨散发的香气。她喜欢每天清晨伴随着孩子们天籁般的纯净的诵读声，开始一天的工作。她喜欢和孩子们一起看校园里的丁香花，喜欢看孩子们穿着紫色的校服，那一抹紫是校园里最亮丽的风景。

记得刚接班的时候，一个叫乐乐的小男孩上课时不专心听讲，武老师停下来，看了他一眼，并且提醒他要认真听讲。当时武老师注意到，乐乐的目光中充满了敌意，拳头攥得紧紧的。事后，武老师主动与其家长联系交流，了解到乐乐是个缺乏自信、没有安全感的孩子。了解到这些，武老师决定对他投入更多的关注。武老师知道乐乐很喜欢看书，而且文笔比较好，于是就在批阅他的作文和日记时，给他盖上一个"好文章"的印章，并且承诺如果他攒够 10 个印章就可以换取"稿费"买书。乐乐欣然接受了，努力写好每一篇文章，终于攒够了 10 个印章，武老师也欣然兑现了她的承诺。

武老师知道乐乐最喜欢《汽车杂志》，就买了一本，在班上郑重地发给他。乐乐双手接过书的时候，脸上露出了惊讶的表情，他问武老师："您怎么知道我喜欢这本杂志?"武老师笑了笑，没有作声。

渐渐地，乐乐和武老师有了更多的交流。当武老师再提醒乐乐专心听讲的时候，他眼中的敌意少了许多，也慢慢可以接受了。武老师还为乐乐"私人定制"了一套《吴姐姐讲历史故事》送给他，让他欣喜不已。

就这样，一年即将结束了，结业式上，她送给每个孩子一个拥抱，并对他们悄悄地说一句话。当走到乐乐身边时，他主动给武老师一个拥抱，武老师眼圈红红的，对乐乐悄悄地说："你作文写得这么好，一定要出一本文集。"不到半年，乐乐的处女作《萌猫日记》问世了。当拿到这本书的时候，武老师心里特别感动。那个拥抱，一直温暖着她的心，每当想起，心中就涌起丝丝的感动，这份感动一直铭记在心中。

幸福就这样常常躲在不经意中。每天见证孩子们的成长，真的是一件特别幸福的事情。孩子的爱是纯真的，孩子的心是柔软的，教师和孩子温暖着彼此的心，这就是教育的力量。

2014 年 9 月，武老师又结识了一群"小豆包"，陪伴他们开始了一段新的旅程。课堂上，他们一起学习汉字、朗读课文、创编儿童诗、阅读绘本故事……

每一个孩子都是一颗种子，我们要相信种子的力量，那是一种神奇的、向上的力量，有一天它们终会破土而出，绽放生命的光彩。我们要做的就是陪着每一颗种子慢慢长大。相信种子，相信岁月，相信一路走来，一定会春暖花开。

用热情与活力滋养每一颗"种子"

——"成志榜样教师"邢颖

邢颖老师自从 2014 年被调入学校工作以后，很快就融入了清华附小这个大家庭，用她的热情与活力感染着每一个人。

开学前夕，往往都是班主任最忙碌的日子，除了要做好教学研究工作方面的准备，还要做好教室文化布置的工作。那段日子，邢颖老师主动帮班主任忙前忙后，还出谋划策。她心灵手巧，几张彩纸、一把剪刀……简简单单的材料经过她的设计与制作，一下子就充满了生气。她的热情和活力还表现在与学生相处的时候，面对班级中比较调皮、接受知识困难、有个性的学生，邢老师对他们表现出了极大的耐心和高度的责任感，时常找他们谈心，帮助他们补课……

当然，作为业务骨干的她，也积极投身到学校的课程建设中。例如，在学校的种植槽课程中，邢老师就充分展现了她的智慧与活力。

对于四年级的学生来说，精力充沛的他们喜欢发现、研究、探索。而植物的种植活动真实自然，蕴含着各种奇妙的科学现象，正是学生乐于参与的一项活动。种植槽实践活动能让学生从生活中学习科学知识，可以近距离观察植物的生长变化，认识植物的生长规律。然而，现在的学生严重脱离农业生活，对种植知识一无所知。怎样把种植活动组织得有声有色呢？邢老师进行了深入的思考。

“我们可以种些什么呢?”这是学生问得最多的一个问题。翻书的翻书，上网的上网，调研开始了。在邢老师的指导下，学生为种植槽“私人订制”了种植计划。经过多次讨论，同时考虑到 3 月天气还比较冷，大家的种植经验几乎为零的情况，邢老师和学生决定先从好种易活的蒜苗开始尝试。

她邀请班里有种植经验的学生向大家传授种植妙招，这既锻炼了学生与人交往的能力，又体现了团结合作的精神。包蒜的、选种的、松土的、捡石子的，在邢老师的带领下，学生分工合作，有条不紊。

终于盼到了亲自动手栽种的时候，学生都跃跃欲试……

经过奋战，种植活动初见成效。细心的邢老师还让学生把出芽的大蒜和没出芽的大蒜分开种，以比较它们的生长状况。

当学生兴高采烈地种完蒜苗，她又组织学生展开了一场讨论：我们接下来要做什么?

“每天要浇水，我查了资料，蒜苗喜欢水，还可以水培。”

“我想每天量一量蒜苗的高度，看看它能长多高。”

“是不是需要施肥、除草呢?”

“我觉得不仅可以量蒜苗的高度，还可以记录蒜苗的生长情况。”

随着学生的讨论，浇水小组、测量小组、收集肥料小组、观察记录小组应运而生。大家各司其职，每天都坚持把自己的任务认真完成，培养了责任心和动手能力。

就这样，蒜苗在学生的期盼中茁壮成长。大家对种植有了信心，也积累了一些经验。于是，新的种值活动开始了。看，学生充分利用酸奶盒和牛奶箱，自制了育苗圃，小西红柿、葫芦、彩椒的种子播种完毕。

作为一名数学教师，邢老师则在思考：种植活动除了收获果实，还能让学生收获些什么呢？看看学生的记录表，“发芽率”“预测生长高度”……有了动手实践的过程，书本中难以理解的问题鲜活地呈现在了学生的眼前。

种植活动还将继续，由于植物生长周期比较长，学生还将遇到诸如以下问题：如何细致地观察与记录不同植物的生长过程？影响植物生长的因素有哪些？……他们努力发现问题，并思考通过什么渠道去获得信息以解决问题。这些过程都很好地锻炼了学生的观察、思维、合作和解决问题的能力。学生在邢老师的精心指导下，快乐体验，快乐收获，快乐成长！

这就是充满活力与热情的邢老师。她深知真诚热情的态度是一种巨大的力量。如果能激发起学生的热情，教学就一定能取得成功。她对学生和工作充满热情，赋予静态的知识以鲜活的生命，引导学生热情地求知、快乐地求知。

爱在不经意间

——“成志榜样教师”张殿影

校园中处处弥漫着书香，处处洋溢着爱的味道，每一张朝阳般热情的、可爱的笑脸，每一次饱含敬意的深深的鞠躬礼，每一个竖起的充满赞许的大拇指，都印证着清华附小“成志教育”的办学理念，从校园里的每个角落，抑或是每个瞬间，都能捕捉到“成志教育”的踪影。

在课程整合的道路上，教师既是课程的执行者，也是课程的创造者。而她，就是这样一位整合课程的先行者。她不断地践行着“成志教育”的办学理念，她常常将美术课程与语文课程整合于无痕之中，还把生活中的内容整合到教学中，精彩地诠释着生活处处皆课程。

上周，北京飘下了冬天的第一场雪，确切地说，是深秋里的一场雪，令人激动而兴奋。早晨，校园里的美景吸引了很多孩子冒雪驻足观赏，深绿、金黄或者火红的叶子上散落着毛茸茸的白色雪花，那么多艳丽的色彩在雪花的映衬下更加鲜亮，富有光泽，好似涂了一层油脂，娇艳欲滴。最上面的叶子上堆积了厚厚的一层雪，像是穿上了一件轻盈的白色外套，层叠在下面的叶子上点缀着零星的雪花，就像是白色外套里面的多彩衣衫不经意间露出了衣角，含蓄而内敛，柔美而多情，犹如童话世界，让人流连忘返。正当大家都沉浸在这仙境般的雪的世界里的时候，上课的铃声响了，孩子们不得不回到教室准备上课。

她和孩子们一样，将自己的思绪从美丽的雪景里拉回到课堂中。她是这个班级的第二班主任，并任教美术学科。每天的第一节大课都是她陪伴孩子们在教室里共同度过，今天也不例外。她坐在教室的后边，一边忙着手头的工作，一边关注着孩子们上课的状态，同时忍不住看向窗外。灵动的雪花在眼前飞扬着、旋转着，继而躲藏到草叶下，多美的意境啊！真想停止一切，就这样静静地欣赏这样的美景。孩子们又何尝不是呢？那一颗颗充满好奇的心怎能抵挡住这样的"诱惑"？不管老师讲解得如何精彩，不管创设了怎样的游戏情境，都不能将孩子们的心从窗外的漫天雪花中拉回来。伴随着雪花的急剧飘落和雪片的增大，教室里总会发出低低地赞叹声："哇！好美！""雪下得好大呀！"是呀，深秋里的雪景的确美得醉人，既然不能强迫孩子们学习，不如顺势而为，借着这样的美景，进行一次生活课程的体验。于是，她决定第二节语文课由她来上。

她借着这难得的校园雪景题材，将美术课和语文课整合起来，为孩子们创设了一个尽情欣赏雪景的机会。既然孩子们喜欢看雪景，那就让他们尽情地看，仔细地看，看雪花飞舞的姿态，看雪中植物的色彩变化……之后让他们将观察到的细节用语言描述出来，再将这美丽的雪景用绘画或剪贴的方式表现出来，小组合作完成一幅雪中校园秋景的作品。孩子们欢呼雀跃，终于可以痛痛快快地看风景了，他们那专注而充满喜悦的眼神，就像那晶莹的雪花一样灵动、感人。欣赏完雪景之后，孩子们开始全神贯注地创作作品，他们的神情是那样专注、投入。很快，一幅幅充满真情实感的作品跃然纸上，将短暂的美景定格成了永恒。

看着孩子们的作品和他们脸上的笑容，她觉得这节课所做的这一切都是值得的。孩子们的好奇心获得了满足，点燃了热情，学会了观察和用作品表达自己的所感所想，这是这场雪赠予孩子们的宝贵礼物。在孩子们完成这一切的时候，雪正好停了。她很庆幸及时做出了这样的决定，没有让孩子们错过最美的风景。这不经意间诞生的生活课程，留给孩子们的不仅仅是美好的回忆……

遇上你是我的缘

——“成志榜样教师”张赫然

清华附小是她温暖的家，让她的心得以安放。课程中的探索，是通往梦想的路，她的梦都装在课堂中。遇上清华附小，她便与之结下了缘。她，就是清华附小的青年骨干教师张赫然。

2010 年，刚大学毕业的她带着满腔热血走上了教师岗位，经过五年多的磨砺与积淀，她实现了从一名普通教师到优秀青年教师的成功转变。这期间，她担任过班主任，曾在一年时间内撰写出 30 万字的班主任日记，把所有的爱给了学生；她创编过英文剧本，让学生在英文戏剧课程的依托下找到了属于自己的角色。她如今依然在英语教师的岗位上继续书写着她的教育篇章。作为青年骨干教师，她致力于培养具有家国情怀和国际视野的新一代，始终牢记“让儿童站在学校正中央”的教育理念，努力做一名敬业、博爱、儒雅的教师，为学生的人生奠基。

张老师曾任教高、中、低三个学段的班级，现任一年级、三年级的英语教师。在五年多的时间里，她的多篇论文获得区级奖。2015 年她荣获“朝阳区优秀青年教师”称号，并入围参与北京师范大学承担的北京市卓越小学英语教师培训项目和朝阳区优秀青年教师研修班的学习。她积极参与学校及朝阳区的各种培训活动，每个学期她都要听 30 余节课，反思并总结自己的教学工作，把所学融合到自己的课堂中。成为清华附小的一员后，张老师积极参与课程整合与开发，探索英语与数学、美术、戏剧等学科的整合之路，形成了独特的教学风格。她把每一名学生的成长看作自己的最高荣誉，时刻关爱着每一名学生，与学生关系融洽，亦师亦友。在课堂上她微笑着面对学生，经常竖起大拇指鼓励学生。她深受学生爱戴，同时她的工作也得到了学校和家长们的认可。下面与大家分享一下她和学生的故事。

下课的铃声响了，她悄悄走到小林身边。小林仍然毫无察觉地在玩魔方，他已经整整玩了半节课，只要趁老师不注意就在桌子底下摆弄。她微笑着对小林说：“嘿，魔方玩得挺好哇！能不能教教我？我也想学！”小林先是一惊，然后笑呵呵地拿出魔方，很爽快地对她说：“没问题！老师，您看，这转魔方首先要了解魔方的几个面儿……”她从来没在英语课上看到过小林如此认真，俨然成了一位“小老师”，那一板一眼的认真劲儿真让人佩服！在小林的指导下，她真的学会了转魔方，而且像小林一样对魔方着迷。两人经常一起切磋，久而久之，两人成了朋友。小林对待这位“大朋友”的英语课也渐渐认真起来，而她下学期还要推荐小林在学校的“水木秀场”大方地展示一下自己的才艺呢！后来，只要她来上课，小林就会主动教她玩魔方，有时中午休息还来办公室教，真是一位“敬业”的“小老师”！在这样的交流过程中，她和小林逐渐拉近了彼此的距离，小林上课比以前认真多了，也能按时完成作业。

小宇平时的学习习惯不好，她仔细观察了小宇一阵子，希望能发现他身上的闪光点。偶然的一次课间，她看到小宇正在修钢笔，就抓住这次机会，小声地对小宇说：“我有一支钢笔不出水了，你能帮我修修吗?”小宇“嘿嘿”一乐，爽快地答应了。第二天一早，她就发现那支钢笔静静地躺在办公桌上。她赶快试了试，果然出水顺畅了！上课的时候，小宇把作业递给了她，不好意思地说：“老师，这是我的作业!”她鼓励了小宇，并把之前修好的钢笔送给了他，小宇像收到贵重礼物一样小心翼翼地把钢笔放进了笔盒里。后来的英语课上，小宇总爱用那支钢笔写笔记，要知道，小宇原来可是上课不动笔的学生啊!

教育是一条大河，源远流长；清华附小在“成志教育”这条大河中奔涌前进！看，青年骨干教师队伍正扬帆起航!

师生互促，教学相长

——“成志榜样教师”张胤

都说教师是孩子的领路人，但其实影响都是相互的，孩子在教师的指导、帮助下不断取得进步，教师则从指导、帮助孩子的过程中学到东西。今天我们就来说一说张胤老师和她的学生的故事。

有人说，音乐是成人与孩子沟通的最简洁的语言。在执教的这几年里，年轻的张老师深深地体会到了这一点。她和学生之间发生了很多妙趣横生的小故事。

记得有一天刚刚下课，张老师正准备回办公室，突然楼道里传来了欢快的歌声：“我要飞得更高，飞得更高……”一听就知道是那个“淘气包”小杨。

小杨是四年级一个极富个性且有着较高的音乐天赋的男孩，但是他也是出了名的“调皮鬼”，在课堂上总是让老师很头疼。

在张老师的音乐课上，他表现得尤其夸张：回答问题时怪腔怪调，唱起歌来故意把嗓音提得惊天地泣鬼神，惹得班里同学一片哄笑。每次因为他，张老师都得重新整顿课堂纪律，因而影响了教学进度。更让人头疼的是，无论怎么指导、教育他，他都坚决不改。对于刚参加工作不久且在维持课堂秩序方面经验欠缺的年轻教师来说，遇到这样调皮捣蛋的“小冤家”真是有苦难言。

培养好自己的学生是教师的职责所在，越是调皮的学生，作为教师越是应该寻找正确的方法改正他的不良习惯。所以，张老师一直在寻找合适的机会“收拾”小杨。

有一天，音乐课后，小杨突然向张老师提了一个问题：“老师，您喜欢汪峰吗?”张老师预感到“收拾”小杨的时机来临了，于是她赶紧回答：“喜欢!”

小杨马上露出喜悦的神色，非常兴奋地对张老师说：“老师，我特别喜欢汪峰，我会唱他的6首歌曲呢!”都说兴趣是最好的老师，若是小杨对音乐很感兴趣，那用此机会来加深自己与小杨之间的友谊与信任，又有何不可呢?张老师暗自想道。

于是，张老师邀请他唱了几首流行歌曲，他的音准和节奏感很好，情感表达也恰到好处，看来小杨很有音乐天赋。张老师对他说：“我也非常喜欢汪峰的音乐，我不但会唱他的歌，我还会用钢琴、架子鼓演奏他的歌曲呢!”小杨的眼里闪出了亮光，兴奋地说道：“老师，您快演奏一下!”张老师故意放慢语速，认真地对他说：“音乐艺术可不是随随便便就能演奏的，它是严肃而神圣的事情，每个人都要抱着认真的态度聆听和学习音乐。如果你想听，如果你想跟我聊聊汪峰，那你在下次音乐课上就要认真听讲，不做小动作，不出怪声，如果你能履行诺言，课后我一定单独陪你好好唱一唱汪峰的歌。”“行!”小杨立刻就答应了。

从那以后，小杨上课时的态度果然有了转变，能够安静听讲、认真唱歌了。后来，张老师还与小杨多次进行交流，小杨唱歌，张老师为他伴奏，并适时地用人生哲理开导他。小杨接受新知识很快，看得出来，他其实是一个很聪明的孩子。现在，小杨已经成了全班同学心目中的小偶像。

通过这个小小的事件，获得成长的不仅是小杨，年轻的张老师也从中学到了很多。抓住机会和学生建立有效沟通，可化腐朽为神奇。不要害怕学生身上存在问题，教师就是要引导学生向着正确的方向前进。因此，教师应学会采用有效的方法，与学生建立深厚的情感并进行良好的互动，这样才能降低教学工作的难度，同时提高学生的学习效率。

与学生建立有效沟通，这是张老师进入教师行业以后学习和领悟到的最重要的原则之一，对日后开展教学工作意义重大。从那以后，每当遇到与小杨类似的学生，张老师总是会想方设法地寻找与他们交流的机会。在她和学生的共同努力下，张老师的课堂秩序有了显著的改善，教学质量也有了大幅提高。

在张老师工作的这几年里，类似于上面那样的故事还有很多。师生之间的交流与互动构成了她与学生之间的纽带与桥梁，促进他们互相学习，互相信任，互相理解。学生需要教师来帮助他们、指引他们，在生活上养成好习惯，在学习上少走弯路。对于教师而言，指导、帮助学生既是职责所在，也是自身前进的动力与源泉。每位教师都应该把与学生一起经历的点点滴滴看作自己人生道路上的一种宝贵财富，与学生一起学习，与学生一起进步。

“成志教育”，育体育心

——“成志榜样教师”赵卫新

赵卫新老师不仅热情友善、乐于助人，而且教育教学能力突出，已成为许多青年教师的带教导师，更是许多学生的大朋友。

每当和赵老师谈起他的学生，他总是流露出一种满足而又幸福的神情。他的每一个学生都是他的骄傲。他的体育教学全面贯彻了“成志教育”的理念，通过对体育教学的潜心研究，他形成了自己的教学风格，让更多的学生终身受益。

肥胖一直是影响人体健康的一个重要因素。对于小学生而言，健康的身体是学习的基础，更是祖国实施人才战略的重要保障。赵老师作为体育教师，承担着时代赋予的重任，将“成志教育”运用到了体育教学中。他对学生肥胖的成因与干预措施进行了系统的分析，找出了问题的根源，研究出多种解决问题的策略，取得了良好的成效，一年中学生的肥胖率下降了46%。

赵老师为了这些需要特殊关注的学生费尽心血，量身定制了不同的减肥方案。例如，班里有一位肥胖的学生，体质健康测试成绩常年处于及格线以下，班主任和家长都十分着急，一直找不到解决问题的方法。赵老师为了深入了解学生的情况，与其家长进行了沟通，通过了解得知，孩子小时候身体不好，经常生病，于是家长总是给他不停地补身体，久而久之，孩子就变得过度肥胖，当发现这一问题后想控制已经很难了，家长催促孩子通过锻炼来减肥，可是一直没有成效。赵老师在明确了这个学生肥胖的主要原因是过度饮食与缺乏运动后，认为通过科学的运动与合理的饮食，一定能够获得很好的减肥效果。于是他做出了全程指导这个学生减肥的决定。

第一天，赵老师在紧张忙碌中完成了一天的工作后，开始指导这个学生进行训练，因为是初次训练，他将练习内容安排成慢走和身体拉伸练习。

第二天，这个学生一来到学校，就和很多同学说了赵老师指导他训练的事情，说的时候别提有多神气了。赵老师得知这一消息后非常高兴，这说明这个学生乐于接受这种指导方式，而且将这种指导当作一种荣誉，这也就为学生的成功减肥奠定了基础。时光飞逝，转眼间，赵老师已经陪伴和指导这个学生度过了半年多的时光，终于，这个学生通过努力锻炼，在体质健康测试中达到了及格线。他拿到成绩单后，向赵老师深深地鞠了一躬，并深情地说道："赵老师，谢谢您!"此时的这一句话成为赵老师的最高荣誉。

赵老师用自己的实际行动诠释着爱的教育，用自身的专业知识来教育和帮助学生，引导更多的学生爱上了运动，并从运动中感受到了成功的快乐。他的体育教学真正成为"成志教育"的有效途径，成为学生育体育心的法宝。

爱之创新：做思维艺术的传递者

——"成志榜样教师"周冬梅

除了那些天生的"学霸"，谁会喜欢数学呢？数学是很多人童年里的噩梦，周冬梅老师大概也有类似的童年阴影吧？要不然她怎么一上数学课就开始琢磨一个问题："怎样让学生爱上数学？"

上课十多分钟了，周老师的课堂依然静悄悄的，学生都在仔细研究着手上的数学图画书。而周老师也不着急，直到看见有学生表现出跃跃欲试的样子，才开口道："好了，现在哪位同学来给大家讲一讲自己看到的故事？"听到这句话，恐怕很多人会感到诧异，这是数学课还是语文课？怎么就突然讲起故事来了？好吧，如果非要一个答案，那只能说这是周冬梅的数学课。

周老师是个很有意思的人，她明明是数学老师，却偏偏要讲故事，甚至还觉得一个不会讲故事的老师不是一个合格的数学老师。这听起来有点怪异，但有她深刻的思考在里面。小学生在很大程度上以形象思维为主，对抽象的数学概念很难理解，自然也就不容易产生学习兴趣。但故事就不一样了，她说："没有人不喜欢听故事。因为它贴近儿童，从儿童的视角观察、思考，用儿童的语言讲述儿童的所见、所闻、所思、所想。"

于是，周老师尝试从阅读数学图画书的角度突破数学教学的瓶颈，根据数学教材内容，选择相应的图画书，然后将两者进行整合、设计、再加工，以满足学校数学教学的需要。

"上周老师的数学课，学数学，听故事。"周老师讲故事的数学课一下子在学生当中火了起来。连专家也高度赞扬这样的数学课："将图画书阅读与数学教学进行整合，让阅读与思维产生碰撞，将抽象的知识赋予形象的故事支撑，自然地融语文、数学、美术乃至生活哲学于一体。"在他们看来，这位数学老师讲的故事比许多语文老师讲的故事还要精彩。

周老师始终保持一份童心、童趣，是学生心目中的"故事收藏家"。

在周老师的课堂上总有各种各样的故事，吸引着学生在数学王国中遨游。那些枯燥的阿拉伯数字与数学概念，在她这里有了名字、性格，甚至是属于自己的故事，数学知识也因此变得有意思起来。周老师希望通过这种讲故事的方式，为课堂教学和学生的数学学习增添一点素材、一点颜色、一点营养，让学生更容易爱上数学。她说："数学，即思维；数学教育，即思维艺术的教育。载体可以不唯一，但必须具有层次性、深刻性、批评性、敏捷性等属性。对于小学生来说，最重要的是爱上数学！"她用故事在数学和学生之间搭起了一座桥梁。

在给学生讲故事的过程中，周老师欣赏学生一点一滴的进步，赞叹学生在成长过程中不断发生的变化，让教育闪烁着人性的光芒，充满了童话的色彩。而这些同样也成了她收藏的最有价值的故事。

家长篇

“成志榜样家长”

无处不在的身影

——“成志榜样家长”崔雨菡妈妈

2012级（6）班的崔雨菡的妈妈的人生就像一个大舞台，每天都上演着精彩而感人的故事，而所有的这些故事的背后都包含着这位妈妈默默的付出，传递着爱的正能量。

她说，能不辞辛苦、不图回报，以仁爱之心帮助身边的孩子，是每一个母亲应尽的职责。

在雨雪交加、路面湿滑，给出行的老师、家长和孩子带来诸多不便的情况下，为了确保安全，是她发动家委会及时清理路面；当有家长因特殊情况不能及时接走孩子时，是她把孩子安全地送到家；当班里有学生因条件所限，不能按时完成需要打印的学习资料时，是她毫不犹豫地给予帮助；当孩子们感到桌椅的高度不合适时，是她组织懂技术的家长为孩子们调整了桌椅的高度；当孩子们需要一起分享快乐时，又是她组织孩子们开展了有意义、有趣，且有益于孩子身心的娱乐活动；当学校组织公益活动或班里开展各项活动时，也是她第一时间组织家长们积极地响应、参与和配合。

她的孩子崔雨菡是一名优秀的班干部，阳光热情，乐于学习，热爱劳动，是布置教室的小能手。她鼓励自己的孩子在班里主动参加劳动，做班干部要时时起表率作用。这样的言传身教让她的孩子充满爱心，成为老师眼中的好学生、同学们的好朋友、妈妈的贴心“小棉袄”。

这位妈妈的身影无处不在，有她，到处洋溢着欢声笑语，到处充满着正能量，到处都有爱的传递。

感动人心的正能量

——“成志榜样家长”傅义腾爸爸

以前，每当在工作中感到劳累时，我常常会不由自主地羡慕一种职业——教师，因为在当时的我看来，教师除了有法定节假日外，还有两个让人超级羡慕的大长假——寒假和暑假，这样的假期着实让身为局外人的我眼红。然而，我的这种观念在孩子升入清华附小商务中心区实验小学后被彻底颠覆了，因为对学校的老师们来说，加班是常态，节假日不休息是常态，忙完本职工作后忙其他的事也是常态。

微笑、感谢、赞美，是清华附小的“三张名片”，从校领导到所有老师，见面必是“您好”和亲切的微笑，对学生和家长也从不乏赞美和由衷的感谢。

2013 年元旦，我荣幸地被评为首届“感动附小十大家长”之一。说是“感动附小”，实际上是我先被学校感动的。我从事的职业与学校有很多工作上的交集，正因为如此，我才有机会深入地了解学校的方方面面。

2011 年，学校刚刚落成，说落成，实际上根本不算，操场还没开始建，综合楼刚刚开始修建，教学楼也就刚刚达到可以使用的初级水准，但为了给第一届新生与家长留下美好的印象和回忆，学校还是尽力布置了一个让人感到温馨和庄重的开学典礼现场。这也是我与学校结缘的开始，通过学校老师的引荐，学校领导让我来具体实施开学典礼的设计和制作。为了更好地展现清华附小的理念和文化，我不断地与学校沟通，在沟通中我渐渐地了解到，因为是学校首次招生，各项工作千头万绪，所以整个暑假校领导及相关教师几乎全部在学校忙碌着。虽然与我沟通交流的老师满面笑容，但我从中看到了其背后遮掩不了的疲惫，这让我转变了之前对教师这个职业的看法。

开学时间临近，各项设计和制作工作逐步完成，最关键的一项工作是典礼现场的搭建。背板和地毯还容易准备，最麻烦的是三个气球拱门，因为其尺寸不是常规尺寸，所以没有现成的可以租用，我们只能自己焊接拱形钢管，再将气球绑在上面。无奈天公不作美，傍晚开始起风了，天气预报说夜里有雨，我们担心好不容易扎起来的气球拱门在第二天变成光秃秃的拱形钢管，所以决定晚上暂时不回家，就在学校观察天气情况。大概晚上 11 点左右，风越来越大，很明显，一场大雨即将来临，我们赶紧把搭好的三个气球拱门从甬道搬到教学楼的雨搭下躲避。刚搬完，狂风挟雨而至，顷刻间就把拱门上的气球摧毁了一大半，幸亏我们提前做了准备。大雨过后，我们把气球拱门重新搬回原地，把爆掉的气球重新补上。终于，开学典礼按时举行，看着家长们领着孩子兴奋地从气球拱门下穿过，我悬着的一颗心终于落地了。

2012 年的开学典礼也是早早地就在假期里筹备，学校经过一年的紧张建设，操场和综合楼基本建好了，只有部分扫尾工程还在继续。学校的使用面积大了，事情自然也就更多了，校领导和老师们更忙了。这一年的开学典礼改在操场上举行，操场西侧的观礼台已经建好，但观礼台周边的地面仍然高低不平，甚至还堆放着不少建筑垃圾，严重影响开学典礼的顺利进行。我和同事借了几把铁锹和镐头平整观礼台周边的地面，老师们也来帮忙。当时正值暑假，天气十分炎热，大家的衣服都被汗水浸湿了，留下了一道道明显的汗渍。平整完地面后，我们又将去年开学典礼上用过的地毯铺在地面上，这样既美观又防止扬尘。忙完了这些，我们又制作灯柱上的纱球、搭背景板……教学楼二楼的楼道内有幅四棵大树的壁画，是我和同事在暑假里用了大概半个月的时间精心绘制的，每棵大树都代表一个健康向上的班级。开学典礼当日，整个校园洋溢着节日的氛围。当看到二年级的孩子牵着一年级的孩子的手缓步从教室走向典礼现场的时候，不少新生家长被这温馨的一幕感动得泪光晶莹。

2013 年，学校经过两年的建设，各项设施已基本完备了，为了让家长感受不一样的开学典礼，学校精心策划了按手印活动。学校为每个学生准备了一个小相框，每个班级准备了各种环保颜料，典礼当日学生按下的手印将被学校珍藏。我和同事们配合学校精心布置了典礼现场，气氛温馨而热烈。每年的开学典礼，学校都有不同的创意，带给家长和学生新奇又难忘的记忆。

除了协助学校准备开学典礼，学校的日常宣传物料也都由我来设计，我不敢说一定比别人做得好，但我是做得最用心的。因为我了解学校、认同学校，并一直被学校感动着，没有理由不尽心尽力地去做。外校老师来我们学校参观，常常赞叹我们学校宣传物料设计的高水准。

对于学校，每个人的评判标准是不一样的。在我眼里，学校是完美的。不论春夏秋冬，还是风霜雨雪，每天早上送孩子到学校，我都能看到校领导和老师们在校门口迎接孩子，每天放学同样也能看到校领导和老师们在门口送别孩子，这种习惯从建校伊始一直持续到现在。学校不仅感动了我，也感动了其他家长，我们非常愿意协助学校做一些力所能及的事情，以回报学校的付出。我想这就是感动人心的正能量吧，感动是相互的，我相信这种感动在清华附小会一直延续下去。

爱的肥料

——“成志榜样家长”王奕乔妈妈

2014 年底，我作为《恒惠丁香》期刊编辑部的候选人参加了年度“感动附小十大家长”的评选，并有幸被选上。我想能够获奖只是偶然，如果冠以“感动附小”的称谓的话，这里有太多家长可以当之无愧地站在领奖台上。当窦校长在颁奖仪式上伸出大拇指微笑着对获奖者表示赞许和感谢时，我知道这赞许与感谢并不只属于台上的我们，而属于所有关心学校建设、默默地为家校合作做出奉献的每一位家长。

时光仿佛回到2011年我第一次满怀期待地带着女儿走进校门的时刻。这所学校有一种力量吸引着我向它走近，这种力量既来自于清华附小“百年老字号”带来的光环效应，也来自于招生时那些亲切敬业、儒雅端庄的老师，还来自于家长课堂上窦校长充满激情与睿智的讲演。这些让我相信，这是一所充满勃勃生机和无限希望的学校，它开放的姿态与年轻的活力让每一位家长想要与这所学校同呼吸、共成长。学校的教育理念也拉近了家长与学校的距离，让我们意识到，家长并不是站在校门外的旁观者，而是学校建设不可或缺的一分子，教育不仅需要学校和老师的努力，也需要家长的参与和支持。也正是这种理念，让家长走进校园而非游离于校门之外，奠定了家长积极参与学校建设的基础。

每次想起学校初办的那些时光，浮现在我脑海里的是“创业”这两个字。我想这并非我一个人的感觉，而是很多第一批学生家长的共同感受。我们见证了学校里一砖一瓦的堆砌、一草一木的生长，也见证了孩子们与学校共同成长的历程。这是一种难得的经历与体验，也是一份难得的幸运与陪伴，能够与自己的孩子在同一个屋檐下呼吸、在同一个校园里成长，并不是每位父母都可以享有的幸福。我何其幸运，能陪伴着孩子一起成长，一起经历人生中这么多的第一次。

记得第一次排练课本剧时，班里很多学生的家长都出动了，纷纷当起了导演、编剧和舞台指导，我和另外两位妈妈负责课本剧《你看起来很好吃》的彩排工作。那是第一次与小淘气们合作，也第一次体会到了当老师的不易。每天要面对几十个活蹦乱跳的孩子，还要不愠不怒、面带微笑，做老师真是一件很不容易也很了不起的事。感恩是彼此馈赠的礼物，至今还记得排练课本剧过程中那些小小的感动，虽然很辛苦，但也收获了很多快乐。当学校对家长表示感激之情时，家长何尝不是心存感恩，如果不是学校抱着一种开放的心态接纳家长的参与，让家长与孩子们一起排练课本剧，也许此生我们都不会知道这是一种什么样的体验。

很多事情都是这样，看似助人的过程实际是在自助，助人者往往才是真正的受益者，在给予的过程中恰恰成就了自己，得到了对自身价值的肯定。如《恒惠丁香》的创办与发行，比起对业余时间的无节制压缩与半夜“爬格子”的体力透支，带给我更多的是编辑过程中与其他家长共同打拼的那份愉悦和创刊号发行时那种久违的激动。当一期期带着墨香的《恒惠丁香》被发放到每个学生和每位家长手中时，当偶尔听到有人夸奖这本期刊时，那一种溢于言表的幸福感充满我的全身。《恒惠丁香》就像我的孩子，确切地说是我们编辑部每一位编辑、每一位校对人员、每一位摄影师的孩子，它凝集了学校、教师、家长共同的心血与汗水。我曾无数次暗自庆幸能够在《恒惠丁香》创刊之初加入编辑团队，我想象着将来有一天女儿离开小学升入初中，她手捧一册《恒惠丁香》对着新同学说：“看！这是我小学时代的校刊，我妈妈是这本期刊的编辑。”感谢学校能够提供一个任我们施展拳脚的平台，并用偌大的胸怀包容我们的不专业。海纳百川，包容是一种巨大的力量。

如果说学校给予家长的是最大的包容，那么细化到参与班级建设时，我想老师给我们最多的则是信任。如果没有老师与家长之间的彼此信任，也就没有我们的班刊、微信平台及“读万卷书、行万里路”活动。

有了学校的包容，有了老师的信任，也就有了热心的家长，有了家校之间的良性互动。如果说孩子们是花朵，老师们是园丁，校园文化是阳光雨露，那我们这些热心的家长就应当算是肥料吧。清华附小的阳光充足，雨露充沛，园丁们辛苦耕作，再施上一点点肥料，花园里又怎会不绽放出最绚丽多姿的花朵?

人心所向，天道酬勤

——“成志榜样家长”张芮侨外公

孩子到了学龄，进入哪所小学成了家中的头等大事，家长们都希望自己的孩子能进入“最理想的小学”。我们家也不例外。看着孩子好不容易拿到了一所“名校”的入学名额，并顺利通过面试，只等届时报名入学时，一块压在全家人心上多日的石头才算真正放了下来。人们常说“福不双降”，可有时候也有例外。可不是吗？刚给孩子落实了一所好学校，就听说清华附小在朝阳区商务中心地段新建的分校竣工落成，开始招收一年级学生。这是真的吗？实地一看，确有其事。在繁华的商务中心区矗立起了一所现代、气派、崭新的学校——清华附小商务中心区实验小学。一滴水能折射出世界，这所小学的出现，不正折射出清华附小远大的理想、睿智的观念和大气的手笔吗？一边是交口称赞的“名校”，一边是闪亮登场的新学校。相比之下，有很多的已知和太多的未知……所以直到“名校”报名的最后期限，我们才毅然做出最终的选择：上清华附小！

开学的第一天，我带着孩子步入校园，参加庄严隆重、喜气洋洋的开学典礼：阳光、鲜花、彩球、彩旗……新校园、新老师、新同学……笑脸、笑声、掌声、欢呼声……

快乐的日子过得真快。一眨眼，孩子就要升入五年级了，学校从无到有，从有到强，教师、学生由少到多，由多到好。校门前一排排彰显成就的牌匾闪闪发亮，校园里孩子们的笑脸如阳光般灿烂。这些都滋润着孩子们的心灵，让家长感到放心、满足和自豪，也真正领略到了清华附小的精神。在这种精神的驱动下，孩子伴着学校成长，学校随着孩子壮大。

每天，看到孩子蹦蹦跳跳地上学、高高兴兴地回家，家长能不由衷地感到开心吗？能不由衷地感谢学校的老师们吗？所以，感恩——如何为学校做点事，为老师们尽点力，自然成为家长们共同思考的问题。一次，我女儿参加班里的家长会，知道学校要排练语言类节目，包括朗诵、演讲、戏剧等，她当即主动介绍了我退休前是一名专业的戏剧编导，并乐意为学校效劳。事后，傅雪松老师约我到学校，在了解了参赛的具体要求后，我爽快地接受了任务。两天后，我把按照要求创作的儿童歌舞剧《快乐的小伙伴》的剧本交给了傅老师。次日，傅老师召集其他几位老师一起开会，明确任务分工，着手作曲、编舞、选小演员、录音、制作服装、准备道具及排练节目等工作。当时学校的物质条件有限，小演员都是刚从幼儿园出来的小宝贝，要排练一出又唱又跳加表演的歌舞剧，难度可想而知。但是在老师、学生及家长的配合和共同努力下，《快乐的小伙伴》两次参赛，在朝阳区和北京市的比赛中均获得一等奖。第二年，傅老师再次邀请我创作中华美德故事剧《闻鸡起舞》的剧本。在老师、学生及家长的共同努力下，《闻鸡起舞》不负众望，在第十八届“孙敬修杯”故事比赛中取得了可喜的成绩。此后，该剧目还在清华大学大礼堂及与台湾的小学互访交流中演出。当然，这绝不是靠我个人的能力及努力实现的，而是学校领导、全体老师及家长共同努力的结果。如果用一句话来概括，那就是——人心所向，天道酬勤。

值此清华附小百年校庆之际，我祝清华附小喜上加喜，越来越好！附小诗一首，赠予全校师生。

朝阳阳光进清华，
清华附小添新家。
新家园丁育桃李，
桃李朝阳锦上花。

让家长成为学校的坚强后盾

——“成志榜样家长”尚灏洋爸爸

2012年孩子入学后，我就参加了学校的家委会，和其他家长一起，为学校、为班级、为孩子们做了很多有意义的工作。在这里，我也愿意和大家分享一下自己的一点心得与体会。

入学第一年，因为孩子们年龄还小，自理能力还不强，所以放学后、假期中，我就常常出现在班里，帮助老师做一些工作，小到给孩子们调整桌椅的高度，大到为参加各种演出的孩子们制作视频、拍摄照片。能和孩子们在一起，我很开心。

孩子入学第二年，我和其他家长一起多次组织了郊游、庆祝节日等活动。为了让大家玩得开心，也为了大家的安全，每次活动我都会先去活动地点踩点，然后打印通知，确保每个孩子和每位家长都能了解相关注意事项。我还精心准备各种食品，也鼓励其他家长带上自己拿手的美食，一起分享。经过我们精心的准备，这些活动办得很成功。班里的孩子几乎都参加了活动，并且每位家长的积极性都被调动了起来。大家一起分享美食、做游戏，玩得很尽兴、很开心！

有一段时间，班主任张维华老师身体不好，为了让孩子们能够更加自觉地学习，并且学会感恩，我和许欣瑶的妈妈一起组织了一次特别的班会，主题为“感恩”。在班会前，我们让每个孩子准备一份能表达自己心意的礼物给老师，如一段话、一首歌、一张自己动手制作的卡片或一段舞蹈等。孩子们的感恩行动让老师非常感动。这是一次非常有意义的班会，凝结了老师和孩子们的情谊，让孩子们学会了感恩。

我深信，只有老师和家长一起努力，才能营造轻松愉快的学习环境，让孩子们自由健康地成长。

让我付出精力最多的是学校摄影队的工作。作为学校摄影队的一员，我多次和团队成员们圆满完成了学校各个社团的活动录影和摄像工作。在学校举办的一次次重大活动中，我们为学校和孩子们留下了大量珍贵的资料和精彩的瞬间，而这也成为我们摄影队每一位成员的快乐源泉。

因为我的孩子是学校民乐团中的一员，所以每次民乐团有活动，我就会配合其他家长一起搬运乐器、搭建舞台，在演出过程中拍照、摄像，对相应的照片进行整理，对所拍摄的视频进行剪辑并添加字幕，使其成为一段完美的艺术作品，以供学校留存。印象最深的一次是学校民乐团要演出《菊花台》这个曲目，我为此制作了唯美的背景画面，配合民乐团的完美演出，获得了大家的高度认可。

因为我有制作视频的爱好，所以经常会为学校制作一些视频资料。记得有一次，为了完美地展现我国的京剧文化，我花了将近两个月的时间从上百种素材中精挑细选，制作了视频资料，向孩子们展现了我国的京剧文化，使孩子们了解了京剧艺术。我还为学校的各个社团制作了宣传视频，赢得了学校师生的一致好评。

在孩子们成长的过程中，我看到了老师们的辛苦付出，也感觉到了孩子们一天天的变化。我觉得，家长有义务也有责任支持并配合学校和老师们的工作，因为我们都是为了孩子。我也一定会继续做下去，努力做好家长的榜样、老师的助手、学校家长团队的主力军！

见证孩子的成长时刻

——“成志榜样家长”莫璟瑀妈妈

我是一个平凡的全职妈妈，和班里每个孩子的家长一样，全心全意地关注着孩子的一切。令我感动的是，我在参与学校的活动中体会到了老师对孩子的辛勤付出和无微不至的关怀。

2012 年 9 月 1 日，阳光明媚，我拉着女儿的小手来到校园。美丽的校园里彩旗飘扬，和蔼的老师们笑脸相迎。我们一同参加了学校 2012—2013 学年度第一学期开学典礼，共同度过了一段温馨而又难忘的时刻。

2012 年 12 月 9 日，孩子们排练的《将进酒》节目参加了朝阳区经典诵读比赛。我全程参与了比赛前的准备工作，为孩子们化妆、穿服装、拿道具、拍照，并帮助老师维持秩序，一直陪伴孩子们到比赛结束。孩子们因为有家长们的现场支持而变得更有自信，演出得更加卖力。

2013年4月，孩子所在的班级计划营造一个温暖的“一心书屋”，在“一心书屋”中，有老师、家长与学生共同阅读的绘本故事，还有绘本制作课、阅读微课程以及学校的特色书法课程展示。老师的工作量很大，我积极分担班主任的压力，利用中午和课后的时间，帮助老师精心布置教室的展示内容。

4月30日，学校举办第二届春季团体趣味运动会，我为班里的孩子们准备参加出场式的服饰，并连夜赶制头饰，以突出我们班“出租车司机”的主题。孩子们响亮的口号和富有趣味的着装让会场热闹非凡。

5月3日，学校组织孩子们参加大运河春游活动。此次春游活动以小组为单位进行，每个小组分别由4名二年级学生和4名一年级学生组成，并由一名教师与一名家长带队。我和康老师带着我们的8人“探索小分队”完成了一系列的实践任务，我亲身体验到了老师们的认真与负责。在这次课外活动中，老师们在活动前对活动环境、内容主题设计、活动进度等都进行了周密的规划与部署，真是事无巨细，百无一漏。通过这次活动，孩子们变得更加热爱大自然，同时也学会了关心他人，充分体验到了小组合作的重要性。

5月初，孩子们排练课本剧《你看起来很好吃》。我和许瑞蓁的妈妈一起负责制作各项道具和服装，还利用中午休息时间指导孩子们排练了整整一个月。在6月8日的校园展演中，孩子们表现得非常好，获得了很高的评价。

5月18日，我陪同孩子参加2013年“阳光体育运动”朝阳区中小学生健美操比赛。第一次参加这种正式的大型比赛，孩子难免感到紧张。但因为有爸爸妈妈的现场支持与鼓励，孩子特别高兴，也很自信。我们是本次所有参赛选手中年龄最小的一支队伍，队员们用精彩的表演赢得了本次比赛的一等奖。能见证孩子每一个难忘的时刻，与孩子分享胜利的喜悦，感觉太幸福了！

孩子通过自己的努力，成为“丁香宝贝”健美操校队的成员之一，任务更加繁重了。2013年7月30日，我义不容辞地成为义工家长，陪同孩子参加中华美德故事剧《闻鸡起舞》的演出，并用相机记录下每位小演员的精彩一刻。在第十八届“孙敬修杯”故事比赛中，我们的《闻鸡起舞》获得了可喜的成绩，小演员们的精彩表演赢得了评委老师们的阵阵掌声。

2013年9月1日，孩子从一年级的“小豆包”正式升级为二年级的“小辣椒”。开学典礼这天，班主任昝老师和我们几个家长早早地来到校园，迎接阔别了一个暑假的孩子们，并为班里每个孩子制作了“手模”。

9 月 30 日，学校第二届秋季竞技运动会开幕前，许瑞蓁的妈妈和我一起为我们的“太阳班”制作太阳道具，创编入场式的展示动作、主题口号等。

2015 年 4 月，学校与来访的香港北角循道学校的师生和澳大利亚的学生代表团，开展了丰富多彩的交流活动，有中国传统的风筝制作、书法写作，精彩纷呈的健美操、民乐、合唱和武术等表演，孩子们在整个交流过程中表现得非常积极。而我继续以义工家长的身份为孩子们梳妆整理、拍照留念，将每一个精彩的瞬间发到班里的微信群里，让不能到场的家长也能感受到演出的精彩。

在校外，我和其他家长一起，组织孩子们在古观象台开展了中秋派对活动，在明城墙遗址公园开展了追月活动，在朝阳公园进行了野餐活动。孩子们那一张张可爱的笑脸，都深深地印在了我的脑海中。拥有先进的办学理念的清华附小为老师、学生和家长创造了交流互动的良好氛围，让我在这些活动中获益良多，一幕幕温暖感动的场景，都让我心中充满了正能量。

一生的责任

——“成志榜样家长”李沐晨爸爸

“选择了清华附小，就选择了一生的责任。”第一次听到这句话是在清华附小商务中心区实验小学的新生家长会上，从此，一粒名叫“责任”的种子就在我的心底生根、发芽了。

学校选择了学生，便肩负起了教育的责任。从窦校长热情洋溢的演讲中，我了解到这份责任绝不仅是一张漂亮的成绩单，还包含着培养孩子良好的性格、优秀的品德、健康的体魄。

家长的责任是什么？我问自己，难道仅仅是接送孩子、监督他们写作业？好像还少了一些很关键的东西，我开始去寻找这份非常关键的缺失。

2013 年 11 月 18 日是一年级（1）班举行升旗仪式的日子，对班里的孩子们来说，这是他们来到这所学校后第一次集体登台亮相。老师和孩子们为此进行了充分的准备，老师希望可以用视频记录下这个具有历史意义的时刻，而我有幸成为这个记录者，再次站在阔别了多年的升旗台前面。看着小升旗手们迈着那略显稚嫩但又不失坚定的正步走向升旗台，耳边响起的国歌声瞬间把我拽进了童年的回忆中。孩子们脸上浮现出的兴奋与自豪之情让我深深地陶醉了，也许他们还不知道此刻他们心中的这份感觉叫作“集体荣誉”。而我似乎也找到了作为家长在接送孩子和监督孩子写作业以外的那份责任，那就是融入孩子的校园生活，与孩子一起成长。于是，一次简单的摄像变成了一次触动心灵的经历，让我产生了要把这段视频做好的想法。虽然这是我第一次接触视频编辑，但是我反复告诉自己，这段视频很珍贵，对此绝不能草草了事。我开始学习视频编辑软件的使用方法，同时也上网搜索相关资料，学习别人是如何运用镜头来呈现整个活动的。当我把视频分享到班级的微信群，让每一个家长看到了自己的孩子在那个属于他们的舞台上尽情地演绎自己的成长时，家长们感同身受地体会到了我在那一刻的触动，我想我的付出得到了最好的回报。

2013年12月31日，学校为孩子们举办了他们入校后的第一个元旦联欢会。学校不仅为孩子们提供了专门的舞台——一个可以容纳几百人的礼堂，还为家长提供了一片小天地——可以在台下用照相机、摄像机记录孩子们的快乐。这一天我也正式加入了学校的“丁香”摄影队，成为一名摄影义工，这一次和我一起摄像的还有两个孩子的家长，我们三个人从三个角度分别记录下了这次盛会，我又一次承担了视频后期制作的工作。与第一次摄像不同的是，这次有三个摄像机机位的变换问题，先前学习过的视频编辑软件就显得有些不够用了。面对着屏幕中孩子们灿烂的笑容，我的脑子里塞满了孩子们精彩表演的画面，思索了一整晚也没做出任何一段节目。第二天我去了朝阳区图书馆，查找了很多视频编辑方面的书籍，开始了又一次全新学习的过程。分机位的视频编辑不同于单机位的视频编辑，要考虑到舞台上节目的节奏和不同机位的镜头间的配合问题，对此往往要看很多遍三个机位的视频才能确定如何切换镜头，所以制作的复杂程度远远高于处理用一台摄像机拍摄的画面的难度。这也是我的第一份多机位视频编辑的作业，我花了十几个夜晚才完成，虽然有些业余，但直到今天我仍然会经常重温那段视频。从那一天起，我不仅融入了孩子们的学习生活中，也融入了摄影义工这个团队中，与一群同样愿意为孩子们尽心服务的家长成为朋友。

2014年4月24日，学校举办了复活节嘉年华图书义卖活动，我用摄像机记录下了孩子们参加活动的场景。那一声声不遗余力的叫卖，那一张张收到图书义卖款后满足的笑脸，让我深深地感受到了“选择了清华附小，就选择了一生的责任”这句话所蕴含的深意。

2014年6月19日，学校开展了第三届校园剧展演活动。活动的前一天，我们“丁香”摄影队参加了整个彩排活动的拍摄，看着老师们在舞台上耐心地和小演员们讲解细节，看着孩子们认真地排练，我备受感动。第二天演出的效果让我震惊，远远超出了彩排时的水平，这是老师用心教与学生用心学的成果。

2014 年 12 月 31 日，当站在“感动附小十大家长”的领奖台上时，我感到有一些愧疚，因为我知道像我一样愿意为孩子们尽自己所能去付出的家长还有很多很多，只是因为名额的限制，我代表他们站在了这个领奖台上，成为台下那些也在默默付出的家长们的榜样。我想说的是，你们其实一直也是我的榜样，因为我们同样地选择了清华附小，也同样地选择了一生的责任！

学校为我圆梦

——“成志榜样家长”陈安妮妈妈

每个人都怀揣着一个属于自己的梦，然而，什么是梦呢？我认为，梦是一种期待，是一个简单的信念，是一份对自己的未来与生命的责任。我人生的梦想是从一个个小小的感动瞬间开始的。

2013 年 7 月 13 日，我与先生一起参加清华附小商务中心区实验小学的新生家长会，有幸听到了窦校长风趣幽默的自我介绍、绘本故事《猜猜我有多爱你》绘声绘色的阅读以及学校特有的“1＋X 课程”规划。我们当时就感叹：女儿进了一所这么好的小学，真是太好了！当拿到精美的入学通知书时，我们竟然激动得像个小孩，手捧着入学通知书跑到操场上互相留影。也就是在那一刻，我们与清华附小结缘，我们为孩子是清华附小的一员而感到骄傲。

小时候我就有一个愿望，希望有一天，我能够站在神圣的三尺讲台，成为一名光荣的人民教师。但出于种种原因，我的愿望终究没有实现。让我没想到的是，2013 年 7 月，我却以另一种方式圆了小时候的梦想。

新生家长会后，孩子的班主任提到，只有家长与老师配合，才能给予孩子们更好的教育，所以需要组建家委会，由家长代表协助老师的工作，以便更好地实现家校沟通。那一天，我成了家委会成员，我告诉自己要时刻怀揣感恩之心，积极履行一名学生家长的社会责任。

作为家委会成员，我热心参与学校的各项活动，为学生、老师和家长服务。2013 年的秋季运动会，是孩子们入学以来参加的第一次运动会，我们家委会成员与班主任一起商讨设计出场仪式、方阵队形等。我与卢予诺妈妈一起前往大红门市场，亲自挑选并购买所需的服装材料和装饰用品，又赶到亚运村找到服装加工厂，在有限的时间里给孩子们赶制出场服饰。连着几天，我和卢予诺妈妈都是忙到晚上 11 点多，其他的家长也都挤时间积极参与进来，终于让孩子们对他们人生中第一次参加的运动会留下了深刻的记忆。此次运动会也让我们一年级（2）班的家长相互产生了信任与情感，把所有家长凝聚在了一起。在班级的课本剧和话剧演出筹备的过程中，我不仅积极参与修改剧本、确定角色、编排动作、化妆、准备道具等工作，还组织其他家长群策群力，为孩子们提供了最好的后勤保障。多次排演活动也逐渐调动起了家长们的热情，使更多的人加入这个团队中。

学校是孩子的第二个家，关注学校的公益事业是我们每一位家长的责任。2014 年 5 月 27 日，学校老师组织 20 多位家长与学生，带着用通过复活节跳蚤市场的方式募集的资金购买的体育用品以及家长们捐赠的物资一起到廊坊市特殊教育学校看望并资助那里的残障儿童。作为学校“丁香”摄影队成员的我有幸参与并拍摄了活动的全过程。有了这次的心灵触动，“恒惠爱心社”在校领导的大力支持下成立了。社团目前已经有 40 多位家长志愿者，并在 2014 年 11 月发起了为青海省贫困儿童捐赠衣物的爱心活动。

我很珍惜与孩子们在一起的时光，每天早上和孩子们互相加油鼓励，傍晚和孩子们一起聊聊一天的生活和学习，分享各自的感受。从开学典礼的筹备工作，到开学后的购买教具、装饰教室、建设班级的小植物园，我都积极参与其中，并鼓励孩子们也积极参与学校的各项活动。虽然我只是做了一些很普通的事，却大大地增进了我对学校教育和孩子的理解，并对家长的作用有了更深刻的认识。感谢学校给了我们一起成长、一起放飞梦想的机会。

让关爱薪火相传

——“成志榜样家长”李宸圣婴爸爸

从 2014 年 9 月 1 日开学时算起，清华附小商务中心区实验小学首创的“爱心志愿岗”已经运行一年多了。当社会上还在流传一些关于“家校合作是否有必要”的纷杂议论时，学校的 1000 多名家长已经在用行动默默地践行着“选择了清华附小，就选择了一生的责任”的理念和信条，承担起了沉甸甸的社会责任。这是“实践出真知”的伟大尝试。事实证明，这样的尝试是必要的，也是成功的。

“爱心志愿岗”是学校家委会在校党支部的倡议下送给清华附小的百年华诞的一份贺礼。每天随着早晚接送孩子的车流高峰的到来，学校周边地区的交通压力就会迅速增大，经常出现路面拥堵和通行困难的情况，学校曾为此组织了大量教师在早晚维持交通秩序，但这种做法既影响了学校正常的教学安排，又加大了老师们的工作强度。新学期开学之前，学校家委会及时与学校沟通，探讨解决早晚接送学生出入校园的交通秩序的问题，最终决定依靠全体家长的强大力量建立“爱心志愿岗”。

“爱心志愿岗”以班级为单位进行轮值，每个班级负责一周，由学校家委会负责督促和安排班次。每天早上 7:05—8:00，下午 15:55—16:30，轮值的班级安排四位家长统一佩戴印有丁香花图案的志愿者袖章，协助学校维护校门口的交通秩序。这样的行动在替学校和老师们分担工作压力的同时，也让每一位家长从一般的交通参与者变成了交通秩序的维护者。“爱心志愿岗”的诞生或许不是全国首创，但至少在交通拥挤的北京商务中心区也算得上史无前例了。

伴随着新学期的第一缕朝阳，学校开启了家长“爱心志愿岗”服务。从高年级开始，家长“爱心志愿岗”每周轮换一次，这种轮流值日的方式让学校所有学生家长都有机会亲身体验为他人服务和奉献的快乐与满足，也让他们能够设身处地地替他人着想，无形中拉近了家长与学校的距离，增进了相互间的了解。

早上，精神抖擞的四位家长佩戴着袖章，引导每一辆送孩子的汽车依次停靠入位，然后面带笑容，拉开车门，亲切地道一声“早上好”，护着孩子下车，看着孩子们迈向崭新而充满期待的一天。即便是在雾霾天气里，志愿者戴着厚厚的口罩，我们依然可以感受到他们发自内心的友善和热情。

“爱心志愿岗”增强了班级的凝聚力，也让爱心在各个班级之间流转。无论是凄风冷雨的清晨，还是暮霭深沉的傍晚，有“紫袖章”的地方，就有温暖与光明。

而每当忙碌的值日周结束后，每个爱心志愿者的信箱中总会收到班级家委会洋洋洒洒的工作总结。现摘录几则与大家分享。

在这次“爱心志愿岗”活动中，我们四年级（1）班的家长无不表现出了爱心与责任，无论是打开车门时的一个微笑，还是那一句真诚的“早安”，抑或风雨中为孩子们撑起的一把把雨伞，都让我们感动。

第一次参加“爱心志愿岗”活动，虽然天气很冷，但很开心。付出就有收获，孩子们开心的笑容、欢快的步伐让我瞬间觉得自己年轻了许多！看着孩子们一个一个从车上下来，我们拉开车门，问好，伸手扶孩子，一切都是那么和谐。

“志愿者的微笑是北京最好的名片”，这句北京奥运会的宣传口号用在我们班的值周中是那么恰如其分！每天，我们用笑脸迎接孩子，用笑容传递温暖，维持交通秩序。当风雨和雾霾伴随我们执勤的时候，更多的家长也回馈给我们更多真诚的微笑、感谢和赞美，让我们体会到“赠人玫瑰，手留余香”的快乐！

……

学校的每一个孩子都能说出社会主义核心价值观的12个词语，而他们的父母则用实际行动告诉他们，什么是文明，什么是和谐，什么是友善……这一日日的“润物细无声”，将在孩子的心田浇灌出怎样的善良之花？

当感叹社会的冷漠、生活际遇的不公、人性的凉薄时，每天我们在这所学校看到的却是一幕幕人与人之间用心扶助、相互给予、平等互爱、真诚奉献的真实场景。家长们用付出赢得收获，用贡献赢得馈赠，这是心意的交换，这是情感的流淌，这更是在让关爱薪火相传。

快乐义工，幸福人生

——“成志榜样家长”朱国英爸爸

我是清华附小商务中心区实验小学一名普通学生的家长，也是为学校贡献一份力量、服务广大学生的校家委会成员之一。我见证了这所学校的成长，看到了学校蓬勃的生机，更了解每一位老师背后的艰辛付出。作为家长，我也贡献着自己的一份绵薄之力。

四年风雨，弹指一挥间。还记得刚入校的时候，一张张稚嫩的脸庞、一座座宏伟的建筑、一位位朝气蓬勃的老师，让我们这些怀着忧虑和疑惑的家长对这所学校充满了希望和憧憬。正如一首歌中唱的那样，“遇上你是我的缘”，是缘分使我们相遇，是缘分让我们的孩子来到这里，希望缘分能陪伴孩子度过这段最难忘、最美好的小学时光。

2011年8月底，学校的主教学楼刚刚竣工并验收完毕，在人员和师资都还没有到位的情况下，学校面临着如何搬运教材的棘手问题。当了解到学校所面临的困境时，我毅然开着自己的车子承担起了运书工作。这是我第一次为学校服务、为孩子们贡献力量。同时，我还自发组织其他家长帮着老师打扫卫生，给孩子们创造一个温馨舒适的学习环境。作为家委会中的一员，能为学校贡献一点儿力量，让我对这份志愿工作有了使命感和责任感。随着时间的推移，孩子们慢慢地适应了学校的生活，而我也渐渐融入学校，成了学校志愿服务工作人员中的一名“悍将”!

回想起2012年4月28日，仍然记忆犹新。那时，学校举办了“运动嘉年华，健康你我他”第一届春季趣味运动会。学校全体师生及部分家长参加了大会，我也有幸成为其中的一员。布置比赛场地、搬运比赛用具、维护比赛秩序……这些工作中都有我的身影。孩子们在赛场上挥洒汗水，而我也默默地站在他们的身后，为他们贡献力量，见证孩子们的快乐。运动会在我们这些家长义工的协助下圆满结束了，看着孩子们那一张张快乐的笑脸，我也满足地笑了。

2012年6月15日，学校在大礼堂举行了“水木童心　书香童趣”第一届校园剧展演活动。这次校园剧展演活动中的每一个剧目都是由学生、老师、家长共同创作编排的。学生是校园剧表演的主体，老师是主导，而我们这些家长义工便成了主力。在一个多月的时间里，参与演出的师生与家长们付出了很多心血，克服了许多困难，从制作道具、挑选服装到分配角色、设计动作和台词都是亲力亲为。就拿我们班准备的校园剧《咕咚来了》来说吧，为了找一棵合适的椰子树道具，我不辞辛劳地找遍了全市的贸易市场，却没有找到，为此我很苦恼。后来我想：为什么不自己做一棵与众不同的椰子树呢?于是，我立即前往建材市场买来PVC管，又买来数张棕色的瓦楞纸做树干用，而绿色的叶子也是由自己动手做。不到一天的时间，一棵椰子树就做好了，既经济又实惠。更让我自豪的是，至今这棵椰子树还屹立在学校的教学楼中。这次的展演活动可以说是一场凝聚了老师、学生、家长集体智慧的校园剧盛宴，充分体现了清华附小“让儿童站在学校正中央”的办学理念，同时也展现出了清华附小少年的风采！虽然我们的舞台还不够完善，缺少音响设备、灯光设备、幕布等，但孩子们用精彩的演出展现出了他们的童心、童趣。从中我感受到了做义工的辛劳，更感受到了做义工的那份喜悦和幸福感。

在我们这些家长的殷殷期盼中，教学楼的二期建筑也如期竣工并投入使用。孩子们有了宽敞明亮的图书馆、窗明几净的形体教室、高雅别致的音乐教室、温馨幸福的合唱教室以及古朴自然的书法教室……至此，学校的硬件设施已经相当完善。

新建的图书馆在投入使用之初，可谓我们家长奋战的一线。因为当时图书馆没有专门的老师来管理，所以我们这些家长便当起了义工，每天都有两位家长来图书馆整理图书、擦拭书架，并负责管理学生的图书借阅登记。每次新书到馆，我都会去帮忙拆箱、归类、贴磁条、贴标签、整理上架，看着一天天多起来的书籍、摆放整齐的书架，我甚感欣慰，与孩子们的幸福快乐相比，付出再多的辛苦都是值得的。这个偌大的图书馆就像我的第二个家，是那么温馨。

匆匆走过的岁月中，最值得我们骄傲的事情就是每次民乐团在外的演出了。2012 年 10 月 14 日，由学校 19 名一二年级的学生组成的民乐小乐队随清华附小金帆民乐团、紫光童声合唱团、舞蹈团在清华大学蒙民伟音乐厅隆重举办了“金帆情——北京市学生金帆艺术团建团 25 周年专场演出”。这是我们的小乐队第一次在外演出，家长们对此次演出的重视程度可想而知。乐器不同于别的东西，搬运的时候一定要小心，我们搬动每一件乐器，就像当初抱着自己的孩子那般小心翼翼。舞台的布置也倾注了我们的汗水和精力，大家都向我们竖起了表示赞美的大拇指，甚至连敬爱的窦校长都对我们这些家长的辛勤付出给予了高度的评价。

作为被评选出来的第一届“感动附小十大家长”之一，我感到有些惭愧，因为我所做的一切，在我看来都是分内之事、应尽之责。我把学校当作自己的家，为这个大家庭贡献一份绵薄之力，岂不是天经地义的？

我是清华附小一名平凡的学生家长，也是一名最快乐的义工家长。清华附小即将迎来它的百年华诞，作为家长的我能见证这一切，备感荣幸。我将一如既往地做学校、老师和孩子们身后的坚强后盾！

清华附小少年传承百年文化，教师敬业、博爱、儒雅，爱心家长传递微笑、感谢、赞美，而我就是清华附小的一名快乐义工。

弘扬校园文化，展示学生风采

——“成志榜样家长”宋嘉雯妈妈

宋嘉雯妈妈是学校家委会成员兼《恒惠丁香》期刊编辑部负责人，也是

2012 年第一届“感动附小十大家长”之一。

自 2011 年孩子入学以来，宋嘉雯妈妈一直积极参与学校和班级的工作，在历次的运动会、课本剧展演、家长开放日以及各类比赛中，她都积极协助老师进行策划，组织家长义工进行筹备、彩排，利用自己的技术优势帮助老师编辑视频、音乐及制作 PPT 等，倾情助力每一次活动。

2012 年，朝阳区教育委员会举办主题班会课程比赛，宋嘉雯妈妈积极协助老师收集资料、设计课程、购买道具、制作 PPT，并亲自参与班会课程的录制。最终，那次的主题班会课程获得了一等奖，为学校赢得了荣誉，也培养了孩子们的自豪感和集体荣誉感。

随着年级的升高，孩子们的语言学习和表达有了新的需求，在郭老师的策划下，宋嘉雯妈妈组织班级家委会成员协助老师创编了一份班刊，收录孩子们的优秀作品，并精心选择立意健康、文笔优美的文章供孩子们学习、鉴赏，深受孩子们的欢迎。

有了创办班刊的经验，宋嘉雯妈妈又率先在校家委会提议创办校刊，并被任命为校刊负责人，组建起 40 多人的期刊编辑部，按季度策划、编辑、发行校刊，架构起了家校合作、家校共建的桥梁，弘扬了学校先进的教学理念和丰富的校园文化，展示了卓越教师和丁香少年的翩翩风采，深受学校老师、家长和孩子们的喜爱。

默默无闻的“护花使者”

——“成志榜样家长”徐梓鸣妈妈

她是清华附小商务中心区实验小学的第一批学生家长，也是学校评选出来的第一届“感动附小十大家长”之一。

她在学校成立初期率先投身于家校共建工作，积极联系学校、老师和家长，充分发挥纽带作用，在学校最需要的时候不计名利地当起了义工。除了协助班主任组织班级的各项活动外，她每天早上和学生一起到校，下午等学生都离校了才回家。是她和老师们一起打扫、布置学校的图书馆，把新进的上万册图书一本一本地拆封、贴标签、摆上书架。学生在教室里上课的时候，她默默地为学生布置图书馆；学生放学了，她和老师一起陪伴学生在图书馆里阅读、写作业，等到最后一位学生被家长接走后才“下班”。学校的“有氧书吧”开张了，她牺牲自己的休息时间，每周六上午都带着孩子一起到图书馆，把图书馆的桌椅擦干净，把图书整理归位，为家长和孩子们营造了一个干净、整洁、温馨的阅读环境。等到其他参加活动的家长和孩子都回家了，她才带着自己的孩子把图书馆收拾好后离开学校。像这样的工作，她一干就是一年，寒来暑往，风雨无阻，学校的图书馆成了她的第二个家……

虽然很多的家长、孩子都不知道她的名字，但是学校记得她，她是孩子们眼中的“阿姨老师”。

绽放光芒的小星星

——“成志榜样家长”李根参妈妈

2015年，我很荣幸地成为“感动附小十大家长”之一。镁光灯下，捧着红色的证书，我心中感慨万千。

三年前的一个周末，我有幸聆听了窦桂梅校长做的一场关于家长教育的报告，她谈起教育，时而语重心长，时而激情澎湃，时而幽默诙谐，最后还给我们上了一节生动的语文课。窦校长对教育的热情深深地打动了我，也让我下决心把孩子托付给清华附小这个充满活力的大家庭。

从把孩子送到学校的那一刻起，作为家长，我的心也就从此和学校系在了一起。

开学了，由于学校刚刚建立，各项工作正在建设中，所以老师们一面承担着教学工作，一面还要准备各种活动，每天都在加班，甚至周末都不能休息。作为家长，我们看到了老师们的辛苦，感动之余也愿意贡献自己的一份微薄之力为他们分担一些工作。

2012年开学没多久，学校筹备元旦庆典，这群刚入校门的孩子还没回过神来，就成了庆典上的主力军。

我们班和另一个班准备了一个集朗诵、武术于一体的大型节目，两个班的孩子都参加。这可忙坏了班主任、形体老师和武术老师，大家分别在朗诵、形体和武术方面手把手地教这群孩子。就这样，紧锣密鼓的排练开始了。

我的孩子演的是其中的小主角岳飞，排练任务更是繁重。为了配合这次演出，我在家里也督促孩子勤加练习，并准备了服装和舞台道具。演出的前一天，孩子突然发烧了，看着孩子烧得红红的小脸和无精打彩的模样，我真是既心疼，又心急。孩子不能上场，老师和同学们几个月的辛苦排练将付诸东流啊！

第二天，孩子仍然没退烧，嘴唇都起皮了，嗓子已有些沙哑。吃完退烧药，他在老师紧张而期待的眼神注视下登台，终于顺利地完成了表演，用实际行动为学校庆典增添了绚丽的一笔。

自此，在学校各类大型演出中，我也成了一个活跃在后台的积极分子，帮孩子们换衣服、拿道具、组织候场。每当其他家长坐在台下欣赏着各类演出时，我和其他家长志愿者都在后台和老师们一起忙碌着，有时只能从幕布后面匆匆看一眼孩子们的演出。每一场精彩节目的背后都凝聚着老师、孩子和家长志愿者的汗水。

每次班级需要家长出力的时候，我的孩子都会举手说："我妈妈可以做！"小家伙每次都自豪地领命而归。我问孩子："你为什么每次都举手领任务啊？"他自豪地说："因为我觉得你能干！"看到孩子在我的影响下，有了越来越强烈的集体荣誉感，我即使忙些、累些，心里也是很欣慰的。

说起能干，我只不过是在班级事务上多花费了一些心思和时间而已。

有一次，在新学年的教室布置问题上，家长志愿者们分工合作，热情高涨，要将本班布置成一个最美、最有创意的教室。我们花了大量的时间讨论，更有些家长熬夜设计了图纸。其中有一个设计是"班级梦想舞台"，让每个孩子都可以登上这个舞台展示自己的才华，当一次小明星。舞台搭建好了，可是总觉得缺少一些热烈的气氛。正巧我家里有一把久置不用的绿叶伞，如果把它装饰成舞台的顶，再缀上圣诞节留下的彩球，一定会打造出一个既充满童趣又流光溢彩的舞台。可当我回家东翻西找，却怎么都找不到绿叶伞。第二天一早，我立即去商店又买了一把，还好没有耽误班里的布置。班主任张老师是个细心的人，她指着崭新的绿叶伞假装嗔怒地说："这怎么不像旧的呀？"我只好不好意思地说："旧的找不到了，只好买了把新的！"

舞台搭建好了，它成了班里孩子们最爱的地方。他们可以在这个舞台上展示自己，也可以靠在舒适的靠垫上读书。

因为孩子参加了学校的武术校队和健美操校队，经常要到校外演出。我和其他家长也热情地为每一次的演出做着琐碎的后勤工作。团队取得了荣誉，为学校增光添彩，背后少不了我们这些家长志愿者的默默支持。

学校门卫师傅热情的招呼、校园里老师会心的微笑、学校楼道里孩子们的声声"阿姨好"，这一切都让我心里暖暖的，让我感觉到家长和学校融为了一体。

学校还有很多像我这样默默无闻、无私奉献的家长。我能够被评为“感动附小十大家长”之一，是幸福的，更是甜蜜的！我要将这份幸福、这份甜蜜分享给更多的人，让更多的家长和我一起走进学校，走进班级，走近老师。也许我只是家长群体中的一颗小星星，但是我会努力绽放出最美的光芒。

传承文化，传递爱心

——“成志榜样家长”欧阳宸坤爸爸

“成志教育伴成长，传统文化润童年。”欧阳宸坤的爸爸教育孩子从小要有一颗“中国心”，诵读《论语》《大学》《中庸》等传统文化典籍，叩问先师之门，倾听圣贤思想，感受中华文化。他懂得根据孩子的特点，寓教于乐，因材施教。

在学校的开学典礼上和演出活动、体育活动中总是能见到他忙碌的身影。他为班级拍摄了近万张照片，为老师、家长和孩子们留下了珍贵的回忆。从孩子上学第一天起，他就教育孩子要热爱学校、热爱集体，并且他以实际行动为孩子做榜样，为班级设计了班徽、班币，与孩子一同响应学校的号召，为养老院捐献棉被。他用自己的实际行动支持学校的各项活动，让孩子在集体中学会爱，懂得奉献。

他与孩子积极参加各项社会公益活动，共同传递爱心，温暖他人。欧阳宸坤连续三年参加北京植树公益活动，被《新京报》评为“绿色大使”，为北京绿化贡献自己的力量。欧阳宸坤的爸爸乐于在家庭教育中践行清华附小的教育理念，为孩子聪慧与高尚的人生奠基！

与孩子一同成长

——“成志榜样家长”任思睿爸爸

说实话，当初我并没想到自己会喜欢上家长义工这份临时工作。时间回到2012年9月29日，懵懵懂懂的孩子们还没开始适应小学的生活节奏，就迎来了学校新运动场建成后的第一次运动会。在那次运动会上，我满怀激动的心情，用手中的相机以及不怎么成熟的摄影技术记录下孩子们团结、拼搏、享受快乐的瞬间。从此，我慢慢地喜欢上了透过镜头感受孩子们在校园里的点点滴滴的感觉。“咔嚓咔嚓”的快门声就像孩子们成长的脚步声，看着孩子们一张张灿烂的笑脸，仿佛自己也回到了校园时代。几次跟班拍摄以后，我跟班里的孩子们打成了一片，每次我出现在校园里的时候，孩子们都会兴高采烈地跑过来跟我打招呼，那种发自内心的喜悦真的很难用言语表达。

作为家长义工，在付出的同时我也有很多的收获。我能够感受到校园环境的改变，不论是班主任、各学科老师，还是后勤、安保、食堂、保洁工作人员，他们无时无刻不在为给孩子们营造一个健康、阳光、乐学的校园环境而辛勤付出。只有参与其中，你才能深刻体会，并且收获一份感动。而教育孩子，不只是简单地将孩子交给学校，在孩子成长的过程中，家长的参与和对孩子的积极引导是对学校教育的重要补充。教育是学校、老师、家长、孩子共同成长的过程。

通过参与学校活动，我有了更多的机会了解孩子在学校的生活，了解孩子更加真实的一面，并且能够有更多的机会跟老师们交流，及时发现孩子在成长中出现的一些问题，这样就能有更充分的时间去帮助孩子培养良好的学习习惯和生活习惯。

也因为我能参与校园活动，使得孩子拥有了更加积极的心态。在家里经常能听到孩子说："同学们都特别羡慕我爸爸今天又来学校了。"家长积极参与校园活动，不仅能够培养孩子乐观的心态，还能增强孩子的自豪感，激发孩子的上进心，对孩子的成长大有裨益。

家长是孩子的镜子，家长的言行会对孩子产生潜移默化的影响。家长到学校做义工，让孩子从小体会到服务社会、奉献社会是每个公民的义务和责任，有利于孩子的成长。

奉献爱心，传递正能量

——"成志榜样家长"杜屹臻妈妈

恒惠爱心社成立于2014年5月，是由清华附小商务中心区实验小学富有爱心的家长自发组成的志愿服务社团，主要负责学校各项志愿服务工作，同时也组织各类爱心公益活动。杜屹臻妈妈是这个社团的负责人，每次学校组织的爱心公益活动中都有她忙碌的身影，从社团的统筹规划、人事安排到物资的运送，她都不辞辛苦，亲力亲为。这让我们想起窦校长曾经讲过的一段话："公益已经渗透在我们的血液里面了……来到这个世界上不是为了来索取的，而是因为我来到这个世界上，我该怎样去感恩，去回报这个社会，用善良的心态，用一种我们的向善、正向的行为让这个世界都充满爱，这是我们的目的。”

杜呓臻妈妈一直在播撒关爱，传播正能量。2014 年 12 月，杜呓臻妈妈和恒惠爱心社的其他家长一起组织了大型公益活动——“这个冬天不再冷”献爱心活动，目的是帮助新疆维吾尔自治区特殊教育学校的孩子们募集冬季御寒衣物。在他们的号召下，短短一周时间内学校收到了孩子们捐献的 1000 多件衣服和鞋子，让整个寒冷的冬天都充满了阳光和温暖。2015 年 5 月，她又组织了一项公益活动——慰问北京市朝阳区南磨房乡敬老院的老人们，他们不仅带去了大家赠送的慰问礼品，还表演了师生们精心准备的精彩节目，给敬老院的老人们带去了无穷的欢乐！2015 年 11 月，她跟社团的其他家长只用了短短 3 天的时间，号召全校孩子们捐赠了 2.8 吨多的衣物，再一次把他们的爱心播撒到西部地区。杜呓臻妈妈用自己的实际行动展现了自己的大爱。她像茫茫大海上的灯塔，给大家指引方向，也感染了更多的人去奉献自己的爱心。清华附小也因为有了她这样有爱心的人而变得越来越有凝聚力。

时光记录者

——“成志榜样家长”李明泽爸爸

片段一：2013 年的教师节，学校门口，一群家长在向经过的老师敬献鲜花：“老师您好，祝您教师节快乐!”

片段二：秋季运动会上，播音员字正腔圆：“即将走来的是一年级（3）班‘谷神星’方阵!”“一三一三，乐学向上，勇往直前!”

片段三：中秋节，校园内一个个身着民族盛装的孩子们欢快地奔走着。

片段四：寒风中的校园，一出火热的儿童剧正在上演，全体学生倾情投入演出，赢得了观众的热烈掌声。

这一个个生动的场面已经永远地留在了学校师生的记忆中，成为永恒的纪念。而在一旁默默记录下这一切的人却从来没有出现在画面中，他就是 2013 级（3）班的李明泽的爸爸。

用影像记录生活，用画面表达情感，原本只是他众多业余爱好之一。但是自从他的孩子加入清华附小商务中心区实验小学这个大家庭以来，普通爱好变成了特殊嗜好。每当学校有重大活动需要帮忙时，他一定会主动向家委会申请到场拍照录像，满心欢喜地背上他心爱的相机、摄像机、三脚架，匆匆赶来，不辞辛苦地用镜头记录下每个欢乐而难忘的瞬间。开学典礼、运动会、中秋节活动、校园开放日、校园剧排练现场、升旗仪式、大课间活动，他孜孜不倦、默默无闻地工作着。

为了更好地编辑、保存这些珍贵的影像资料，也为了能及时与大家分享他记录的这些时刻，他购置了大容量的新电脑，升级了家里的宽带。每次活动结束后，家长们总是能很快看到“新鲜出炉”的作品，看到孩子们的如花笑靥。有家长劝他：“你又不是清华附小的员工，付出这么多，学校也不会给你奖励。”他坦然微笑，说出了他的一个愿望：在陪伴孩子成长的同时，他立志要用六年的时光记录学校的成长，在六年后丁香花开满校园的毕业季上，用自己拍摄的照片和影像为学校办一次展览，与家长、孩子共同回忆那些年一起走过的时光。

2013 年 12 月，校家委会成立了“丁香”摄影队，委托他负责，于是他更忙了：和学校及时沟通信息，接受拍摄任务，发布活动通知，组织安排队友顺利执行拍摄任务，回家后还要及时整理队友们上传的素材，再交给学校存档。像运动会、新年联欢会这样的大型活动，需要多个机位通力协作，他每次都能协调好大家的分工和职责，做到有条不紊。摄影队在他的带领下，已圆满完成了 100 多场志愿拍摄任务，得到了老师和家长们的一致好评。

走在美丽的校园里，老师们一声声真诚的感谢，孩子们一声声天真的问候，就是对他最好的回报和鼓励。

常怀感恩之心

——“成志榜样家长”肖尧妈妈

没有过多的言语，但在学校、班级的各类大小事务中，你都会看到她的身影，她就是三年级（5）班家委会主席——肖尧妈妈。肖尧妈妈不仅是班级家委会主席，还是学校家委会、学校期刊编辑部和戏剧社的成员。她用积极向上的态度带动班级其他家长们积极地参与到学校及班级的各项活动中，并为家校共建乐此不疲地默默付出着。2013 年，肖尧妈妈众望所归地被评选为“十大成志榜样家长”之一。

在学校各届运动会的筹备阶段，非编导出身的肖尧妈妈都会在查阅无数的舞蹈视频资料后，带领家委会的其他家长们一起为孩子们排演入场方阵、采购表演服装、选定舞蹈音乐。大家都戏称，孩子在学校学习、生活六年，家长们也都成了八面玲珑的“全才”。在学校每一次的戏剧展演中，你一定会看到肖尧妈妈的身影，购买表演服装、准备舞台道具、制作多媒体背景、无数次台上台下的彩排，她都尽全力参与其中。

最让人感动的是，在一次“爱心志愿岗”活动中，我们班的执勤时间刚好赶在感恩节，肖尧妈妈自己出资购买了500多张爱心卡片，并亲自在每一张卡片上写上“感恩身边的人”。她早早地来到学校门前，同执勤的家长们一起为每一位到校的孩子送上感恩节祝福卡片，在这样一个特殊的节日中让爱在校园里传递！

在肖尧妈妈的积极带动下，班级中不断涌现出更多的榜样家长。肖尧妈妈常说：“在陪伴孩子成长的过程中，你也会有意外的惊喜与收获。”行胜于言，积极传递正能量，让我们在“成志教育”之路上携手共创辉煌。

倾情投入，共建家园

——“成志榜样家长”徐子涵妈妈

她是一名中学英语教师，她所任教的学校和清华附小商务中心区实验小学只隔一条长安街。十几年的教学生涯让她深知家长对于教育的重要性，所以当她的孩子走入小学的时候，她不顾自己已经七个多月的身孕，毅然接下了一年级（2）班家委会主席的重任，并且竭尽所能把全班的学生家长凝聚在一起。

她深知，千里之行，始于足下，良好的家校合作将让孩子们在未来六年的学习和生活中受益匪浅。她难以忘怀窦校长在新一届家委会成立大会上对家长参与学校事务的肯定和认同，她更难以忘怀自己在参加家长开放日的第二天就入院分娩，成了两个孩子的妈妈。她和清华附小的心连在一起：雾霾天时她会惦记班里的空气净化器是否打开，阳光灿烂时她会期待足球场上的欢声笑语。在产后恢复的日子里，她组织安排了“爱心志愿岗”活动；在和班级共同成长的日子里，她带领班级家委会建立了班级微信公众平台，记录下孩子们在学校的成长点滴，并坚持一期期地推送；在清华附小百年献礼中，她一手策划并带领班集体精心制作了班级成长画册——《童心童语》，向清华附小百年华诞祝贺。

一路走来，不管多么辛苦和困难，无论有多少误解和委屈，都有一个信念支撑着她：要做一个合格且优秀的学生家长，要带动家长家长倾力投入学校的建设，让我们共有的家园更加美丽而温馨！

母爱如春雨，润物细无声

——“成志榜样家长”许多妈妈

默默无闻、任劳任怨一直是二年级（3）班许多妈妈的真实写照。看着许多健康快乐地成长，身为妈妈的她感到格外欣慰。父母是孩子的第一任启蒙老师，他们的一言一行都会对孩子产生深远的影响。良好的教育离不开妈妈的悉心教导，健康地成长是妈妈对孩子的期待。

她一直都在用自己的细心关怀为孩子的成长创造良好的环境，她一直都在默默奉献，母爱的伟大莫过于此。学校的戏剧节、足球赛、运动会上总会出现她的身影，她总是为孩子们默默忙碌着。正是因为有这样的妈妈，许多也渐渐活跃起来，成了孩子们的榜样，成了老师心目中的好学生。在校园里，许多会主动为同学们布置图书角、发作业、养花。对妈妈的教诲，许多一直铭记在心，无论是在生活上还是在学习上，许多都以身作则，为成为全面发展的新时代少年而不懈努力，他的目标是成为老师的小助手，为同学们服务，为老师分忧。一个孩子积极向上的性格，体现出了家长给予孩子的教育指导。许多是一个不怕困难、勇于面对挑战的男孩，充满正能量的他，总是坚持做到最好。

小中见大，细节之处最传神，正是因为有了父母的付出，才有了许多的成长。许多妈妈就像绵绵细雨，滋润着孩子的心。

搭建中美文化交流的桥梁

——“成志榜样家长”寿康恩妈妈

为了孩子的汉语教育，为了中国文化的传承，寿康恩的爸爸妈妈带着两个孩子于2015年回国了。

寿康恩妈妈带回来的不仅仅是孩子们，也带回了美国的教育理念。美国肯塔基州的知名校长和艺术老师受寿康恩妈妈的邀请来到了清华附小，通过音乐与绘画的艺术手段为孩子们带来了一节别开生面的历史课，和学校的老师们共同探讨教育整合模式。

通过这次交流，学校的老师们对整合教育有了深刻的理解，美国的老师们也从学校的“1＋X课程”模式中学到了宝贵的经验。

寿康恩回国后，语文和数学成绩与同班同学相比有明显的差距，曾经开朗活泼的小姑娘因此有些不自信了。不过，寿康恩妈妈有办法。

英语是寿康恩的长项。于是班级的微信群里出现了一位“小老师”，每天都带着班里的孩子们读英文儿歌，纠正孩子们的发音，学习气氛十分热烈。一段时间后，寿康恩被同学们亲切地称为“康恩老师”，小姑娘又变得自信满满了，班里孩子们的英语口语也有了很大的进步。

接下来，寿康恩妈妈又有了新的计划，她邀请了正在中国从事戏剧研究工作的美国朋友来给班里的孩子们上英文课，孩子们都兴奋不已地等待着新学期的新课程。

就是这样一位普通的母亲，帮助班里的孩子架起了一座中美文化交流的桥梁。

充满爱心的“好爸爸”

——“成志榜样家长”霍萧涵爸爸

霍萧涵爸爸是三年级（5）班的老师、学生及其家长公认的“好爸爸”，他也是学校摄影队的优秀队员之一。

班级的各项工作都离不开霍萧涵爸爸的点睛之笔及出谋划策。在《小萤火虫》电子班刊的制作过程中，霍萧涵爸爸功不可没。每一期纸质班刊制作完成后，霍萧涵爸爸都会在第一时间将所有纸质作品扫描成电子文档，并精心编排后及时上传至班级微信群，无数个点灯奋战的夜晚，都凝聚着霍萧涵爸爸对每一个孩子的关爱。至今为止，他已经制作完成了12期《小萤火虫》电子班刊，每一期都别具风格，这已经成为三年级（5）班独具特色的班级文化风采。

在繁忙的工作间隙中，由霍萧涵爸爸亲自负责完成的有关学校各项活动的视频资料近几十个小时之多，为学校宣传资料的编排及新闻的发布提供了宝贵的素材。

这位既有事业心又不失爱心的爸爸，无论工作多么繁忙都会挤出时间来关心班级的事务，这样的家长值得我们去学习、尊重。众望所归，2015年学期末，霍萧涵爸爸被评为“十大成志榜样家长”之一。我们需要更多像霍萧涵爸爸这样的家长加入进来，携手共进，共创“成志教育”的辉煌。

第四章

成志 照耀一生

成志，彰显穿越百年历史的

无数清华人行胜于言的风骨；

成志，寄托着躬耕教育的

无数教育者薪火相传的祈愿；

成志，承载着实现中华民族伟大复兴的

无数中国人的神圣职责和庄严使命。

成志教育，照耀一生！

学生篇

学生社团

“水木童心”合唱校队

在清华附小商务中心区实验小学有这样一群小精灵：他们在台上尽情地歌唱，微笑着给观众们带来天籁般的和声。他们就是“水木童心”合唱校队（以下简称合唱校队）的小队员们。

合唱校队于2012年10月正式成立，现有成员70人，由邓曹爽老师担任指挥。在学校“为聪慧与高尚的人生奠基”的理念指引下，在“1＋X课程”的整体构建及推进下，合唱校队针对学生年龄较小的特点制订了合理的教学计划，把最基本的歌唱呼吸训练和各种发声练习，把简单易学、朗朗上口的儿歌童谣和多声部合唱歌曲，循序渐进地渗透在每次的排练活动之中，从而使学生的歌唱水平及合唱能力得到了很大的提高。

合唱校队根据学生的年龄和水平进行分层教学：二年级学生打好歌唱的基础，初步培养和声观念；三至五年级学生加强发声、气息、和声等多方面的训练，能用和谐、统一的声音来演唱歌曲，能在演唱气息和演唱方法上有进一步的提高，特别是对作品的理解和演唱的情感方面能有所提高。这种做法，一方面有利于提高学生的音乐素养，另一方面也能为学校储备人才打下坚实的基础。

合唱训练是辛苦的，长期的发声练习和乐理知识学习，需要学生付出超出常人的努力。但值得庆幸的是，在这个过程中，学生学会了享受歌唱带来的乐趣，学会了团结与合作，这对他们来说是最珍贵的收获。只要辛勤付出，必定会有所收获，合唱校队自成立以来，已参加各种汇报演出共20余场，获得了现场嘉宾和专家的一致好评，在市级、区级比赛中多次获得一等奖，这与各位家长的协助与支持也是密不可分的。

昨日的精彩，见证了合唱校队队员们付出的艰辛和努力，今后他们还将一如既往地努力，让天籁之音飘满校园，始终伴随学生成长。

“水木童心”民族管弦乐团

“水木童心”民族管弦乐团（以下简称民乐团）成立于2012年5月，由我校音乐教师张胤老师担任常任指挥。民乐团自2011年建校之初便开始筹划，第一学期开设扬琴、琵琶、打击乐三个声部，2012年新增二胡、大提琴、柳琴、中阮、大阮、竹笛、笙、唢呐等声部，2014年新增了贝斯声部。截至目前，民乐团已经形成了13个常用民族管弦乐声部，成员也由最初的18人发展到如今的80人。

民乐团以学习民族音乐、欣赏民族音乐、感受民族音乐、体验民族音乐、认同我国优秀的民族文化、将中华民族精神植根于儿童的心灵为宗旨，以探索学生健康人格的形成发展模式为目标，不断摸索适合小学生心理、生理特点的学习内容和表演形式，努力提高学生感受、鉴赏、审美和表现的能力，积极为学生搭建学习成果展示的平台，增强学生为民族音乐做出积极贡献的使命感。几年来，民乐团的发展得益于学校领导的高度重视和精心培育、专家团队的引领指导、乐团老师的悉心管理、学生家长的鼎力支持。

近年来，由于我校坚持用科学发展观引领学校艺术社团的研究与实践，乐团在教学理念和管理方面都取得了很大的进步。成立至今，我校民乐团共参加国家级、市级、区级、校级展演共20余场，并在国家级、市级、区级、校级民乐团比赛中多次获得一、二等奖，已成为朝阳区民乐团一颗冉冉升起的新星。

民乐团旨在传承历史悠久的中华民族文化，引导学生亲近民乐，感受民乐中蕴含的民族魂和民乐文化，陶冶情操，拓宽眼界，为学生聪慧与高尚的人生奠基。

“水木童心”冰球社团

清华附小冰球社团成立于1953年，至今已有60多年的历史。2011年3月22日，朝阳区教育委员会与清华附小签订合作办学协议，成立清华附小商务中心区实验小学。这次办学合作不但把优势的教育资源引入了朝阳区，而且把具有悠久历史的冰球运动植入了这所新学校。“水木童心”冰球社团（以下简称冰球社团）经过两年多的筹备，于2014年3月正式成立。成立初期，冰球社团成员只有 7 名，经过两年多的发展，冰球社团现有成员 11 名。这些冰球小子的平均球龄已有 3 年，可谓“冰球高手”，他们能够在冰上完成加速滑行、急停、灵活运球、准确传球、大力射门等高难度动作，已经具备了较高的冰球水平，也已经成了学生心目中的“冰球小达人”。

2014 年，由冰球社团的成员们组成的冰球队参加了北京市中小学生校际冰球联赛，这是我校冰球队首次参赛，队员们克服了年龄小、合练时间短等诸多不利因素，获得了小学组亚军的好成绩。赛后冰球队接受了来自美国、加拿大、日本的多家媒体以及中央电视台、北京电视台、《北京晚报》与《中国青年报》等多家媒体的采访，我校冰球队赢得了各参赛队的尊重，受到了观众的一致好评。

2015 年 3 月，为了配合北京申办 2022 年冬奥会活动，我校冰球队参加了在五棵松体育馆举办的冰球表演赛活动，受到了国家领导人的亲切接见。同年，我校冰球队再次参加了北京市中小学生校际冰球联赛，经过多场小组赛的拼搏，最终获得了季军，展现了清华附小学生的卓越本色。

冰球社团的口号是“团结协作，努力拼搏，永争第一”。为了这个目标，冰球社团的每一位成员都坚定信念、勇往直前，为团队荣誉而奋斗，为热爱的冰球运动而拼搏。

“水木童心”帆船社团

清华附小秉承马约翰精神，积极倡导“每天锻炼一小时，健康工作五十年，幸福生活一辈子”的口号，引进了新兴体育项目——帆船。清华附小帆船社团于 2014 年 10 月开始筹建，经过一个多月的准备，我校帆船队由柯皓然、秦孝安、万晓冉、张雨桐、苏韵慈 5 位学生组队，于 2014 年 11 月 9 日—12 日在海南省三亚市参加了陆客帆船俱乐部承办的青少年帆船训练营活动，他们冒着暴雨、顶着烈日，克服了身体不适，通过共同努力顺利完成了艰苦的训练。

在训练过程中，他们学习了有关航海的知识，了解了帆船的构造，还学会了打绳结，并在海上实训中学会了升帆、掌舵、换帆、压弦的实际操作技术及各种工具的使用方法，为出海航行和实际参赛打下了良好的基础。

2015 年 3 月 16 日，在清华附小百年校庆之际，清华附小帆船队正式成立。第一批正式队员由柯皓然、秦孝安、万晓冉、张雨桐、苏韵慈、伍美毓组成。2015年3月21日—23日，这支帆船队在海南省三亚市参加了第六届“阿罗哈杯”环海南岛国际大帆船赛，这6名小勇士经过3天的海上征战，击败了5支成人参赛队，摘得了珐伊18R统一设计组的小组赛亚军和总决赛亚军，创造了海帆赛历史上的一个奇迹！颁奖结束后，我校的帆船队接受了中央电视台体育频道、海南电视台、海帆赛官网、中国帆船帆板运动协会官网、《体坛周报》等众多媒体的采访。

帆船社团载着清华附小人的梦想和希望，在大海上扬帆远航！

“猛虎”足球社团

2014年9月22日，“猛虎”足球社团（以下简称足球社团）正式成立了。社团成立之初只有12名成员，他们都来自二年级，大部分学生没有参加过足球方面的学习，但是每个成员都怀着足球梦想。对此，足球社团结合学生的身心特点，精心制订了训练计划，决定从足球基本功抓起，循序渐进地教授控球、运球、传球、射门等技术，增强他们的身体素质，培养他们的团队荣誉感与责任感，更重要的是培养他们阳光的心态，不畏失败、永争第一的信念和顽强拼搏的精神。

自足球社团成立以来，全体成员的足球技术都有了很大的提升，他们拥有了较为娴熟的控球能力，并且运球、控球的能力进步很大，而且形成了多人配合传球、跑位的默契，足球战术水平呈明显上升趋势。整个团队的凝聚力不断提升，形成了坚不可摧的“战斗集体”。

2015年5月，学校组织了第一届“马约翰杯”班级足球对抗赛，足球社团的成员成了全校关注的重点，也成了班级中的足球英雄，获得了大家的一致认可。

足球社团一直奋斗在拼搏的路上，有坚定的信念：“拼搏必定成功，放弃定会失败。”在学校各级领导、教师、家长的关注与支持下，足球社团一定会越办越好。

“阳光少年”篮球社团

秉承着清华附小“为学生聪慧与高尚的人生奠基”的理念，在“1+X课程”的整体构建及推进下，“阳光少年”篮球社团（以下简称篮球社团）于

2015年秋季正式成立。

篮球社团成员目前共有18人，主要为四、五年级的学生。篮球社团第一个学期训练的主要突破点是让成员们学习并初步掌握正确的篮球技术动作，包括熟悉球性练习及原地高低运球、体前变向、胸前传球、击地传球、肩上投篮和三步上篮的技术。经过一个学期的刻苦训练，原本球技生疏的成员们已经能够初步熟练运球、传球、投篮、三步上篮和防守。在期末评测中，成员们的篮球技术和专项体能都有了显著的提高。在期末的社团展示中，成员们的篮球技术展示赢得了在场师生的一片喝彩。

篮球社团课程以学生自己组织、管理为主，教师指导为辅。活动形式多样，丰富了学生的课余生活，促进了学生的身心健康。学校积极利用校园资源，开发家庭教育、社会教育的资源，开展篮球社团的相关训练，并以小组练习和探究性学习为主，努力实现各学科间的交叉融合，在提高学生运动能力的同时，发展学生的创新思维能力，得到了教师和家长们的支持与认可。

学生在合作练习与比赛对抗中学会了互相配合，了解了团结拼搏的重要性，深刻理解了集体力量的强大，增进了相互之间的默契，培养了集体主义精神和勇敢、机智、果断、顽强的品质。

篮球社团的口号是“突破自我、团结奋进”。在全校师生的支持与帮助下，篮球社团的成员们会在以后的篮球训练中更加刻苦努力、更加团结，也会为学校争得更多的荣誉！

“空中艺术”排球社团

2015年4月，我校被北京市朝阳区教育委员会确立为北京市青少年排球基层网点校，至此之后便拉开了我校“空中艺术”排球社团（以下简称排球社团）发展的序幕。排球社团为继续推进我校体育学科的“1＋X课程”发展，从学生的兴趣入手，以增强学生的身体素质，提高学生的排球技能为目标，培养学生坚强的意志品质和勇于拼搏、追求卓越的体育精神。

排球社团在朝阳区排球运动协会的支持下，将优势排球教育资源引入课堂进行普及，并通过排球社团活动进行技术与展示技能的练习，提升排球社团学生整体的技术水平和战术能力。社团成立时共有32名学生报名参加，他们喜爱排球运动，愿意参加排球项目的学练活动，能够刻苦练习，快速提升排球技术水平。

为了在社团中优中选优，组建起一支基本功扎实、技术过硬、战术灵活多变的排球队，学校从学生的身体条件和技术特点入手，对每位学生进行了细致的分析，如有的学生具有身高优势，且上肢力量较强，适合当主攻手；有的学生接发球技术强，接球后的缓冲较好，垫出的球高而稳，且具有一定的组织能力，适合做排球“第六人”。经过 8 个月的刻苦训练，社团成员们有了个人垫球人人过百，个人传球人人过百，变换高低垫球与传球人人过百，双人垫球、传球 50 个以上的出色表现，并且每个人都具备了上场比赛的能力。转眼间，朝阳区中小学生首届排球运动会开幕了，由排球社团成员组成的排球队发挥出色，获得了本届排球运动会的团体冠军。通过此次比赛，排球社团更加坚定了卓越攀行的信心，同时更加明确了奋斗方向。

人人都知道“只要功夫深，铁杵磨成针”的道理。排球社团的全体成员从来没有遇到挫折就气馁，永远是斗志昂扬。对于学生而言，学习和掌握排球技能固然重要，因为技术是战胜对手的“武器”，但是比赛中学校最看重的还是学生坚强的意志。因此，学校注重引导学生从训练和比赛中获得更多成功与失败的体验，让自己变得更加坚强、更加自信。排球社团的目标是，让每一个人都能拥有团队精神和集体荣誉感，为养成终身体育锻炼习惯打下基础，为聪慧与高尚的人生奠基。

“龙腾虎跃”武术校队

武术彰显了华夏几千年的文明传承，武术孕育了中华儿女世代的飒爽英姿，武术寄托了中华民族不朽的智慧与创作，武术赋予了中华沃土瑰丽的传奇。我们在武术中怀念远古，我们在武术中志做勇者，我们在武术中勃发生机，我们在武术中强健体魄。为了传承祖国这一优秀的文化遗产，激发学生的民族自豪感，培养学生对体育锻炼的兴趣，在实现强体魄的同时，实现强礼仪、强精神，从而使学生真正成为具有中国灵魂的好少年，我校成立了“龙腾虎跃”武术校队（以下简称武术校队）。

武术校队成立于 2012 年 9 月，现共有 22 名正式队员和 12 名预备队员。在学校“为聪慧与高尚的人生奠基”的理念指引下，在“1＋X 课程”的整体构建及推进下，武术校队针对学生的年龄特点制订了合理的教学计划：低年级学生以武术基本功和基本动作练习为主；中年级学生以武术基本功和武术套路练习为主；高年级学生以武术基本功和武术器械练习为主。低、中、高年级按照由简到繁、由易到难、循序渐进的原则进行学习，立争能够学有所获、学有所得、学有所思、学有所悟。

武术校队以继承和发扬中华武术精神，传承民族传统体育文化，强健学生体质为宗旨，让广大学生通过武术训练具备坚韧的品格、优秀的品质、强健的体魄，从而进一步提高我校学生的综合素质。

武术校队能够积极参加学校组织的各项大型的文艺演出和晚会活动以及朝阳区举行的武术比赛，能够很好地展现出习武者应有的精、气、神以及飒爽的武术英姿，从而赢得到了学生、老师和家长们的一致好评。成立至今，武术校队在校级舞台上共展演 10 余场，在区级武术比赛中获得团体总分第三名与第六名的好成绩。

台上一分钟，台下十年功。过往的精彩见证了武术校队队员们努力的汗水与辛苦的付出。今后他们依旧会脚踏实地、一如既往地努力与拼搏，继续秉承优良的武术品质，将武术这项蕴含着中国哲学和传统文化的民族体育运动继续传承与发扬下去。

“丁香宝贝”健美操校队

丁香宝贝”健美操校队（以下简称健美操校队）是一个具有高水平、高人气、高素质的学生社团，它不仅是学校的特色社团，更是学校一道美丽的风景线。健美操校队成立于 2012 年 9 月，有队员 27 人，平均年龄为 10 岁，由我校形体教师张忱担任指导教师。张忱老师是竞技健美操国家健将级运动员、健美操全国冠军。在张忱老师的带领下，健美操校队进步飞快，逐渐成长为一支高水平的专业健美操队伍。

健美操校队以竞技健美操和啦啦操为主要训练项目，在校训“立人为本，成志于学”以及“努力为儿童打下学习底子、精神底子和健康的底子”思想的指引下，以展示学生的健康体魄为亮点，以培养学生的团队凝聚力为目标，体现清华附小学生的“健康、阳光、乐学”。

自成立以来，健美操校队不仅在各个电视台的少儿节目以及我校举办的各项大型活动中表演出色，还多次代表学校参加国家级、市级、区级的各项比赛，取得了优异的成绩，为学校增光添彩。

在校际交流方面，健美操校队于 2014 年首次走出校门，赴宝岛台湾，与台北市两所重点小学进行了艺术交流。在交流活动中，健美操校队的小队员们通过出色的演出展现了清华附小少年的风采，得到了台湾学校师生的高度评价。

短短几年时间里，健美操校队获得了飞速的发展，通过张忱老师专业、系统的训练方法，学生在柔韧性、力量、技巧、协调性以及表现力等多个方面都有了大跨步的提升。

健美操校队已代表学校参加国际交流4次，参加各项比赛及演出28次，取得比赛冠军10次，如获得朝阳区中小学生健美操比赛三连冠、北京市学生艺术节两连冠等。

“丁香花”美术社团

基于清华附小“为聪慧与高尚的人生奠基”的办学理念，以培养对美术有强烈兴趣的学生，为他们今后的美术学习打好专业基础为目标，我校于2015年3月成立了“丁香花”美术社团（以下简称美术社团）。美术社团目前共有15名学生，分别来自于二至五年级。

美术社团的培养重点是为学生今后的美术专业学习打好基础，即对观察方法、艺术感受和表现技巧进行训练。

观察方法即观察事物的方法。怎么看、看到的是什么直接决定了所表现的事物呈现的样子。基础教育阶段的学生应掌握从整体到局部再回归整体的观察方法，因此美术社团在这方面主要以写生课程结合长短期作业来帮助学生掌握。

艺术感受是艺术创作的灵魂。美术社团结合学生的认知特点，注重从各方面引导学生表达自己对事物的见解和感受。此外，美术社团在引导学生阅读经典作品、培养学生审美雅趣的同时，帮助学生找到前进的方向，养成独立思考的习惯。

美术社团的成员们在学习过程中加深了对造型艺术的理解，掌握了一定的学习方法，普遍达到了较高的绘画表现水平，艺术表现力和感受能力也在耳濡目染中有所提升。所有成员均在校级、区级艺术节的绘画比赛中获奖且名列前茅。在第二十届全国中小学生绘画书法作品比赛中，我校有20多位学生获奖，我校也荣获了“组织先进奖”。

相信美术社团在学生的共同努力下，一定会描绘出更美好的未来！

“水木墨香”书法社团

“水之墨香”书法社团（以下简称书法社团）成立于2012年3月，成员均为各班热爱书法且书法水平较高的学生。

书法是中国人灵魂深处最深的美学思想与哲学精神的体现，是中国传统文化最丰富的载体之一。书法社团秉承培养具有中国灵魂和国际视野的现代人，为学生幸福人生奠基的教学理念，旨在借书法这一载体来育人。

“一手好汉字”是清华附小的育人目标之一。书法教育应培养学生正确的写字姿势，使学生养成良好的书写习惯。汉字是中华民族历史文化信息交流传承的工具，是我们民族文化的根。书写汉字，并创造出感动世界的中国汉字书法艺术，更是中国人对世界艺术的贡献。作为炎黄子孙的清华附小学生，正确书写汉字是文化学习的基本要求，是完成传承中华传统文化这一光荣而神圣的历史使命应当具备的文字基础。

书法社团为了让学生在传统文化与审美素养上有所提升，让学生爱上书法，继承我国的书法艺术，将以下五个方面作为主要活动内容。

（1）碑帖教学，原汁原味；

（2）以感入写，以画入字；

（3）一字多态，观察比较；

（4）分层教学，兼顾个体；

（5）注重人文，创作有魂。

学生通过在书法社团的学习，不仅丰富了书泆知识，提升了书法技能，还为学校赢得了荣誉，在全国中小学生绘画书法作品比赛中多次获奖。

成绩只能证明过去，书法社团还将继续潜心进行研究，为学生能够书写一手好汉字打下坚实的基础。

“创梦空间”科技社团

科技社团的前身是我校的机器人校队，机器人校队于2012年成立。随着学校和社团的不断发展，2014年，机器人校队正式更名为“创梦空间”科技社团（以下简称科技社团）。科技社团整体活动体现“创”和“梦”，旨在通过实践培养学生的动手能力，促使学生增强创新意识，提高创新能力，体验成功的乐趣。

科技社团在这几年的发展中，得到了学校领导和学生家长的支持。科技社团以“动手做，玩中学”为口号，在韩策老师和董建峰老师的指导下，以乐高和VEX机器人为基础，对机器人的构造、内部程序的设计、算法逻辑等进行学习和研究。社团发展至今已经参加过多次国家级、市级、区级的机器人工程挑战赛，并在各项竞赛中取得了不错的成绩。

“水木童心”英文戏剧社团

“水木童心”英文戏剧社团成立于2015年9月，在特级教师李怀源老师的课程指导下，英语教师张可与戏剧专业的老师合力探讨经典戏剧，反复修改剧本，在社团成立后的第一学期招募了20名成员，排演了莎士比亚的代表作《威尼斯商人》。

学生在社团活动中不仅学习了舞台体态、台词发音，并且通过各种活动丰富了学习生活。在社团活动中，教师为学生创设了生动的故事情境，让学生通过扮演不同的角色增强体验，提高现场表演能力。此外，教师注重引导学生自主创作剧本，并分组表演，培养他们的想象能力、编排能力、合作能力及语文表达能力等。社团常常采取开放对话的方式，将授课变成一种沟通和对话。在这里，学生不仅能够和老师交流，还可以和其他同学互动，能在相互学习的过程中获得更多知识。在这个过程中，学生学习的自主性和积极性得到了充分调动，他们变得想学知识，而不是被动接受知识。

戏剧是增强人与人之间联系的重要纽带，学生在社团中可以体验一种不同的生活，看到不同的世界，成为不同的人，在多元化的世界中发掘共同的人性。

“丁香”马林巴乐团

艺术教育已成为学校教育中的一个重要组成部分，是培养全面发展的人才不可缺少的要素。它不仅能够培养学生高尚的品德、美好的情操、丰富的想象力，同时对于启迪学生的智慧、诱发学生的灵感也起着巨大而微妙的作用。为了提升学生的艺术修养，使学生能够系统地学习并掌握打击乐方面的理论知识和演奏技巧，学校在2009年成立了“丁香”马林巴乐团，以梯队模式进行学习、管理。学生分为一、二年级基础技巧普及团，三、四年级强化团，五、六年级演出团。在基础技巧普及团中，学生从最基础的打击乐演奏技巧和乐理知识开始学习，到中年级后再根据情况排练曲目，进一步学习。乐团先后培养了近百名优秀的打击乐团员，现在基础技巧普及团有学生 40 余人，强化团有学生 20 余人，演出团有学生 24 人。演出团先后排练了《美国巡逻兵进行曲》《匈牙利舞曲第五号》《西班牙斗牛曲》《威廉·退尔序曲》《真善美的小世界》等乐曲。

为了能够保证学生的学习效果及质量，学校聘请了中国歌剧舞剧院、空政文工团的打击乐专业演奏员担任乐团的艺术指导。学校成立了乐团领导小组，日常训练及管理工作由学生素养研究发展中心牵头，德育主管、艺术组长等相关负责人协助管理。学校还安排专职音乐教师带领乐团学生进行排练，有效地保证乐团学生的学习效果。学生通过活动受到了美的熏陶，提升了艺术素养，同时磨炼了意志，发扬了团队精神。

乐团的学生近几年均获得中国音乐学院打击乐（小军鼓）证书，并在朝阳区学生艺术节个人项目中获奖。乐团在 2011 年第十四届北京市学生艺术节中获特色乐团二等奖，在 2012 年第十五届北京市学生艺术节中获特色乐团一等奖，在 2014 年第十七届北京市学生艺术节中获特色乐团一等奖，在 2015 年第十届全国青少年打击乐比赛北京赛区选拔赛中获小学组银奖。

“水木童心”钢鼓乐团

这支于 1986 年成立的钢鼓乐团，早在 1991 年就被北京市教育委员会命名为“北京市少年儿童银帆乐团——钢鼓乐团”。历经 30 年的努力，乐团无论在规模、编制还是成员们的演奏技巧上都有了飞跃性的突破与提高。

钢鼓乐团聘请宋庆忠老师任艺术指导，先后排练了几十首中外名曲。在 30 年的历程中，乐团历经磨难，克服了各种困难，参加了几十场重大出演活动。1990 年北京亚运会期间，党和国家领导人在人民大会堂观看了钢鼓乐团的演出。1997 年，钢鼓乐团参加了北京市第十届全运会开幕式的演出，受到市级领导的好评。2000 年，我校受上海市人民政府和国家科学技术部的邀请，赴上海参加了国际宇航展开幕式的演出，此次活动通过卫星向世界传播，把我校钢鼓乐团的风采传向了世界每一个角落。此外，钢鼓乐团还多次参加中央电视台的国庆、元旦、春节联欢晚会等演出。2001 年，钢鼓乐团参加了

《综艺大观》栏目的录制、中国教育电视台“六一”晚会、北京电视台综艺栏目专访；同年，钢鼓乐团还参加了“申奥有我”万名少儿健身活动展示大会、北京夏日文化广场的开幕式、由著名导演王晓棠导演的电影《芬芳誓言》首映式等几十场活动。特别是在2002年的国庆期间，我校钢鼓乐团还代表北京市少年儿童赴香港、澳门参加展演，并取得了一等奖的佳绩，精彩的表演受到了各界人士的好评。

如今，学校在钢鼓特色的基础上又融入其他打击乐器，丰富了表演形式，使这支已有30年历史的乐团有了进一步的突破与提高。

近几年来，钢鼓乐团在朝阳区学生艺术节中多次获得一、二等奖，并代表朝阳区参加北京市学生艺术节，获得三等奖。

“丁香”戏剧社团

学校为了给学生搭建一个展示才艺的平台，于2012年成立了“丁香”戏剧社团（以下简称戏剧社团）。

戏剧社团常年聘请校外戏剧表演专业教师进行指导，先后排练了多个课本剧、小话剧等。社团自成立以来，参加了市级、区级比赛10余次，成绩优异。2012年第一次参加北京市学生艺术节，戏剧社团就取得了一等奖的好成绩。2013年，戏剧社团再一次在北京市学生艺术节中获得戏剧表演类一等奖。2014年代表朝阳区参加北京市戏剧表演比赛，受到多位专业评委老师的夸奖。此外，戏剧社团还多次参加“孙敬修杯”故事比赛并多次获奖；社团原创戏剧《桃园三结义》还登上了卡酷少儿频道。2015年，学校百年校庆庆典活动上的大型话剧《丁香花开》中也有戏剧社团成员的身影，并且他们表现得非常出色。

随着时代的发展，近几年来，戏剧社团的发展及管理模式也在发生着变化，为了使这个特色社团更加良性地发展下去，学校在戏剧表演的基础上融入其他多方面元素，丰富表演形式，使这个团队无论在影响力、编制还是成员们的表演技巧上都有了飞跃性的突破与提高。

家长篇

家长社团

舞台工作队

舞台工作队是清华附小商务中心区实验小学成立最早的社团，现有队员30余人，承担着学校各项大型活动的准备工作，活动中的协调、舞台掌控工作及活动结束后的收尾工作，是家长社团中一支不可缺少的重要团队。

最初，舞台工作队主要承担布景、搬运道具等工作，随着工作的不断深入，已逐渐扩展到灯光设计、背景设计等多工种。

在今后的工作当中，舞台工作队将继续积极配合学校的安排，为学校的发展和建设出力，配合其他社团，将校园文化发扬光大。

“丁香”摄影队

2013年12月17日，清华附小商务中心区实验小学“丁香”摄影队正式成立，它是在学校和家委会的共同领导下，由热心家长自愿成立的社团组织，它的主要任务是拍摄学校各项活动，给学校和孩子们留下宝贵的影像资料，让丰富多彩的校园生活成为永久的记忆。

目前每个班有1～2位家长在“丁香”摄影队做志愿服务。成立两年多来，“丁香”摄影队已记录了上百场活动，通过队员们传递、分享的照片，让广大家长和孩子们更好地了解了学校学习、生活的方方面面，也更加理解、支持、配合学校的各项工作，促进孩子们在学校更好地学习和生活。

“丁香”摄影队队员们用镜头默默表达自己对清华附小的深情厚谊，用镜头见证学校的发展，用镜头记录孩子们的笑脸，陪伴孩子们成长。

未来，“丁香”摄影队将一如既往地支持和配合学校做好各项工作，也期待有更多的家长加入他们的行列！

《恒惠丁香》期刊编辑部

《恒惠丁香》期刊编辑部是清华附小商务中心区实验小学家委会领导下的

志愿者社团，创建于2014年3月，致力于为全校师生与家长架起一座沟通的桥梁，是记录学校、学生精彩生活片段的校园期刊。创刊号于同年5月份诞生，获得了各界广泛好评。

《恒惠丁香》是定位于全校师生、家长参与的校园期刊，目前主要包括校园文化、学生天地、教师物语、家长驿站、魅力家委会、教育分享六大板块。《恒惠丁香》将不断弘扬学校先进的办学理念，介绍教师们独到的教学方法和独特的教学风采，分享家长们精彩的家教故事、育儿心得，展示清华附小学生的风采。

《恒惠丁香》以季刊形式发行，每年四期，每个学期两期。

家长合唱团

家长合唱团成立于2013年4月，现有成员近40人，由热爱音乐、喜爱唱歌的学生家长组成，至今已成功完成了2013年12月新年联欢会和2014年6月校庆三周年展示等重大演出任务。

家长合唱团的成立满足了家长们参与孩子们的文艺生活、与孩子们同台演出的愿望。每次排练都是一次快乐的体验和经历，近距离接触孩子们的校园生活，让家长与孩子之间有了更多沟通与交流的话题。期待更多的学生家长加入合唱团，用歌声陪伴孩子一起成长。

恒惠爱心社

恒惠爱心社成立于2014年5月，是由学校富有爱心的家长自发组成的志愿者社团，主要负责学校各项志愿服务工作的安排、联络，同时积极组织各类慈善、爱心活动。在今后，恒惠爱心社将充分发挥爱心互助的作用，播撒关爱，传播正能量。

“丁香”戏剧社

“丁香”戏剧社成立于2014年5月，主要负责配合戏剧表演课老师的教学工作以及戏剧创作成果展演的辅助协调工作，致力于让孩子们通过戏剧表演登上自己的梦想舞台，激励并鼓舞每一个孩子成为舞台的主角。这是一个为孩子们实现梦想的舞台，虽然不够专业，但是对孩子们充满爱的最坚实的后盾。

足球队家长志愿者服务队

清华附小商务中心区实验小学足球队家长志愿者服务队是由参加学校足球队的学生家长组成的，受学校和校级家委会领导的志愿者社团。

一、学生和家长都热爱足球运动，认同学校“健康、阳光、乐学”的办学理念。

二、家长应积极支持并配合学校和教练的训练、比赛计划，督促孩子认真完成训练内容，不断提高足球水平。

三、家长应轮流负责孩子们从校园到训练场的接送，保障孩子们的交通安全，并协助教练运送训练装备。

四、在队服订制与购买、训练物资保障、外出进行比赛上，家长应给与大力支持和协助，做好球队的各项后勤保障服务。

文艺编辑部

音乐是全世界共通的语言，它可以陶冶孩子的情操，让孩子从小懂得美、欣赏美。好的音乐可以净化人的心灵，让孩子放松、安静。让孩子聆听好的音乐，有一个放松、愉悦的就餐环境，是学校与家长共同的美好愿望，在这一愿望的驱动下，文艺编辑部应运而生。

2014 年 3 月，学校的“音乐餐车”正式启程。文艺编辑部是个高效的团队，从编辑部的第一项成果《瑶族舞曲》响遍校园到今天为止，已经录制了《瑶族舞曲》《发现春天》《中国民乐经典》《美国乡村音乐》《新纪元音乐》五张专辑，每张专辑的每首乐曲都是文艺编辑部为孩子们精心挑选的。

在此期间，文艺编辑部还将思路延伸至对中国传统文化的传播与鉴赏上，并开设了在校园内广受好评的《走进京剧》课程，让孩子们初步认知了国粹京剧的历史与发展。

无论是音乐还是京剧，都可以培养孩子的鉴赏水平，与孩子内心的情感产生共鸣，令他们身心愉悦、舒展。

江苏凤凰教育出版社
《行知工程》系列丛书目录

系列	序号	书名	主编	定价
名校系列	1	《向着朝阳走去——清华附小合作办学实践探索》	窦桂梅	30.00
	2	《让每个孩子都成志——清华附小主题实践课程的实施探索》	窦桂梅	35.00
	3	《让每个孩子都成志——清华附小主题阅读课程的实施探索》	窦桂梅	30.00
精彩课堂系列	4	《给孩子更好的数学课堂》	易增加	30.00
	5	《小学生阅读素养的提升策略》	邵巧治	35.00
	6	《从语文素养走向生命成长——小学语文读写课堂教学密码》	曾海玲	30.00
	7	《真实的品德课》	朱淑秀	30.00
	8	《英语课堂学习共同体——新型的师生交互学习场》	杨延从	30.00
	9	《指导自主学习——初中数学学与教的研究与实践》	刘其武	30.00
	10	《玩出精彩的课堂——小学低年级教与学方式转变研究》	陶红松	30.00
	11	《让生命之花自主绽放——语文个性化教学建构策略》	商德远	30.00
	12	《让学生亲历知识——主体参与下体验式学习的实施策略》	何世祥	30.00
教育思想者系列	13	《高效教学的道与术——陶继新教育讲演录》	陶继新	30.00
	14	《名校之道——陶继新对话名校长（1）》	陶继新	30.00
	15	《教育，一切从孩子出发》	黄　俭	30.00
创新教学探索系列	16	《让学生把母语用精彩——“语用课堂”的探索与实践》	佘小红	30.00
	17	《“备”出课堂精彩——备学式教学的课堂实践与思考》	张旭兰	30.00
	18	《神奇的阅读教室——带学生踏上美妙的阅读之旅》	李祖文	30.00
	19	《打造有生命力的课堂 ——“两步八环节”教学模式探索与实践》	查联智	30.00
	20	《最能培养学生探究能力的课堂 ——小学科学与信息技术单元整体课程实施与评价》	李怀源	30.00
	21	《最能激发学生运动天赋的课堂 ——小学体育单元整体课程实施与评价》	李怀源	30.00
	22	《最能提升学生艺术素养的课堂 ——小学艺术单元整体课程实施与评价》	李怀源	30.00
	23	《“生命语文”探索——焕发语文生命力的思考与实践》	王自成	30.00
	24	《粘连作文教学：让习作成为有个性的自我建构》	黄瑞夷	30.00

系列	序号	书　　名	主编	定价
创新教学探索系列	25	《备学式教学——在体验中建构数学思维》	单广红　范雪梅	30.00
	26	《向着自主进发——自主教育的创新实施智慧》	朱亚红	30.00
	27	《写中学——让学习更有效的学科写作教学》	钟传祎	30.00
	28	《小学科学实验总动员 ——大科学课堂有效提升学生创新力》	江美华	30.00
创新教学探索系列	29	《小学语文单元整体课程实施与评价》	李怀源	30.00
	30	《小学英语单元整体课程实施与评价》	李怀源	30.00
	31	《小学数学单元整体课程实施与评价》	李怀源	30.00
	32	《让教学更能激发智慧 ——“思维碰撞”课堂的建构与实施》	程和方	30.00
教育管理力系列	33	《缔造唯美教育——延奎小学素质教育实施策略》	易增加	30.00
	34	《让普通学校崛起的20个细节 ——“生命为本”教育团队成长密码》	李其玉	30.00
	35	《“走”出教育的精彩：走动式学校管理文化构建》	罗　军	30.00
	36	《校长兵法：学校管理四十六计》	皮大鹏	30.00
教师修炼系列	37	《教育，爱与宽容——教师心灵礼仪修炼》	许力争	30.00
校本研修系列	38	《校本研修资源的开发与利用》	陈朝林	30.00
	39	《校本研修与教师专业成长》	吴积军	30.00
	40	《卓越教师经典研修成长策略》	刘天宝等	30.00
	41	《特色校本课程开发范例解读》	刘永平　李秀伟 张雪梅	30.00
	42	《高效校本研修模型构建艺术》	刘素雁	30.00
	43	《走向实践的教研——中小学教育科研引领与应用》	江　敏	30.00
班级文化系列	44	《活力班级的文化建设》	胡　珏	30.00
	45	《做幸福的班主任》	吕　丽	26.00
教育家核心思想系列	46	《叶圣陶谈阅读》	叶圣陶 著 李怀源 选编	30.00
	47	《多元智能理论的本土化应用》	刘治富	30.00
	48	《大教育家最具施教力的教学思想》	白刚勋	30.00
高效能教学系列	49	《高效能教师的10个好习惯（中学卷）》	张　瑾	30.00
	50	《让作文落地生根——提高写作实效的教学策略》	黄桂林	30.00
	51	《高效能作文教学5项修炼》	陈步华	30.00
	52	《高效能校长的10个好习惯》	张　勤	30.00
	53	《高效能教师的10个好习惯（小学卷）》	谢　英	30.00
	54	《高效能语文教学5项修炼》	王其华	30.00

系列	序号	书名	主编	定价
新课程探索系列	55	《语文新课程的批判与重建》	蔔桂斌	30.00
美国名师教学译丛	56	《美国名师游戏教学本土化应用：幼儿园》	（美）玛西娅 L. 泰特 著 胡珍 瞿菁 编译	30.00
	57	《美国名师游戏教学本土化应用：小学英语》	（美）玛西娅 L. 泰特 著 杨永华 张心影 编译	30.00
美国名师教学译丛	58	《美国名师游戏教学本土化应用：小学数学》	（美）玛西娅 L. 泰特 著 谢艳红 编译	30.00
	59	《美国名师游戏教学本土化应用：小学科学》	（美）玛西娅 L. 泰特 著 刘丽萍 编译	30.00
	60	《美国名师游戏教学本土化应用：小学社会》	（美）玛西娅 L. 泰特 著 姜梅芳 编译	30.00
	61	《美国名师游戏教学本土化应用：小学音体美》	（美）玛西娅 L. 泰特 著 尹立志 编译	30.00
鲁派名师名校·教育探索者系列	62	《悦读立人——校园阅读文化体系构建策略》	杨世臣	30.00
	63	《教育智慧何处来——一位特级教师的思考手记》	付立金	30.00
	64	《和雅文化——校本课程的创新构建》	汤善香	30.00
	65	《让个性绽放精彩——学校课程体系整合与创生》	谢建伟 徐淑萍	30.00
	66	《让每个学生都幸福——最能润泽生命的学校文化建设》	谢建伟 张新喜	30.00
生态化校园系列	67	《点燃学习的激情——构建校园生态化学习型组织》	杨树岳	30.00
	68	《课改突围——构建学校生态化教学体系》	杨树岳	30.00
教育新思考系列	69	《语文教育向何处去》	王 丛	26.00
	70	《教育，就是做好普通的事》	孙志毅	27.00
	71	《走出语文的偏见——让学生体悟文本的原义》	丛智芳	30.00
	72	《让语文教学更高效——批注式阅读教学探索》	韩中凌	30.00
	73	《读写互促——探寻学以致用的语文教学》	曹 龙	30.00
	74	《跳出数学教数学——用文化融通数学教学》	马建秀	27.00
名师感悟系列	75	《让心灵伴着歌声成长——22 位音乐名师的教育智慧》	陈 璞	30.00
	76	《超越自我的教师——32 位名师的成长感悟》	李卫东 李秀伟	35.00
	77	《心灵的守护者——19 位名班主任的教育智慧》	王晓松 曲文弘	30.00
	78	《名师感悟班主任有效工作艺术 90 例》	符礼科	30.00
	79	《名师感悟有效教学 90 例》	林高明 徐玉烟	30.00

系列	序号	书名	主编	定价
信息化教学系列	80	《巧用白板教语文——信息技术与语文教学操作指南》	蒋丽清	30.00
	81	《跨越式实现高效课堂 ——信息技术与课程整合高效教学方案评析》	陈　玲　刘　禹	30.00
教师必读系列	82	《教师必学的16堂修养课》	武宏伟	30.00
	83	《教师不可不知的教学心理效应》	叶勇军	30.00
	84	《班主任不可不知的管理效应》	奚一琴	30.00
	85	《教师不可不知的教育心理效应》	孙　媛	30.00
教师必读系列	86	《校长不可不知的管理效应》	谢申刚　张金豹	30.00
	87	《成为好教师的7项修炼》	王福强　李维华	30.00
	88	《如何让学生会学习》	龙　冰	30.00
	89	《如何让学生爱学习》	周震宇　许小燕	30.00
核心教学主张系列	90	《新生代语文名师核心教学主张》	许友兰	30.00
学生心理解码系列	91	《孩子问题行为一点通 ——只有好老师才知道的学生心理谜底》	严育洪	30.00
教育求索系列	92	《思政教学的人文力量》	戴晓华	30.00
	93	《师道新说——给教育者的30条箴言》	徐　卫	30.00
行思讲坛系列	94	《灵动而朴素地教语文——潘文彬的微格教育生活》	潘文彬	30.00
	95	《师爱无疆——润泽学生心灵的教育故事》	侯忠彦	30.00
	96	《怎样反思更有效——促进教师专业发展的反思策略》	诸贝贝	30.00
	97	《成为高度自觉的教育者——写给后课标时代的数学教师》	许卫兵	30.00
	98	《哲思数学课》	刘全祥	30.00
	99	《智慧数学课——黄爱华教学思维的实践策略》	黄爱华	30.00
	100	《童趣数学课》	徐　芳	30.00
	101	《把学生教聪明》	严育洪	30.00
	102	《教师最应该规避的教育误区》	杨坤道	30.00
	103	《用语文的方式教语文——潘文彬教学主张与实践智慧》	潘文彬	30.00
	104	《怎样让阅读教学更有效 ——提升教学能力的十种读诵模式》	汪秀梅	28.00
	105	《让生命在润泽中起舞——当代小学生最需要的主题班会》	吴联星　罗　琳 冯卫东	30.00

系列	序号	书　　名	主编	定价
行思讲坛系列	106	《让生命欢快拔节——当代中学生最需要的主题班会》	冯卫东　吴联星	30.00
	107	《课堂因生成而精彩——高效教学的生成智慧》	张文质	30.00
	108	《回到每一个人的生命化教育 ——张文质二甲中学教育行动录》	张文质	30.00
中国教育变革之路丛书	109	《百年树人师何为——教师队伍建设困顿与出路》	将丽珠　李玉向	30.00
	110	《入园何时不再难——学前教育困惑与抉择》	曾晓东 范　昕　周　慧	30.00
	111	《三尺书桌何处寻——流动人口子女教育困难与破解》	范先佐	30.00
中国教育变革之路丛书	112	《苦旅何以得纾解——高考改革困境与突破》	郑若玲	30.00
	113	《择校纠结何时了——择校问题困局与治理》	曾晓东　周文海 曾娅琴	30.00
创新教学思想系列	114	《“大问题”教学的形与神》	黄爱华　张文质	30.00
校长领导力系列	115	《高品质学校生长要素》	王益民	30.00
	116	《校长高校教学领导力提升策略》	徐世贵　郭文胬	30.00
教育漫笔系列	117	《课堂，诗意地栖居》	吴书华	30.00
新思维系列	118	《教育中的“不一定”——打破教育的19种思维惯式》	严育洪	30.00
教学提升系列	119	《有思想地教阅读——让学生学会品读文字真意》	王学东	30.00
教育艺术提升系列	120	《藏在师生体态语言里的教学智慧》	张　宇　廖生波	30.00
教学全手册系列	121	《小学习作教学全手册》	郭家海	30.00
	122	《中学写作教学全手册》	郭家海	30.00
	123	《情境教学操作全手册》	冯卫东	35.00
	124	《合作教学操作全手册》	李春华	35.00
	125	《探究教学操作全手册》	周新桂	35.00
	126	《自主教学操作全手册》	诸葛彪	35.00
	127	《创新教学操作全手册》	王　玮	35.00

系列	序号	书名	主编	定价
教学全手册系列	128	《班主任工作全手册》	刘沛华	35.00
	129	《新教师工作全手册》	周震宇	35.00
	130	《学生心理健康教育全手册》	刘海莉　刘春杰	35.00
	131	《高效教学操作全手册》	马友平	35.00
创新人才培养系列	132	《创新人才培养校园科普精品课程开发与指导——人大附中创新人才培养》	罗　滨	30.00
	133	《创新人才培养特色校本课程开发与创新人才培养——清华附中“国际安全下的科学技术”课程构建与实施》	王殿军　方　研　赵宏雁	30.00
	134	《创新人才培养：学校实验室建设与管理》	刘克文　杨发丽　杨　平	30.00
	135	《创新人才培养：数学探究活动开发与指导》	马云朋　韩继伟	30.00
	136	《创新人才培养：化学研究活动开发与指导》	王　磊	30.00
	137	《创新人才培养：物理探究活动开发与指导》	廖伯琴	30.00
	138	《创新人才培养：地理探究活动开发与指导》	张建珍　陈　澄	30.00
	139	《创新人才培养：生物探究活动开发与指导》	张迎春	30.00
	140	《创新人才培养：理念探索与思维突破》	王晶莹	30.00
新生代通派名师系列	141	《简约数学教学》	许卫兵	30.00
	142	《语文教学的本真——情意课堂展现母语之美》	吴建英	30.00
	143	《语文课堂的理想追求——欢快达成三维目标》	董一红	30.00
	144	《阅读教学的真髓——意象构建读出文学的真美》	祝　禧	30.00
	145	《美术教育的真谛——审美人生教育让生命绚丽成长》	陈铁梅	30.00
	146	《语文教学的理想境界——无痕教学润泽生命》	李　凤	30.00
	147	《儿童作文的本义——嬉乐作文让儿童乐并成长着》	王笑梅	30.00
	148	《名师是怎样炼成的》	王建明　王笑君	35.00
幼师成长系列	149	《幼儿行为背后——教师如何读懂幼儿的心思》	吴亚英	30.00
	150	《最具教育力的22种幼儿教育思想》	杨　达	30.00
	151	《幼儿教师必知的安全应急措施》	杨　达	30.00
	152	《幼儿教师必备的教育技能》	李　玲	30.00
	153	《卓越园长21条幼儿园管理策略》	周　丹　江东秋	30.00